2023年度版

社会人が受けられる公務員試験
早わかりブック

資格試験研究会◎編
実務教育出版

公務員 ここがイイ!

魅力がいっぱい!

公務員の志望者と現役の職員に，公務員のどこに魅力があるのか聞いてみました! その人気の秘密をご紹介します!

魅力その①
やりがいのある仕事!

- 仕事の幅が広い!
- 社会のために働ける
- 地元に貢献できる
- 福祉や環境などの現場で働ける
- 市民・住民と向き合う仕事ができる

　国家と地方で若干の差があるにせよ，現役職員の方々は「社会をよくしていきたい！」「市民・住民のお役に立ちたい！」という使命感を持って公務員になり，実際に仕事をするうえでも「この仕事が国民の役に立っている」「地元を盛り上げたり，市民の生活を支える仕事に直接携われる」ことにやりがいを感じているようです。これは何物にも代えがたい公務員ならではの魅力でしょう。

魅力その②
安定している!

- 倒産しない
- リストラがない
- 退職金が高額
- 景気に影響されない
- 給料がイイ
- いろんな「手当」がもらえる
- 社会的信用度が高い
- 「ノルマ」がない

　なんといっても安定していることも魅力です。とにかく勤め先が突然なくなってしまうこともありませんし，いきなりボーナスが0になるということもありません。給料は比較的高水準ですし，不況で雇用が不安定ということもあって，近年は公務員人気が高まっています。民間からの転職を考える人も増加中！

魅力その③ 充実の福利厚生!

- 有給休暇が取りやすい
- 職員宿舎に安く住める
- 残業がそれほど多くない
- 保養施設も充実
- 完全週休2日制
- 育児・介護休業を確実に取れる
- ワークライフバランスを実現できる

完全週休2日制で年間20日間の有給休暇や各種特別休暇制度が充実していて,さらに休暇も取得しやすいというのも魅力。

さらに,格安の職員宿舎に住めたり,各種保養施設が使えるなど,イチ企業では到底太刀打ちできないほどの充実ぶりです。

魅力その④ 実力本位!

- 自分の専門分野を生かした仕事ができる
- 研修制度が充実
- 男女差別がない
- 昇進も努力次第!
- 「コネ」に左右されない
- 学歴が問われない

採用試験は,一部を除き基本的には年齢制限のみでだれでも受けられます。採用後の配属・昇進についても差別はなく,自分の希望と実力次第で活躍のフィールドを広げていけます。また,研修制度などキャリアアップのための制度もいろいろそろっています。

もっとある! 公務員の魅力

- モテる!
- 通勤がラク
- 親が安心する
- 結婚しても仕事を続けられる
- まちのエリートとして尊敬される
- まったりと仕事ができる

こんなに魅力いっぱいの公務員ですが,「大学新卒ぐらいじゃないと受からないんじゃない?」なんて思っていませんか?
いえいえ,社会人だって公務員になれるチャンスはあるんです。
どうすれば公務員になれるのか? さっそく本書で確認していきましょう!

3

本書の特長と使い方

PART I 社会人が公務員になるには？ 早わかりガイド

試験のアウトラインがわかる!

「試験や職種の種類」「受験資格」「試験のスケジュール」「併願のしかた」「試験の形式」「合格に必要な得点」などをQ&A形式で説明します。

PART II どんなところが出る？ 教養試験の攻略法

筆記試験の対策がわかる!

公務員試験で出題される科目それぞれについて，出題の形式，出題される範囲，学習のポイントを解説するほか，過去の出題テーマを一覧表で示します。

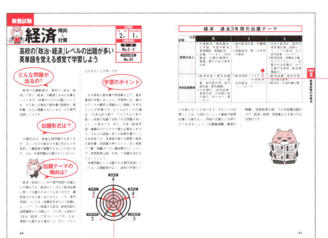

注目の出題テーマをピックアップ

科目ごとの特徴を図式化

PART III 過去問の徹底研究 あなたは解けるか?

どんな問題が出るのかわかる!

過去問の中から「今までよく出題され,今後も出題可能性が高い問題」をセレクトし,その問題の特徴や解き方のコツなどを,1問ずつに付けています。

目標とすべき解答時間

合格者ならどのぐらい正答できるか

別冊 過去問模試 実際の問題に挑戦!

実際の試験を収録!
(教養試験40問+45問・適性試験120題)

別冊から解答用紙を切り取り,時間を計って問題を解けば,本番の試験をリアルに体験できます。解いた後でPART IIIに戻れば解説を確認できます。

PART IV 実力判定&学習法アドバイス これで受かる?

今の実力と
やるべきことがわかる!

別冊・過去問模試の採点で,実力を測ることができます。総合得点の判定をするだけでなく,細かく得意・不得意を明らかにして,必要な学習の指針を示します。

本書の使い方

本書はどこから読んでもかまいませんが,次のような使い方があります。

① 「PART I→PART II→PART III→別冊→PART IV」の順番に,ひととおり必要な知識を確認したうえで別冊の過去問模試に挑むのがオーソドックスな使い方です。

② 「PART I→別冊→PART III→PART IV→PART II」の順番で,まずは過去問模試で自分の弱点を把握し,それを克服することを意識しながらPART IIを読み進めるという使い方も可能です。

社会人が受けられる公務員試験 早わかりブック

CONTENTS

公務員ここがイイ! ……………………………………… 2
本書の特長と使い方 ……………………………………… 4

PART I 社会人が公務員になるには? 早わかりガイド ▶ 9

年齢が高くても公務員試験を受けられる? ………………… 10
国家公務員ってどんな仕事をしているの? ………………… 12
地方公務員ってどんな仕事をしているの? ………………… 14
公務員になるための近道ってある? ………………………… 16
年齢条件さえ満たせば受験できるの? ……………………… 18
公務員の採用試験って何種類もあるの? …………………… 20
「試験区分」とか「職種」って何のこと? ………………… 22
採用試験の日程・採用までのルートは? …………………… 24
ほかの試験を受けてもいいの? ……………………………… 26
申込み手続きで注意すべき点は? …………………………… 28
試験の中身はどういうものなの? …………………………… 30
「社会人基礎試験」って何? ………………………………… 34
だいたい何点取れれば合格できるの? ……………………… 36
受験勉強のコツは? みんなどのくらい勉強してるの? …… 38
みんなどうやって勉強してるの? …………………………… 40

論文試験って重要ですか？ …………………………………………………… 42

公務員の面接試験ってどんなもの？ …………………………………… 46

もっと知りたい公務員試験のこと ……………………………………… 48

PART II どんなところが出る？ 教養試験の攻略法 ▶ 57

教養試験ってどんな科目が出るの？ …………………………………… 58

教養試験ではどこが大事なの？ ………………………………………… 60

政治	62	数学	75
経済	64	物理	76
社会	66	化学	77
日本史	68	生物	78
世界史	69	地学	79
地理	70	文章理解	80
思想（倫理）	71	判断推理	82
文学・芸術	72	数的推理	84
国語	73	資料解釈	86
英語	74		

PART III あなたは解けるか？ 過去問の徹底研究 ▶ 87

教養試験って実際にどんな問題が出るの？ ………………………… 88

国家社会人試験型　　No.1～40 …………90～129
特別区経験者型　　　No.1～45 …………130～174

PART IV これで受かる？ 実力判定＆学習法アドバイス ▶ 175

付録 社会人試験の落とし穴？ 適性試験 ▶ 187

別冊 実際の問題に挑戦！ 過去問模試

取り外して使おう！

7

就職氷河期世代対象試験が実施されます！

　令和2年度から，いわゆる就職氷河期世代を対象とした採用試験が実施されています。内閣府によって方針が発表され，国家公務員のみならず，地方公務員でも採用試験が行われています。期間は，令和2年度～4年度の3年間とされています。
【令和3年度　人事院による国家公務員中途採用選考試験（就職氷河期世代）】
　年齢要件：1966（昭和41年）年4月2日～1986（昭和61）年4月1日に生まれた者
　採用予定数：約150人
　一次試験：10月31日（日）〔基礎能力試験（多肢選択式），作文試験〕
● 受験資格，試験の内容・構成は，それぞれの実施団体によって異なるので，受験案内等で確認するようにしてください。
● 教養試験が課される場合は，高校卒業程度である場合が多いです。
● 社会人・経験者採用試験と同日に実施される場合などは，その社会人・経験者採用試験と共通問題である場合も多いようです（例：東京特別区）。

国家公務員試験での注意

　平成24年度から国家公務員採用試験が大きく変わりました。
　たとえば，本書の読者の多くにかかわりそうな，いわゆる「再チャレンジ（国家中途）試験」が廃止され，新たに，「国家一般職（社会人〈係員級〉）試験」や「経験者採用試験」が設けられています。
　試験種目では，「教養試験」が廃止され，新しく「基礎能力試験」が導入されました。

～主な変更内容～
【試験区分】
国家Ⅰ種→国家総合職
国家Ⅱ種→国家一般職（大学卒業程度）
国家Ⅲ種→国家一般職（高校卒業程度）
国家中途（いわゆる再チェレンジ）→国家一般職（社会人〈係員級〉）
新設：経験者採用試験
【試験種目】
教養試験→基礎能力試験

　なお，基本的に本書では，「基礎能力試験」は教養試験として扱っています。

試験の概要がつかめる！

PART I

社会人が公務員になるには？
早わかりガイド

はじめに，複雑で種類の多い試験制度の説明をします。「受けるべき試験はどれか」「受験資格は満たしているか」「併願はできるのか」「どんな内容の試験が行われるのか」を知ることは試験対策の第一歩ですし，それらを知ることによって，学習の無駄を省くことにもつながります。

年齢が高くても公務員試験を受けられる？

国家一般職（社会人）試験，経験者採用試験，一般枠の試験も受験可能です！

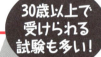

30歳以上で受けられる試験も多い！

☐ 年齢制限が一番のネック

　公務員の採用試験を実施するのは，国家公務員なら人事院，地方公務員であれば各自治体です（例外もあります）。

　公務員試験には受験資格が設けられています。試験や自治体によって受験資格は異なりますが，その中で**最も重要なのが年齢制限です**。ほとんどの試験では，この年齢制限さえクリアできれば受験可能です。

☐ 国家公務員一般職（社会人）試験は39歳まで受けられる

　受験に当たって最も障害が少ないのは，24年度に新設された国家公務員一般職（社会人）試験です。以前は「国家中途」や「再チャレンジ試験」と呼ばれていたものに相当します。受験年の4月1日時点において**40歳未満であれば，職歴不問**で，だれでも受験できます。

☐ 経験者採用試験は増えている

　民間企業等での職務経験者を対象とする経験者採用試験は，地方公務員で年々増えています。30歳以上でも受験できますが，多くの場合，職歴に関して

資格要件が設けられていて，**「職務経験5年以上」**などとされています（自治体によって異なります）。24年度からは国家公務員でも経験者採用試験が行われました。

☐ 一般枠の試験は上限年齢が上がっている

最近は，「国家一般職（社会人）試験」や「経験者採用試験」以外の，新卒者が受験する一般枠の試験でも，**受験資格の上限年齢が上昇傾向にある**ので，社会人が受けられる試験が増えてきています。具体的な上限年齢は自治体・試験によって異なるので，確認が必要です。

地方上級試験（都道府県，政令指定都市，東京23区の大学卒程度採用試験）の事務系職種では，受験翌年の4月1日時点における上限年齢は下図のようになっています。

地方上級試験（事務系）上限年齢の分布

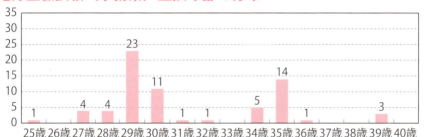

39歳	山形県，岐阜県，岡山市
36歳	徳島県
35歳	岩手県，宮城県，福島県，千葉県，山梨県，長野県，静岡県，富山県，和歌山県，鳥取県，沖縄県，熊本県，仙台市，相模原市
34歳	秋田県，福井県，滋賀県，大阪府，大阪市，愛媛県
⋮	
28歳	千葉市，新潟市，浜松市，堺市
27歳	京都府，兵庫県，愛媛県，神戸市
25歳	大阪府

（令和3年度試験）

市役所（政令指定都市を除く）の大卒程度事務系職種について，受験翌年の4月1日時点における上限年齢を見ると，全市役所のうち約60％が29歳以下としていますが，約25％が30歳，15％弱が31〜40歳としています。ごく一部ですが，59歳や「年齢制限なし」という市もあります。

ところで，そもそも国家公務員，地方公務員といわれても実はよくわかっていない，という人もいるはずです！　そんな人は次ページへGO！

国家公務員ってどんな仕事をしているの？

政策の企画・立案，法律の制定・改正，予算編成，国会対策，許認可事務をはじめ，

国を動かすさまざまな仕事に携わります！

国家レベル！

🔲 国家公務員は各部門のスペシャリスト

「国家公務員」といえば霞が関の中央官庁で働く人というイメージがあるでしょう。その中央官庁は，右ページの図のようになっています。よく1府12省といわれますが，1府は内閣府のこと，そして○○省と名のつく11省に国家公安委員会を加えて12省と呼んでいるのです。これらはほとんどが東京の霞が関にありますが，そこで働く人ばかりが国家公務員ではありません。

これら中央官庁の地方機関が日本全国に散らばっています。中央で決定された政策・施策を実施するためです。その地方機関で働く人もまた国家公務員です。

🔲 転勤も全国規模

国家公務員の採用試験は，人事院によって行われますが，その採用試験にはいくつか種類があります。国家総合職は全国規模での採用，国家一般職（大卒・高卒）は地域ごとの採用，そして，国家一般職（社会人）試験も地域ごとの採用となっています。地域ごとの採用の場合，基本的に採用された地域内で勤務し，転勤もその地域内というのが基本ですが，なかには地域をまたぐ転勤もあります。

勤務地については よく調べてね！

国家一般職（社会人）試験の「地域」

　事務，技術の場合には，北海道，東北，関東甲信越，東海北陸，近畿，中国，四国，九州と8つに分かれています。注意すべきは，すべての地域で毎年募集が行われるわけではないということです。たとえば，東北で就職を希望していたのにその年は募集がなく，代わりに関東甲信越を受験し採用されたとしたら，関東甲信越で働くことになります。地域をまたぐ転勤もないではありませんが，そうそう起こることではありませんから，「入ってから異動させてもらおう」などと考えるのはやめたほうがよいです。

　これに対し，農業，農業土木，林業などと入国警備官は全国区です。全国いずれの土地に配属になるかは，欠員状況などによります。数年ごとに転勤を伴う異動が行われることもあるでしょう。

　また，皇宮護衛官も全国区ですが，こちらは，皇室関係の警備ですから，勤務地もおのずと限られます。

　最後に刑務ですが，これも地域ごとの採用です。刑務所に勤務するものなので，刑務所のあるところが配属が限定されます。刑務だけが男女別採用になっており，かつ男性の採用者が女性の数倍になっているのは，男性用刑務所の数のほうが圧倒的に多いという事情からです。

中央省庁組織図

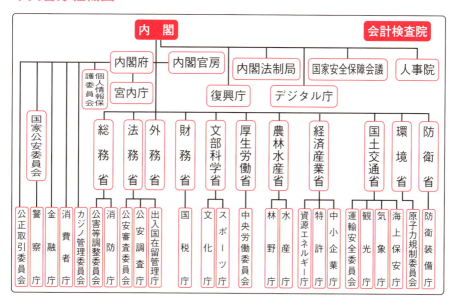

地方公務員ってどんな仕事をしているの？

> 地元に貢献します

防災，環境保全，産業振興，道路や橋の整備，福祉，水道，警察，教育，税金関係，……
住みよいまちにするために，いろいろな仕事をしています！

□ 窓口業務だけじゃない！

「地方公務員の仕事」というと，役所の窓口で書類を発行したり……というのを思い浮かべると思いますが，それは役所の仕事のごくごく一部にすぎません。

まずは右ページにある県庁の組織と仕事の図を見てみてください。地元の農業・商工業を発展させる方策を考えたり，防災や環境保全に気を配ったり，ごみ問題を解決したり，道路や河川・上下水道を整備したり，税金を徴収したり……。地域住民のための行政サービス全般を行うのが都道府県や市役所，区役所の仕事なので，その役割は多種多様な範囲にわたっているのです。

□ 職員は「事務系」が多い

> 職種については22ページを見てね

地方自治体に勤めている職員は事務系の人たちが多いです。事務系の仕事内容はどの自治体でもおおむね共通して「行政全般に関する企画立案，調査，連絡調整，相談業務」などとされています。

地方公務員には事務系職員のほかにも，土木や電気などの技術

系職員や，栄養士などの資格・免許系職員，学校校務員などの技能系・現業系職員がいます。まさに「**仕事のデパート**」のようなものなのです。

仕事も職場も固定されていない！

地方自治体では，各職員の仕事も職場も固定されておらず，**何年かおきに部署を横断して人事異動が行われています**。ですから，たとえば最初は商工労働部で観光客の誘致に励み，次は生活環境部に移って産業廃棄物対策をし，その次は支所の窓口で住民対応……というふうに，いろいろな職場でいろいろな仕事を経験することになります。

県庁の組織と仕事

公務員になるための近道ってある?

人事院や各自治体が行う採用試験に合格すればOK！正規職員になる道はコレしかありません！

抜け道はないよ

「採用試験」に合格しなければダメ

　民間企業のように，履歴書と簡単な面接だけで採用が決まってしまうということはありません。「コネ」や「口利き」による不正な採用を防止するためにも，正規職員の採用に関しては，公平公正な「採用試験」によって行われることになっています。

　一昔前ならいざ知らず，今の公務員試験においては，だれかに相談すると便宜を図ってもらえたり，有利な扱いにしてもらえたり……ということはありません。知事や市長の息子であっても地元有力者の娘であっても，この「採用試験」に合格しないと，正規の職員にはなれないのです。

アルバイトなど正規職員以外の採用は，試験がないものもあるよ

□「採用試験」は甘くない！

　採用試験の大きな関門には筆記試験と面接試験がありますが，筆記試験については，民間企業に就職するときとは全然違う独特のものになっているので注意が必要です。

　また，不況の折，公務員になりたい人はたくさんいますから，当然ながら採用試験の競争率も高くなっています。なんとなく受けたらなんとなく受かっちゃった……という生やさしいものではありません。**筆記試験用の対策を練っておかないと合格はできない**といってもいいくらいです。

　まずは本書を読んで，採用試験に合格するためには何が必要かということを知ってください！　きちんと対策をすれば，きっと合格できます！

□採用試験が実施されないこともある

　国家中途試験では，**年によって募集されない**試験区分があったり，勤務地域が限られたりします。

　地方公務員試験も，すべての自治体で毎年採用試験が行われているわけではありません。財政状態の悪い自治体が**職員の採用を休止することもあります**し，事務系職種の採用を休止して看護師などの専門的な職種だけを募集したり，…ということもあります。

　また，採用試験は各職種年１回というのが基本ですが，臨時募集が行われることもあります。

　志望している自治体がどういう状況なのか，把握しておく必要があります。

Q 年齢条件さえ満たせば受験できるの?

A 学歴による制限, 資格・免許による制限など年齢以外の受験資格もあります

試験によって異なるので注意!

◻ 住所による制限

　地方公務員に特有の制限ですが,基本的には自分が住んでいる市や隣接自治体だけでなく,**どの地域の市役所の職員採用試験でも受験できます**。もちろんお隣の都道府県・市役所を受けてもだいじょうぶです。
　ただし,少数ですが「○○市に居住する者または採用後○○市内に居住可能な者」というような条件をつけている自治体もあります。
　国家公務員にはこのような制限はありません。

◻ 学歴による制限

試験のレベルについては20ページを見てね

　試験のレベルは「大学卒業程度・短大卒業程度・高校卒業程度」などに分けられてはいますが,「大学を卒業または卒業見込みの者」というように**学歴に関して条件を設けている試験は少なくなっています**。ですので,学歴要件のない場合には,たとえば中卒・高卒の方が大学卒業程度の試験を受験してもかまわないということになります。

資格・免許による制限と身体基準

職種によっては，その業務に必要な資格や免許の取得（取得見込の場合を含む）を受験の要件にしている場合がありますが，**事務系については，基本的に事前に資格・免許を取得している必要はありません。**

また，警察官や消防官・消防士といった公安系の採用試験では「身長○cm以上の者」などの採用基準を設けていますが，事務系・技術系には身体基準はありません。

職種については22ページを見てね

国籍要件

「公権力の行使に当たる業務」に従事するためには日本国籍が必要とされます。そのため，受験資格において日本国籍を有するかどうかが問われる場合があります。これを「国籍要件」といいますが，国家公務員の場合には日本国籍を有することが条件です。地方公務員の場合には自治体によって，

* 日本国籍を有しない人の受験を認めない
* 職種によっては，日本国籍を有しない人の受験を認める
* 同じ職種でも日本国籍を有する人と有しない人で別々の試験区分とする
  （日本国籍を有しない人は「公権力の行使に当たる業務」などを除いた業務に従事する）
* 日本国籍を有しない人であっても，永住者や特別永住者に限って受験を認める
* 国籍要件を完全に撤廃

のように対応が分かれています。

法律で受験できない人

あまり該当する人はいないと思いますが，国家公務員法第38条または地方公務員法第16条の「欠格条項」に該当する人も受験できませんので念のため（以下は地方公務員法によるものですが，国家についてもおおむね同様です）。

- ☐ 禁錮以上の刑に処せられ，その執行を終わるまで又はその執行を受けることがなくなるまでの者
- ☐ 当該地方公共団体において懲戒免職の処分を受け，当該処分の日から二年を経過しない者
- ☐ 人事委員会又は公平委員会の委員の職にあって，同法第五章に規定する罪を犯し刑に処せられた者
- ☐ 日本国憲法施行の日以後において，日本国憲法又はその下に成立した政府を暴力で破壊することを主張する政党その他の団体を結成し，又はこれに加入した者

公務員の採用試験って何種類もあるの？

国家公務員でも１つの自治体の中でもさまざまな採用試験があります

「上級」って何？

試験のレベル別に分かれている

　国家公務員の採用試験は人事院が，地方公務員試験は基本的に各自治体ごとに個別に実施されていて，仕事の内容と試験のレベルによって「**Ⅰ種・Ⅱ種・Ⅲ種**」「**上級・中級・初級**」などと分けられています。

　なお，地方では「上級・中級・初級」と３つに分けずに「上級・初級」などと２つに分けているところも多く，なかには明確に区分せずに１つの試験で採用をしている自治体もあったり，上級の試験は行うけれどそれ以外の試験は行わないという自治体もあるので注意が必要です。

あくまでも「試験問題のレベル」の話

試験の名称は試験実施団体によって異なっていて，「Ⅰ種・Ⅱ種・Ⅲ種」「上級・中級・初級」「Ⅰ類・Ⅱ類・Ⅲ類」「大卒程度・短大卒程度・高卒程度」などいろいろあります。名称とレベルの関係は，およそ次のようになっています。

なお，「大学卒業程度」の試験というのは，あくまでも試験問題のレベルが大学卒業程度ということであって，大学を卒業していないと受験できないということではありません。

Ⅰ種・上級・Ⅰ類	大学卒業程度の試験。幹部候補となる職員の採用が中心。
Ⅱ種・中級・Ⅱ類	短期大学卒業程度の試験。短大卒程度の資格や免許を有する職員の採用が中心。
Ⅲ種・初級・Ⅲ類	高等学校卒業程度の試験。一般事務に従事する職員の採用が中心。

「地方上級試験」とは？

公務員試験の業界では「都道府県・政令指定都市・東京23区」の「大学卒業程度」の採用試験を総称して「**地方上級試験**」といっています。それに対して，政令指定都市以外の市役所の「大学卒業程度」の採用試験を「**市役所上級試験**」といっています。

試験日程については24ページを見てね

地方上級試験は，地元で働く地方公務員になるための採用試験として人気があります。また，**各自治体は試験日程や試験の内容も共通する部分が多い**ので，対策を立てやすい試験です。さらに，毎年ある程度の採用数があるので，比較的安心して学習に取り組めます（市役所上級試験と比べると，突然採用が中止されたり，採用数が極端に減らされることは少ないのです）。

上級試験・Ⅰ種試験が現実的な目標

上限年齢を考慮すると，**社会人が受けられる試験は上級試験やⅠ種試験だけということが多い**でしょう。

ただし，国家公務員の一般職（社会人）や経験者採用試験，地方自治体の経験者採用試験，社会人採用試験は，これらの分類とは別枠です。

「試験区分」とか「職種」って何のこと?

事務系がメイン

A 仕事の内容に応じた,職員採用試験の募集の枠組みのことです

☐ 職種と試験区分

　職種とは,採用後に従事する仕事のおおまかな種別のことです。職種は大きく「事務系職種」「技術系職種」「資格・免許系職種」「技能系・現業系職種」「公安系職種」に分けられます。

　この職種に応じて採用試験の内容も違ってくるわけなのですが,**職種を試験の枠組みに従って分類したものが「試験区分」と呼ばれるものです。**

職種と試験区分の名称

職種	試験区分の名称
事務系職種	行政,事務,行政事務,一般行政,学校事務,警察事務など
技術系職種	土木,建築,電気,機械,農業,水産,化学,造園など
資格・免許系職種	看護師,薬剤師,臨床検査技師,栄養士,保育士など
公安系職種	警察官,消防官,消防士,消防職,消防吏員など
技能系・現業系職種	学校校務員,運転手,清掃作業員など

🔲 事務系がメイン

本書では，一般的な公務員のイメージに近い事務系を対象として話を進めていきます。

事務系は，特定の部署に限定されずにさまざまな分野でデスクワークなどに従事することになるため，採用試験においても一番募集人数が多くなっています。

技術系や資格・免許職については，事務系に比べて募集人数が少なく，試験もその専門分野に準じた専門的な内容になっているので，基本的には本書の対象外としています。技能系・現業系については，最近は民間委託を推進するなどして合理化され定期採用が減る傾向にあるので，本書では扱いません。

ただし，技術系，資格・免許職の採用試験では，事務系と同じ試験日程で同じ問題が使われることも多いので，教養試験の対策は本書でも可能です。

警察官は？

警察官は基本的に都道府県の採用になっています。「国家権力の…」なんていわれることもあるので国家公務員と思っている方がいるかもしれませんが，警察官は「地方公務員」です。なお，警察官でも「警視正」以上に昇任した場合は「国家公務員」になるのですが，かなり限定的な話です。

警察官の採用については，姉妹編の『警察官試験早わかりブック』をご覧ください。

消防官は？

消防官は，各消防本部が採用する職員です。消防本部は，市町村が単独で設置するほか，複数の市町村が「消防組合」として設置する場合もあります。東京都だけは，都内の大半の市区町村を管轄とする東京消防庁を設置しています。政令指定都市では，消防官も事務系と同じ試験日程で同じ問題が使われることが多くなっています。

消防官の採用については，姉妹編の『消防官試験早わかりブック』をご覧ください。

採用試験の日程・採用までのルートは?

基本的に各自治体ごとに年1回行われていますが、日程はバラバラです

受けられるところはどこ？

🗆 試験の日程は要注意！

　公務員試験の日程は、27ページを見てわかるように国家公務員、地方公務員ともにバラバラです。原則として年1回行われ、どの試験が何月頃かはだいたい決まっていますが、年によって変更されるときもあります。また、**地方公務員試験では、自治体どうしが同じ日に一次試験を行う統一実施日を定めていることも多々あります。**

　日程が重ならず、受験資格を満たしていればいくつでも受けられる公務員試験ですが、統一実施日の試験どうしは併願できませんので注意しましょう。

　公務員試験の特徴の一つですが、「**同じ日に行われる択一式の問題は同じものが出る**」というパターンもあります。厳密には、出題科目の違いや選択解答制の有無など少しずつ違いがあるのですが、大きく見れば同じ問題。したがって、自分が受けたい試験の過去問がなくても、同じ日に実施された過去問の勉強が有効になります。

🗆 採用試験のスケジュール

　一般的には下図のように進んでいきます。

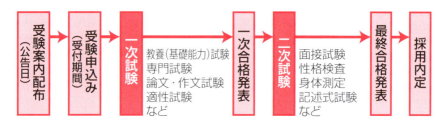

まずは、都道府県庁、市役所や支所・出張所などで**受験案内（募集要項）を入手**して、受験の申込みをすることになります。住所から遠い都道府県庁や市役所の受験の際も、**基本的に郵送での請求ができます**。日程に余裕を持って入手しましょう。

申込みをすると、一次試験の前に受験票が送られてきます。

一次試験は日曜日か祝日に行われており、たいてい1日で終わります。午前中に教養試験、午後に専門試験や論文試験、適性試験などを行うのが一般的です。試験会場は、国家公務員の場合は大学、地方公務員の場合はその自治体内にある高校や中学校、市役所内の会議室、市民センターや公民館などの施設を使うところが多いです。

申し込み手続きについては28ページも見てね

一次試験の合格発表は、一次試験から2〜3週間後に行われます。掲示板および受験先のウェブサイトに合格者の受験番号が掲示されますが、合格者には郵便で合格通知が届き、その中に二次試験の要項が入っています。

一次合格発表から1週間ないし半月くらいの期間内に二次試験が行われます。**二次試験は平日も行われることがあり、1日では終わらずに複数日に及ぶ場合もあります**。結果は、掲示板および受験先のウェブサイトに合格者の受験番号が掲示されるほか、二次試験の受験者全員に郵便で結果が通知されます。

なお、まれに三次試験・四次試験を行うところもあります。

実は**公務員試験は、最終合格＝採用内定ではありません**。最終合格者は、採用候補者名簿に掲載され、その名簿から、欠員に応じて採用される、というシステムなのです。そうはいっても、地方公務員の場合は、たいてい自動的に採用となっています。国家公務員の場合は、たとえば国家総合職（いわゆる「キャリア採用試験」）などでは「官庁訪問」と「採用面接」というプロセスを経て採用内定を得ることになります。

Memo

国家公務員試験はこう変わった

平成24年度から、国家公務員試験制度が変わりました。
年齢の高い人でも受験可能な試験としては、

① **国家一般職（社会人〈係員級〉）**…事務、技術、農業、農業土木、林業
② **国家専門職（社会人）**…法務教官、皇宮護衛官、刑務官、入国警備官
③ **経験者**…民間企業等における有為な勤務経験を有する者を係長以上の職へ採用することを目的として行う中途採用試験。採用予定がある場合に、府省別、職制段階別に実施

が挙げられます。③は不定期に募集されると思われるので、人事院のウェブサイト等をまめにチェックして情報を集めましょう。

24年度には国家公務員試験が変わったよ

ほかの試験を受けてもいいの?

試験日さえ重ならなければ,自由に受けられます!

併願は当たり前

公務員試験では併願するのが一般的

　受験資格と日程が許せば,ほかの公務員試験との併願をすることはもちろん可能です。逆に**併願せずに志望先を1つに絞って受けている人のほうが少数派**です。

　受験者の例を見ると,地方上級試験の受験者は,国家一般職[大卒](一次試験日は6月中〜下旬)や,別の日に行われる市役所上級試験などと併願している人が多いようです。ただし,**東京都と特別区,あるいは道府県どうし,政令指定都市どうしは一次試験日が同じであるため,同時には受けられません**。地方上級試験どうしの併願で可能なのは,「東京都と道府県」または「大阪府と他の都道府県・政令指定都市」「東京23区と道府県・政令指定都市」の組合せだけなので注意が必要です。27ページには,主要な公務員試験の一次試験日をまとめましたので,参考にしてください。

Memo

併願していることは隠したほうがいい?

　面接試験などの際に,どこを併願しているかを聞かれることがありますが,併願先は正直に答えてしまっても問題ありません。面接官も併願していることは百も承知ですから,逆に「ココしか受けていません!」と言うとうそをついていると思われてしまいかねません。ただし,「こちらが第一志望です!」という一言を必ずつけ加えてくださいね。志望順位まで正直に答える必要はありません!

主な公務員試験の一次試験日（令和3年度）

色文字は高校卒業程度の試験

PART I 早わかりガイド

4月11日	警視庁警察官Ⅰ類(第1回)
4月17日	参議院法制局総合職
4月18日	衆議院法制局総合職
4月25日	**国家総合職**
4月29日	衆議院事務局総合職／兵庫県警察官B(第1回)
5月1日	参議院事務局総合職
5月2日	**東京都Ⅰ類B／特別区Ⅰ類(一般方式)**／ 警視庁警察行政職員Ⅰ類／警視庁警察行政職員専門職種Ⅰ類／東京消防庁職員Ⅰ類
5月5日	大阪府警察官A(第1回)／大阪府警察官B(第1回)
5月8日	裁判所総合職／裁判所一般職[大卒]／兵庫県警察官A(第1回・一般区分)
5月9日	**警察官(大卒程度5月型)／警察官(高卒程度5月型)**／ 東京都Ⅰ類A／東京消防庁消防官Ⅰ類／国会図書館総合職／国会図書館一般職[大卒]
5月15日	衆議院事務局一般職[大卒]
5月16日	北海道A区分行政系(第1回)／大阪府(大卒)／海上保安学校(特別)／ 福島県警察官A(第1回)／東京消防庁消防官専門系
6月6日	高知県警察官A
6月6日	皇宮護衛官[大卒]／法務省専門職員／財務専門官／国税専門官／食品衛生監視員／ 労働基準監督官／航空管制官／海上保安官／防衛省専門職員
6月12・13日	外務省専門職員
6月13日	**国家一般職[大卒]**
6月20日	**地方上級**(道府県・政令指定都市)／ **市役所上級**(A日程)／地方中級(6月タイプ)
7月4日	国立大学法人等職員
7月11日	**市役所上級**(B日程)／ **警察官(大卒程度7月型)**
8月21日	参議院事務局一般職[高卒]／参議院事務局衛視
9月4日	衆議院事務局一般職[高卒]／衆議院事務局衛視
9月5日	**国家一般職[高卒]／国家一般職[社会人]**／税務職員
9月11日	特別区経験者／東京消防庁消防官Ⅱ類／東京消防庁消防官Ⅲ類
9月12日	裁判所一般職[高卒]／東京都Ⅲ類／特別区Ⅲ類／ 警視庁警察行政職員Ⅲ類／東京消防庁職員Ⅲ類
9月18日	警視庁警察官(第2回)／兵庫県警察官B(第2回)
9月19日	**市役所上級**(C日程)／**市役所初級**／刑務官＊／東京都キャリア活用／ 警察官(大卒程度9月型)／警察官(高卒程度9月型)／警視庁警察官Ⅲ類(第2回)
9月20日	警視庁警察官Ⅰ類(第2回)／大阪府警察官A(第2回)／大阪府警察官B(第2回)
9月26日	**地方初級**(道府県・政令指定都市)／地方中級(9月タイプ)／ 皇宮護衛官[高卒]／入国警備官＊／航空保安大学校／ 海上保安学校／北海道A区分行政系(第2回)／大阪府社会人等／青森県警察官B
10月3日	国家総合職(法務・教養)／大阪市事務行政(26-34)
10月17日	警察官(高卒程度10月型)
10月30・31日	海上保安大学校／気象大学校
1月8日	警視庁警察官Ⅰ類(第3回)／警視庁警察官Ⅲ類(第3回)
1月9日	大阪府警察官B(第3回)
1月15日	兵庫県警察官A(第3回)／兵庫県警察官B(第3回)

都道府県・市町村の早期試験や秋試験など日程が毎年変則的な試験，募集が技術系・資格免許職のみとなっている試験は除外。
なお，令和3年度は新型コロナウイルス感染拡大に伴い試験日程の延期・中止があったが，表には当初計画していた日程を掲載した。
※はほかに社会人の採用区分がある試験を示す。

　※地方自治体の経験者採用試験は，自治体によって実施日が異なる。6月に地方上級試験と同一の日に実施する自治体もあれば，9月〜1月に実施する自治体もある。

Q 申込み手続きで注意すべき点は？

A 期限を守ること！志望動機を書くこともある

◻ 受験申込のスケジュール

　まずは受験案内（募集要項）を入手しましょう。その中に申込用紙が挟み込まれているので、それを使って受験の申込みをします。また、人事院や自治体のウェブサイトから申込用紙をダウンロードして、それをプリントアウトするという方法もありますし、最近はウェブサイト上で申込みを行える試験が増えています。
　受験の申込みは締切日までに済ませておく必要があります。地方上級試験の一般的なスケジュールは次のようになっています。

	道府県・政令指定都市	東京都・大阪府・特別区・大阪市
受験案内配布開始	4月下旬以降	3月中旬以降
申込締切日	5月中旬～6月上旬	4月中旬
一次試験日	6月の第4日曜日	6月上旬の日曜日

◻ 申込用紙の記入や準備

　受験案内に記入のしかたが書かれているので、それを見て漏れなく必要事項を記入します。インターネットでダウンロードする場合には、申込用紙だけでなく受験案内もダウンロードして、プリントアウトしたものを確認したほうがミスが防げます。
　申込みの時点では顔写真が不要であっても、一次試験の当日は受験票に顔写真を貼っていなければ受験できません。試験直前になると学習の追い込みなどで慌ただしくなります。**申込みの段階で顔写真を用意**しておくべきです。

また，**なかには申込用紙に「志望動機」を書かせたり，エントリーシートの提出を求める自治体もある**ので，事前に考えておきたいものです。

◘ 申込用紙の提出

申込用紙は**郵送またはインターネットで提出**することが一般的です。受験する自治体の人事委員会に直接持参する方法もありますが，最近では都市部の自治体を中心として持参での申込みを受け付けないところも増えています。

申込用紙を郵送する場合は，必ず簡易書留郵便や特定記録郵便にします。郵便局の営業時間に間に合わなければなりません。封筒の表に受験を希望する試験名を赤字で書くことも忘れないように。

◘ インターネットでの申込み

最近は行政の経費削減のためにインターネットでの申込みを推奨する自治体も増えていて，**岩手県，山形県，茨城県，埼玉県，神奈川県，長野県，新潟県，静岡県，滋賀県，京都府，大阪府，奈良県，和歌山県，広島県，愛媛県，高知県，横浜市，川崎市，相模原市，静岡市，大阪市，堺市，岡山市，北九州市**では，申込みは原則として**インターネットのみ**です。

ただ，ネットでの申込みでは，パソコンやネットワーク上のトラブルがあったり，早く締め切られてしまう場合も多いので，早めの対応が肝心です。

受験案内の見本

試験の中身は
どういうものなの?

こんなにあるのか?

教養試験・専門試験・
論文試験(作文試験)・
適性試験・適性検査・
面接試験などが課されます

□ 試験種目は自治体ごとに違う!

　公務員試験(事務系)では,「教養試験(基礎能力試験)」「専門試験」「論文試験(作文試験)」「適性試験」「適性検査(性格検査)」「面接試験(人物試験)」といったさまざまな試験が行われます。

　このうち,まず**重要なのは教養試験と専門試験**です。これらは一次試験の際に行われ,ここで成績上位に入らなければ二次試験には進めませんし,なんの対策もせずにスラスラ答えられるような,生やさしい試験内容ではないからです。**ただし,国家一般職(社会人)試験では専門試験は課されませんし,経験者採用試験でも専門試験がない場合が多いです。**

　教養試験についてはPARTⅡで詳しく説明しますので,まずは一般的な試験種目をひととおり紹介しておきます。なお,課される試験種目は試験ごとに異なっていますので,自分の志望先がどういう状況なのかは,事前に確認しておいてくださいね。

出題される科目など,詳しくはPARTⅡを見てね

□ 教養試験(基礎能力試験)

・5つの選択肢から1つを選ぶ形式(五肢択一式)で行われます。
・**すべての公務員試験で実施されます。**
・一次試験で実施されます。

30

- **一定以上の得点がないと二次試験に進めません。**
- 試験時間100〜150分，解答数35〜50問という形が一般的です。

教養試験の問題例

図のように，透明な板の表面に3×3のマス目が描かれている。これら9個のマス目のうち2個を黒く塗るとき，その塗り方は何通りあるか。ただし，回転させたり，裏返したりすると同じになる場合は，同じ塗り方とみなす。

1　6通り
2　7通り
3　8通り
4　9通り
5　10通り

専門試験

- 五肢択一式で行われます。一部の自治体では記述式も課されています。
- **大学新卒者を対象とする試験では課されることが多いです。**
- 一部の自治体では，専門試験を課す試験区分のほかに専門試験のない試験区分を設けている場合もありますが，専門試験がない場合は競争率が高くなります。
- 一次試験で実施されます。
- **一定以上の得点がないと二次試験に進めません。**
- 試験時間90〜120分，解答数40問という形が一般的です。

専門試験対策は地方上級や市役所上級向けの問題集が使えるよ

専門試験の問題例

国家賠償法第2条に関する次の記述のうち，妥当なものはどれか。

1　公の営造物の中には不動産である道路や河川は含まれるが，動産は含まれない。
2　公の営造物の設置または管理の瑕疵とは，公の営造物が通常有すべき安全性を欠いていることをいい，これによる国または地方公共団体の賠償責任は無過失である。
3　河川の管理は，道路等の管理とは異なり，瑕疵があると多くの人に甚大な被害をもたらすことになるので，財政的制約が免責事由になることはない。
4　公の営造物の管理者と費用負担者が異なる場合には，前者が損害賠償責任を負い，後者が損害賠償責任を負うことはない。
5　損害賠償を請求することができるのは公の営造物の利用者に限られ，空港の騒音に対して周辺住民が損害賠償請求することはできない。

論文試験（作文試験）

- 社会問題などの一般的な課題について論述するものです。
- **ほとんどの自治体で実施されています。**
- 一次試験で実施しても採点は二次試験扱いのことが多く，教養・専門試験の得点で二次試験に進めなければ読まれることはありません。
- 試験時間50〜120分，字数は800〜1200字程度という形が一般的です。
- **経験者採用試験では「経験論文」が課されることも多いです。**

論文・作文試験の出題例

- 今，○○○職員に求められていること
- ○○県・市のまちづくりについて
- 今の○○県・市に足りないもの
- 地域性と定住対策について
- 災害への備えについて
- 行政改革と住民サービス
- 私がめざす公務員像
- 少子高齢社会に思うこと
- 私のマニフェスト
- 10年後の私
- 失敗から学んだこと
- 前職での経験を公務員としてどう生かすか

適性試験

- どの程度の事務適性があるかを判定するためのスピードテストです。
- **4割程度の自治体で実施されています。**
- **国家中途試験でも実施されています。**
- 一次試験で実施されることが多いです。
- **問題自体は簡単なものですが，限られた時間内に正確に処理することが求められます。**
- 試験時間は10〜15分，問題数は100〜120題という形が一般的です。

適性試験の問題例

与えられた3つの図形の■のマス目が1つの場合はその位置に対応する手引の数に，2つ以上ある場合はそれぞれの位置に対応する手引の数を合計した数に置き換えて計算し，その結果を答えよ。答えは1〜5以外にはならない。

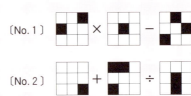

◻ 適性検査（性格検査）

- 内容はいわゆる性格検査です。
- 半数程度の自治体で実施されています。
- クレペリン検査（1ケタの数字を足していくもの）やＹＧ式性格検査（質問項目に「はい」「いいえ」「わからない」で答えていくもの）が一般的です。
- 対策は特に必要ありません。
- 自治体によっては**「適性試験」と「適性検査」の名称が混同されていることがある**ので，注意が必要です。

◻ 面接試験（人物試験）

- 受験者が1人で臨む**「個別面接」**のほか，受験者数人で一緒に面接を行う**「集団面接」**や，受験者数人でディスカッションを行う**「集団討論」**を実施している自治体もあります。また，数は少ないですが「プレゼンテーション」という形式の面接を行うところもあります。
- 個別面接はほとんどのところで実施されています。
- **ほとんどのところでは二次試験や三次試験で実施されますが，市役所などでは受験申込時に簡単な面談を行うところもあります。**
- **最終的に合格するためにはこの面接試験がカギになります。** 教養試験や専門試験を最優先しつつも，面接のことも念頭に置いて自己分析や志望先研究なども進めておきたいところです。

◻ その他の種目

　少数ですが，一般教養分野に関して，独自の記述式の試験を課す自治体もあります。内容はさまざまで，漢字の読み書きに始まり，用語・語句・人名・英単語などの記入，ことわざの意味，用語などの100字程度の意味説明，自己PRなどの1000字程度の文章のまとめなどです。

　また，身体検査・健康診断，体力検査・体力測定・スポーツテストなどを行う自治体もあります。しかし，よほどの問題がない限り，その結果で不合格になることはありません。

「社会人基礎試験」って何?

新しいタイプの試験種目です

従来の「教養試験」とは少し違う新しいタイプの試験種目

　平成25年度試験から一部の地方自治体の社会人採用試験において，従来の教養試験に代わって，**新しいタイプの試験問題**が出始めました。それが**社会人基礎試験**です。出題数が多い，歴史や理科などの科目がない，5択ではなく4択，など明らかに違う形式に驚いた受験者も多かったようです。

実施する自治体はまだ少数

　社会人基礎試験が実施されている自治体はまだ少数です。平成25年度は一部の市役所での出題でしたが，平成26年度～令和3年度には都道府県レベルでも出題が確認されています。国家公務員試験ではまだありません。

　自分の受ける自治体が該当するか否かを確認しなければならないところですが，**残念ながら受験案内にはっきりと書かれているところはまだ少数です**。以下に現在把握できている範囲で内容をまとめておきますので，受験案内を見るうえでの参考にしてください。

◻ 社会人基礎試験の内容

社会人基礎試験は以下のように2つの試験種目になっています。

職務基礎力試験	75問	四肢択一式	90分
職務適応性検査	120問	四件法	30分程度
(参考) 教養試験	35～50問	五枝択一式	100～150分

◻ 対策は時事・国語・一般知能分野を中心に

職務基礎力試験の内容は,
①社会的関心と理解についての分野 (25問)
②言語的な能力を問う分野 (25問)
③論理的な思考力を問う分野 (25問)
となっています。

①の「社会的関心と理解についての分野」はいわゆる「時事」です。政治・経済,社会,科学などの分野から比較的新しい話題が出題されます。内容はそれほど難しいものではありませんが,ニュース等を押さえておかなくては選択肢選びに迷うでしょう。

②の「言語的な能力を問う分野」は国語および現代文や英文の文章理解ととらえられます。漢字や慣用句の出題が従来の教養試験より多く,社会人としての常識を問うウエートが大きいのが特徴です。文章理解の文章は比較的短いのですが,出題数が多いので読解スピードが大事になってきます。

③の「論理的な思考力を問う分野」は一般的な公務員試験の判断推理,数的推理,資料解釈の内容を比較的シンプルにしたものです。ただし,こちらも出題数が多いので1問1問に時間をかけるわけにはいきません。

試験対策としては,「時事」と「国語」と「一般知能分野(文章理解,判断推理,数的推理,資料解釈)」となります。なお,時事の中には科学的な内容,地理的な内容などを含む場合がありますので,あまり分野を絞りすぎないように注意しましょう。

最後に,**職務適応性検査**についてですが,これはいわゆる性格検査です。

だいたい
何点取れれば
合格できるの？

満点を
めざさなくても
いいんだね！

おおよそ
6〜7割得点できれば
だいじょうぶでしょう

▫ 6 〜 7 割 得 点 で き れ ば
一 次 試 験 は ほ ぼ 合 格 で き る

　択一式の教養試験（基礎能力試験）や適性試験で何点取れば合格できるかということは，受験者の多くが気になるところでしょう。でも，確固とした合格最低点（合格に必要な一番低い点）というものは存在しません。試験問題そのもののレベルや受験者全体のレベル，募集人数・受験者数などが毎年変わるので，合格最低点も毎年上下動しているからです。

　とはいえ，それではサッパリわかりませんよね……。人事院発表の国家公務員試験の結果をもとに類推すると，教養試験・適性試験とも満点の6〜7割得点できれば，一次試験はほぼ合格できるというのが一つの目安になっています。なお，新しい社会人基礎試験(p.34参照)では若干高めと予測されています。

▫ 「 基 準 点 」 に は 要 注 意 ！

　6〜7割得点できればいいといっても，「教養試験で頑張って9割取れば，苦手な適性試験は3割でいい！」というわけではありません。

　各試験種目には「基準点」があって，どれか一つでもその**「基準点」を満たさないと，ほかの試験でどんなに高得点を取っても不合格**となってしまうのです。

36

基準点は，満点の3〜4割程度とするところが多く，教養試験・適性試験だけでなく，論文試験にも設けられています。

配点は，面接重視の傾向が

公務員試験では複数の試験種目が課されているわけですが，その配点はどうなっているでしょう。**教養試験の配点を1とすると，適性試験が0.5〜1程度，論文試験が0.5〜1程度**というのが一般的です。

最近では**面接の重要性が高まっています**。教養試験の配点を1としたときに従来は1〜2程度だったものを，3〜6程度にまでウエートを高めるところが増えてきています。

面接試験は，何も対策せずにその場に臨んでしまうと，言いたいことも言えずに終わってしまうことが多いです。「聞かれたことに答えればいいんでしょ？」などと甘く考えずに，しっかりと対策を練っておく必要があります。

面接試験については，『現職人事が書いた「面接試験・官庁訪問」の本』が詳しいよ

筆記で上位に入ると有利？

当然高い点数を取るに越したことはありません。しかしながら，実際の配点は面接のウエートが高いところが多いので，**いくら教養試験・専門試験などの筆記試験の点数がよくても，面接で逆転されてしまう可能性はあります。**

また，一次試験の筆記の点数は一次合格の判断材料にしか使わず，二次試験受験者はまた同じスタートラインから競わせるところも増えています。

だからといって筆記試験対策の必要がないわけではありません。まずは一次試験に合格しなくては，なんにもならないわけですから。

最終合格＝採用ではない？

公務員試験では，採用内定までの流れは「最終合格→採用候補者名簿に載る→採用面接→採用内定」となっていて，「最終合格＝採用」ではありません。最終合格者は採用候補者として名簿に載るものの，採用が100%保証されるわけではないということです。

ただし地方公務員試験（経験者採用試験も含めて）の場合，これは建前。よほどのことがない限り，最終合格すれば内定は出ます。

採用モレはほとんどないよ

勉強のコツは？みんなどのくらい勉強してるの？

しっかり計画を立てよう！

満点をめざさず，勉強するテーマを絞りましょう！学習時間より密度・集中力がカギとなります

▫ 細かいところは気にしない！

教養試験（基礎能力試験）ではだいたい6～7割できればいい……ということは，**3～4割は間違ってもいい**ということでもあるわけです。

満点をめざしても，苦労の割には報われません。というか，満点を取るのは無理！とあきらめましょう。それよりもすべての試験種目でまんべんなく6～7割得点できるように，苦手をなくすことをめざしてください。

また，択一式の問題は，「正答が1つに絞れればいいだけ」です。**たとえすべてを知らなくても，一部分を知っているだけで間違いの選択肢だとわかることも多い**ですし，消去法を使えば正答が導けることも多いのです。

あまり細かいところにこだわると学習が進まないので，「誤りの選択肢を見抜けるだけの知識があればいいんだ」「完璧にマスターしなくてもいいんだ」という意識で学習に臨んでください。

▫ よく出ているところに絞って！

教養試験は，出題範囲が非常に広い割には1科目当たりの出題数は少なく，科目によっては毎年出題されないものもあります。ですから，**効率よく学習す**

る方法を考えないと，絶対に追いつきません。
　詳しくはPARTⅡでお話ししますが，まずはどの科目が何問くらい出ているのか，どういう問題が出ているのか，よく出題されるテーマはなんなのかというところを把握するところから始めましょう。そして，定評のある本や教材を選んで，**重要な科目にウエートを置き，頻出テーマを中心に学習していきましょう**。それが効率よく点数が取れるようになるコツです。

6か月は学習しないと？

　「どのくらい勉強すれば受かるの？」「みんなどのくらい勉強してるの？」というところも気になるとは思いますが，個人個人で基礎学力に差があるので，なんともいえないところです。

　公務員試験合格者の声を聞くと，**学習期間が6〜7か月**という層が最も多く，**1週間の学習時間は20〜30時間**という層が最も多くなっています。

　しかし，それは現役学生も含めたデータです。平日に時間を取りにくい社会人は，平日に2時間ずつ，休日にはまとめて7時間ずつできればいいところでしょう。**要は時間よりも密度です。集中力を発揮して中身の濃い学習を心がけてください。**

学習期間別の合格者の構成比

1週間の学習時間

みんなどうやって勉強してるの？

書籍で独学，通信講座，予備校のセミナーなど。
それぞれの長所と短所を見極めて！

◻ 学習ツールを考える

　具体的に教養試験の学習を進めていくとして，どういう方法を取ればいいのかは，悩ましいところでしょう。
　学習のツールとしては，大きく分けると，書籍を使った独学，通信講座，予備校のセミナーなどがあります。
　合格者はこのうちのどれか一つに絞る！というやり方ではなく，**これらをミックスしてうまく使いこなしている人が多いようです**。たとえば，独学を基本にしつつも苦手な科目はセミナーを利用したりとか，通信講座や予備校を軸にして不足しているところを市販の書籍で補ったりしているようです。
　それでは，学習ツールごとに長所と短所を確認しておきましょう。

◻ 書籍で独学 …… 安くつくが疑問があっても自己解決が基本

　市販の書籍を使いながら，独自に勉強していく方法です。公務員試験用の問題集や基本書は数多く刊行されているので，自分のスタイルに合ったものを選んで，都合のいい時間に自分のペースで学習を進められます。また，**費用的に見ても最も安く済む**というのが利点でしょう。
　難点なのは「**すべて自分でやらなくてはいけない**」とい

うことです。独学だと，学習の途中で疑問に思うことがあっても，だれにも頼れません。また，市販の書籍では，刊行時期によっては情報が古くなっている場合があります。

通信講座……必要なものがまとまっていて使いやすいが途中で挫折しがち

　公務員試験対策に必要な教材がまとめて手に入るので，**何から手を着けたらいいのかわからない人にとっては便利です。**自分の都合のいい時間に自分のペースで進めていけるうえに，疑問に思うことが出てきた場合でも質問回答のシステムを利用できますし，法改正や制度改正などの最新情報についてもフォローしてくれるので安心できます。受験仲間のいない社会人にはペースメーカー的役割も重要です。めざす試験に特化したコースもあるので安心できるでしょう。**独学より確実で予備校などに通うよりは手軽**で，費用的にも5〜8万円程度と，独学と予備校の中間的な位置づけになります。

　通信講座の難点は，ある程度はその講座の勉強法に合わせないといけない点です。自分の好みに合うか合わないかに関係なく大量の教材が届くので，途中で挫折してしまう人も少なくありません。ムダにしないためには，毎月の達成目標をきちんと定めて**計画的にコツコツこなしていく忍耐力が必要**でしょう。

予備校のセミナー……任せておけば安心できるが時間に縛られる

　独学や通信講座ではだらけてしまうような人でも，とにかく**学校に行きさえすれば否応なく勉強することになる**というメリットは大きいでしょう。また，学習中の疑問にも講師がすぐに答えてくれますし，法改正や制度改正などの最新情報についてもしっかりとフォローしてくれます。一人で孤独に勉強するのが苦手な人にとっては，一緒に学び合う仲間が作れるというメリットもあるでしょう。社会人が通える夜間や土日の講座もあります。

　問題となるのは，時間を拘束されてしまうことと，費用が高くつく点です。**予備校の受講料は単発の講座でも数万円はしますし，半年間程度通う場合になると数十万円という額になるのが普通です。**また，担当している講師の質に左右されるところも大きいので，何から何までゆだねてしまうと危険ということもあります。

論文試験って重要ですか？

用紙を埋められればいいなんて考えていたら不合格です

書くだけじゃダメ

論文にはルールがある

　論文（作文）試験では，**答案用紙の8割以上**を埋めること。受験対策本によく書いてありますから，皆さんもすでにご存知かもしれません。

　しかし，答案用紙を埋めることに意識が行きすぎて，結果的に「読ませる」答案になっていないものが多々あります。

　特に，「苦手だ」と思っている人はそれなりに対策を考えるので結果的によい論文が書けるようになりますが，逆に，文章なんていつでも書ける，と思っている人は危ない傾向にあります。

　論文は，**問われた課題に誠実に対応できるか，意欲はあるか，マナーはあるか，などまさしく公務員になるにふさわしいかという素質を判断されるもの**です。なめてかからず，最低でも数回は実際に書いて読み直しておくことです。

自分で使っている言葉，ちゃんと手で書ける？

　日頃パソコンやケータイを使った文章しか書いていないと，意外にも書けない漢字がたくさん出てきたりします。ひらがなで逃げるにも限度があります。論文試験で誤字を書くなんて，落としてくれと言っているようなものです。気をつけましょう。

論文試験のウエート

受験先によって，論文試験が採用試験全体のうち，どのくらいのウエートを占めるかは異なります。

たとえば，国家一般職（社会人）試験では，一次試験の配点比率は以下のようになっています。**教養試験や適性試験に比べればウエートは小さい**ですが，油断は禁物です。

国家一般職（社会人）試験の配点比率

試験種目	基礎能力試験	適性試験	作文試験	人物試験
配点比率	$\frac{4}{9}$	$\frac{2}{9}$	$\frac{1}{9}$	$\frac{2}{9}$

※作文試験は，基礎能力試験，適性試験において一定以上の成績を得た者を対象として評定する。

このように配点を公表している試験はほかにもありますので，ぜひ受験先の状況を調べておきましょう。

また，一次試験で論文を課されても，一次試験の合否判定には用いられず（つまり，一次の合否はほかの試験種目で出される），**論文は二次に進んだときに採点されることも**あります。しかし，だからといって手を抜いていい理由にはなりません。一次試験をなんとかクリアできたのに，論文がうまく書けていなくて二次試験の足を引っ張ることになってしまったら悔やんでも悔やみきれないでしょう。

配点は公表されているところも多いよ！

論文にも種類がある

さて，論文試験といっても，その課題によりいくつかの種類に分けられます。

経験者採用試験などでは，**一般論文**と**経験論文**というように分けられることが多いようです。経験論文は，まず職務経験を述べさせ，さらに，そこで得たものなどをどう行政に生かすか述べさせる，といった二重構造になっているものが多いようです。受験者を経験だけで判断するのではなく，そこから得たものを見て，自分のところに必要な人材かどうかを判断しようというもののようです。特別区経験者採用試験の「職務経験論文」がまさ

教養試験が苦手だから論文だけでなんとかするぞ！　は，無謀な賭けです

にこの形式ですし，そのほかの多くの自治体でも同様の課題が見られます。職務経験者採用試験を受ける人は，ぜひ受験前に一度書いて，客観的に見てみることをお勧めします。**自分では客観評価が難しいですから，家族や友人といった第三者の目でチェックしてもらうのも効果的です。**

そして，一般論文は，特に職務上の経験を問うことはなく，課題が与えられます。その課題も，職業観や行政に対する意見（提言）などが多く見受けられますので，**職歴のある人はさりげなく前職（現職）で得たものをアピールするのもよいでしょう。** 職歴のない人は無理に創作する必要はありません。あなたが行政や自治体に寄与できることは必ずあります。それを日頃から考えておいて，出題された課題に乗せてしっかりと伝えましょう。

論文試験課題例

試験		元年度	2年度	3年度
国家社会人 （事務，一次， 50分，600字）		事務系の募集なし	事務系の募集なし	事務系の募集なし
特別区経験者	課題式論文 ※2題中1題を選択 （一次，90分，1,200～1,500字）	「1　組織力の向上について」「2　地域コミュニティの活性化について」	「1　住民意識の多様化と自治体職員の役割について」「2　若者の区政参加と地域の活性化について」	「1　インターネットを活用しただれもが利用できる行政手続に向けた取組みについて」「2　持続可能な財政運営と区民サービスについて」
	職務経験論文 （一次，90分，1,200～1,500字）	「職務上のトラブル対応について，あなたのこれまでの職務経験を簡潔に述べてから，その経験を踏まえて論じてください」	「仕事の優先順位について，あなたのこれまでの職務経験を簡潔に述べてから，その経験を踏まえて採用区分における立場として論じてください」	「仕事における目標設定と振り返りについて，あなたのこれまでの職務経験を簡潔に述べてから，その経験を踏まえて採用区分における立場として論じてください」
特別区就職氷河期	論文 ※2題中1題を選択 （一次，90分，1,200～1,500字）	実施なし	「1　住民意識の多様化と自治体職員の役割について」「2　若者の区政参加と地域の活性化について」	「1　インターネットを活用しただれもが利用できる行政手続に向けた取組みについて」「2　持続可能な財政運営と区民サービスについて」

◻ エントリーシートにもご用心！

論文試験は，基本的に一次試験以降のものですが，受験申込の段階で「エントリーシート」を提出させる自治体もあります。その内容は，民間企業の就職活動で使われるものとほぼ同様と考えてよいでしょう。主に志望動機や自己PRなどを書くもので，それらによって書類審査が行われ，一次選考とされたりします。そこで，受験情報はしっかりと収集し，エントリーシートの提出の有無があるかなど調べて備えましょう。**提出する前に，必ずコピーを取りましょう。**後日，面接試験のときに，食い違ったことを言わないためにもコピーは重要です。

記入前の用紙をコピーして下書きをしたものを清書すると失敗なし！

エントリーシートの例（横浜市社会人の例）

公務員の面接試験ってどんなもの？

民間企業の面接と基本は一緒です

面接は正念場！

民間よりラクということはありません

「公務員の面接試験は民間に比べてラク」などと言う人もいます。確かに，公務員試験全体で見ると，主に面接試験の行われる二次試験競争率（二次受験者数÷最終合格者数）は2倍前後，というのが平均値です。しかし，**年齢制限の高い試験で見てみると，3～5倍と高くなる傾向**にあります。したがって，本書をお読みの皆さんの受ける試験の場合は，心して取りかかったほうがよいでしょう。

面接試験の中心は個別面接

面接試験の種類は，個別面接，集団面接，集団討論と3つに分かれますが，**社会人が受験できる試験では個別面接が主流です**。それに加えて，集団討論（ある課題についてグループで討議するもの）を課すところもありますので，受けたい試験の情報を集めて備えましょう。集団討論の過去の課題は，各自治体のウェブサイトで公表されていることもあります。

個別面接の質問項目は，「自己紹介」「志望動機」「卒業後何をしていたか」「学業（仕事）で打ち込んだこと」「関心のある出来事」「休日の過ごし方」「趣味」「特技」「長所・短所」などが主なもの。

ときには，いわゆる「圧迫面接」や「意地悪（と思える）質問」が飛び出すこともありますが，慌てないこと。そんなときは回答の中身よりも受験者の態度を見ていることが多いようです。心理的に楽だったかということと，合否の

判定は比例しません。

何が見られるの？

面接試験は，筆記では見ることができない部分を多角的に見るものです。それは，人となりや意欲といったものですが，具体的に項目化すれば，①**表現力**，②**社会性（協調性）**，③**積極性**，④**堅実性**，⑤**態度**の５項目が挙げられます。

大事なのは「志望動機」

個別面接で特に重視されるのは「志望動機」です。社会人の場合は特に「なぜ今から公務員をめざしているのか」「現職を辞めてまで公務員になりたいのはなぜか」といった疑問を持たれるのは必至です。当然ですが，「ほかに仕事がなくて」とか「つらいことはいやだから安定した公務員になりたい」という人は，採用側にとって来てほしくない人です。**公務員の世界だって楽なことばかりではなく，むしろ民間企業よりもつらいことだってあるでしょう。それでも「この仕事」や「この自治体」がいい！というものを自分の中にしっかり持ってください。**それは，あなた自身の大きなモチベーションになり，あらゆる面でプラスに働くはずです。

プレゼンテーション面接が行われるところも

地方公務員の試験では，「プレゼンテーション面接」と取り入れているところもあります。一般的には，**テーマが事前に与えられ，受験者は決められた時間でプレゼンテーションし，その後質疑応答を受ける**，というもの。テーマが事前通知の場合は，課題について調べる時間がありますから，じっくり準備して臨みましょう。

テーマは，「○○市をよくするためにできる施策」など行政に対する提案を求められることが多いようです。

もっと知りたい！公務員試験のこと

まだまだ疑問に答えます

　おおまかに公務員のこと，公務員の採用試験のことについて説明してきましたが，まだまだ知りたいこと，疑問に思うことは多いと思います。
　それでは，これまで書き切れなかったところについて，簡単にご説明しましょう！

Q 本当に高年齢でも合格しているの？

A 論より証拠。実績を見てみましょう！

　「年齢が高くなればなるほど不利じゃないか？」という不安の声を聞きます。仕事を覚えて使える公務員になるためには，それなりの経験年数を要しますから，まったく同じ人間で年齢だけが違えば，長く貢献してくれそうな若い人が好まれるでしょう。しかし，現実にはまったく同じ人間なんていません。若くてよい点もあるでしょうが，年を経たために磨かれた部分だってあるものです。本書をお読みの皆さんは，その経験値をピカピカに磨いて試験に臨んでください。

　採用者の年齢を公表するところは少ないのですが，全国でいち早く年齢制限を撤廃して話題となった市川市（千葉県）では，40歳代の方が採用された例もあります。

　また，国家中途試験（受験年度4月1日現在の年齢は29〜39歳）では，以下のように合格者の年齢が公表されていました。残念ながらこれ以降の公表はありません。

平成22年度国家中途試験　試験区分別・年齢別合格者数

試験の区分	29歳	うち女性	30歳	うち女性	31歳	うち女性	32歳	うち女性	33歳	うち女性	34歳	うち女性	35歳	うち女性	36歳	うち女性	37歳	うち女性	38歳	うち女性	39歳	うち女性	合計	うち女性
行政事務	4	2	2	0	2	0	4	1	2	1	4	1	1	0	1	0	0	0	0	0	0	0	20	6
税務	1	1	3	1	1	0	4	1	2	0	3	0	2	1	3	1	3	1	2	0	1	0	25	6

※年齢は平成22年4月1日現在である。

仕事を続けながらの受験で大丈夫？

A いかに納得できるかです

　仕事をしながらの受験勉強に不安を感じる人は多いでしょう。

　今の仕事にもそこそこ満足していて，しかし公務員も捨てがたいと思っている人は，辞めるリスクと辞めないリスクをはかりにかけてみてください。リスクをメリットと置き換えてもいいでしょう。

　いずれの場合も，相手は受験という水ものですから100％の保証はありません。失敗したときに，どちらの方法をとっていたほうが自分が納得できるかを考えてみてください。

　統計的な話をすれば，仕事をしながら合格した人も，受験勉強一本で合格した人もいますよ。

勉強なんてもう10年もしてないんですけど今からでも大丈夫？

A 習慣がつけばいろいろ思い出してきます

　10年間勉強していない人だって，過去には必ず勉強した時期があるわけです。今は勉強が習慣化されていないだけ。まずは30分でも1時間でも机に向かってみましょう。大切なのは時間と空間です。机がない人は，勉強できる場所をつくってください。当然ですが，家族が隣でテレビを見ているような環境ではだめです。形から入るのは大切です。家の中に1人になれる場所がないのなら，外にその場所を探しましょう。また，家の中でも，「家族が寝静まった後の居間」や「家族が起きてくる前の居間」を使うことだってできるでしょう。仕事に向かう電車の中だって活用次第です。

　受験勉強用の時間と空間を確保したら，あとはよい教材を使い，よい手順で勉強すればいいのです。

　よい教材とは，受験対策として過不足がなく，しかも自分に合ったものです。しかし久しぶりに勉強する人は，何が自分に合っているのか選ぶのは難しいでしょう。ネットなどの評判は気になりますが，それを集め始めたら，勉強以前にかかる初期投資が多くなりすぎます（この場合，「時間」

49

を食いすぎるのが大変問題です)。公務員対策問題集の研究家になる必要はないのですから、ほどほどのところで勉強をスタートさせましょうね。

どんな教材を買えばいいのか悩んでいる人には、オールインワンの「通信講座」も有用です。問題集を買うのに比べれば高い、と感じるかもしれませんが、書店を探し回ったりする必要もありませんし、うっかり準備し損ねるという心配もありません。わからない箇所を質問することだってできます。トータルで考えればお買い得か

もしれません。

Q 転職理由（退職理由）って必ず聞かれますか？

A とりあえず聞かれると思っておいたほうがよいでしょう

職歴のある人限定の質問ですが、実際には、「転職理由（退職理由）を聞かれなくて驚いた」という受験者もいます。

聞かれるという心づもりをしておいて聞かれなくて驚くのがいいのか、何の準備もなく聞かれたとき慌てるのがいいのか。もちろん前者です。聞かれるものと思って準備しておいてください。

準備というと、何やらテクニック的なことを想像させてしまうかもしれませんが、そんな必要はありません。前職を辞めたことや辞めようとしていることは事実なんですから、その理由ははっきりと伝えましょう。下手に繕おうとすると、口先だけの薄

っぺらな人間に見えてしまいます。

今、公務員試験の合格をめざしていて、そのために多くの努力をしているなら、その前向きで現実的な姿勢で十分にアピールできるでしょう。

受験者側は気にすることでも、採用側はほとんど気にしないこともあります。

たとえば職歴では、受験者側は「何をしたか」をアピールしたがりますが、採用側は、どんな風に仕事や周りに向き合ってきたかということを見たがるものです。すでに出来上がった組織の中に新卒者ではない外の風を入れるわけですから、その人がまったく組織にとけ込めないような人ならお

断りとなるでしょう。どんなに優れた技術や知識を持っていたとしても，組織の中で生かせないものならいらないのです。売り込み方を間違えないようにしましょう。自分のどんなところが仕事に役立てられると思うか，年下の先輩や同期とどのように接していくつもりか，などについてあらかじめ考えておきましょう。

面接試験の典型質問

① こういう面接の場では緊張しますか？
② なぜ公務員になりたいのですか？
③ 公務員と民間企業の違いはなんだと思いますか？
④ なぜ○○省（△△県・市）を志望するのですか？
⑤ どんな仕事をやってみたいですか？
⑥ 本県（市）の特色をPRしてください。
⑦ 希望しない部署に配属されたらどうしますか？
⑧ 上司と意見が違ったときはどうしますか？
⑨ 民間企業は回っていますか？
⑩ ほかの公務員試験も受けていますか？
⑪ 学生時代の学部・学科の専攻理由を述べてください。
⑫ 何かスポーツをやっていますか？
⑬ ボランティアの経験はありますか？
⑭ 友人からはどのように見られていますか？
⑮ あなたの長所・短所は何ですか？
⑯ 自己PRしてください。
⑰ 最近の時事問題で関心を持った事柄は何ですか？
⑱ 最近読んだ本とその感想を述べてください。
⑲ 2度目の受験ですか？　また不合格だったらどうしますか？
⑳ 公務員に転職したい理由を述べてください。
㉑ 前職で生かした経験をどう生かしたいですか？

Q 職歴がないと不利なのでは？

A 心配すべきポイントは別のところです！

卒業後，一度も就職したことがない人，アルバイト経験しかない人，職歴はあるけど在職期間が極端に短い人。心配になりますよね。しかし，それらは事実なので，今から心配しても始まりません。それに，受験資格をクリアした時点で，だれにだって採用される可能性はあるんです。ここは気持ちを切り替えられた者勝ちです。

むしろ，職歴がないこと等を意識しすぎて，自分のよさを売り込めないことのほうを心配すべきです。

採用試験を受けるのに お金はかかるの？

A 基本的には「無料」です

　公務員試験は，無料で受けられます（一部に受験料を徴収する自治体がありますが，例外的なものです）。

　基本的に受験申込書の郵送費と返信用の切手代と試験会場に行くための交通費がかかる程度ですので，併願できるものについては積極的に申し込んでおいたほうがいいと思いますよ。

地元以外の自治体を 受けるのは不利？

A 「だからこの自治体の職員になりたいんだ！」 という熱意が伝わればOK！

　地元で就職したくても，年齢制限などのため受けられる試験がない場合には，近隣の自治体などを受ける人も多いでしょう。そういう人はたくさんいます。

　面接では「なぜこの自治体を志望するのか」ということは必ず聞かれます。そのときに面接官が納得するような理由を言えるかどうかにかかっています。

　たとえ地元の自治体を受ける場合でも「地元だから受けた」という理由だけだと，面接官に「単に楽したいから受けただけなんじゃないか？」「何も考えずに受けてるんじゃないか？」「仕事をする気があるのか？」と思われてしまうかもしれません。

　地元かどうかというのはあまり重要ではなく，どうしてその地域を知って，どこに魅力を感じ，今後そこでどういう仕事をしていきたいかということが重要なのです。「だからこの自治体の職員になりたいんだ！」という必然性と熱意が伝われば，だいじょうぶです！

出身学部によって
有利・不利はあるの？

PART I 早わかりガイド

A あることはありますが，あまり関係ありません

　公務員試験の専門試験では法律科目のウエートが高いので，法学部出身者が有利だと思われるかもしれませんが，そうとも言い切れません。

　確かに法学部出身者は法律の問題に関してはなじみがあるので学習しやすいともいえますが，経済についてはイチから学習を始めなければいけません。また，法学部出身者でもあまり勉強をしていなければ行政法や民法などは苦手なことも多いです。

　判断推理・数的推理など公務員試験独特の科目については，だれにとっても初めて学ぶことになりますが，どちらかといえば理工系学部出身者が得点源にしやすい科目といえます。

　また，筆記が教養試験のみの自治体があったり，英語資格を加点する自治体があったりもしますので，学部による有利・不利というよりは，個人の意識で差が出てくるのです。

高卒でも大卒程度の
試験に受かってる人は
実際にいるの？

A います！採用されるかどうかはあなたの努力次第です！

　公務員試験は学歴制限のない区分であれば採用においての差別はありませんので，筆記試験の合格点に達するだけの実力とやる気があれば，高卒の方でも中卒の方でも大卒程度の試験に合格することは可能ですし，実際に合格している方もいます。その後の昇進についても，学歴によって差別されることはありません。すべてはあなたの努力次第です！

初級の試験はどんな感じなの?

 試験問題が少しやさしい以外は上級とあまり変わりません

　市役所のなかには初級試験だといわれるところもあります。

　本書は，国家一般職(社会人)試験(旧国家中途)や特別区経験者試験を取り上げていますが，初級試験とそんなには変わりません。

　注意すべきなのは，年齢と学歴制限です。多くの初級試験では，受験可能な年齢は18歳から22歳くらいまでとなっているとこが多く，なかには大学・大学院卒業者は受験不可とするところもあります。

　自分の希望する自治体の状況は，事前に調べておきましょう。

受験案内に「公務員試験の対策不要」と書かれているんですが?

 SPI3やSCOAなどで受験できるところもあります

　社会人にとって，範囲の広い教養試験科目をすべて学習するのは大変です。そこで，そういった特別の準備をしていなくても受験しやすいように，民間企業の採用試験等で用いられる「SPI3」や「SCOA」といった能力検査を用いるところも，市役所を中心に増えてきました。

　また，「社会人基礎試験」(P.34参照)や「新教養試験Light」という名称で，おもに読解力(文章理解や国語など)，論理的思考力(判断推理，数的推理，資料解釈など)，社会的な知識(時事・社会など)を問う試験を用いる自治体も増えてきています。

　いずれも，受験案内をしっかり読んで，自分の受験先がどのタイプの試験なのかを確認しましょう。なかには，「公務員としての一般知識および一般知能に関する試験」のような書き方で，具体的な内容がわからないものもあります。その場合は，従来型の教養試験が出題されると考えて対策を行っておきましょう。

試験にはスーツを着ていくべき？

A 筆記試験は私服でもいいですが，面接はスーツで！

　筆記試験は，夏の暑い時期に行われます。会場によっては冷房がない場合もあるので（逆に冷房が強すぎることもあります），とにかく実力を発揮できることが最優先。筆記試験の会場にスーツを着ていく必要はありませんが，ジャージ姿やあまりに露出の多い服装など，常識を疑われる格好は好ましくありません。

　ただし，面接試験はスーツ（いわゆるリクルートスーツ）を着て受けてくださいね。自治体によっては一次試験から面接を課すところもありますので，注意してください。

自分の受けたい自治体の情報はどうやって手に入れたらいい？

A 公務員試験情報誌や自治体のウェブサイトを見るのが第一歩です

　ここまでのガイドでは，スムーズな理解のために各自治体の詳細については省いていますし，例外的な事柄については述べていません。公務員試験は，自治体によって異なる部分もあるので，事前に志望する自治体の情報を得ておく必要があります。

　小社で刊行している『公務員試験オールガイド』や，公務員試験情報誌『受験ジャーナル』には，試験情報が数多く掲載されているので，ぜひチェックしてみてください。

　人事院や自治体のウェブサイトは，インターネット上で検索してしまうのが一番早いでしょう。それぞれのサイトのおそらくトップページに「職員採用試験」や「採用について」などといった項目があるので，そこからさまざまな情報が得られると思います。また，地方公務員志望ならば，自治体から定期的に発行されている「○○県だより」などの広報紙にも目を通してみましょう。採用の情報も載っていますし，自治体が力を入れているプロジェクトなどについて知ることもできるので，面接試験の際にも役立ちます。

給料っていくらくらいもらえるの?

 大卒事務では17〜19万円（初年度）ですが社会人の場合は条件によって変わります

　実は社会人受験の場合は，個別の事情により加算されるものがあるとのことで，一概にいくらとはいえません。

　したがって参考程度となりますが，いくつかの例を挙げておきましょう。

　まずは，国家公務員の例です。

【国家一般職（社会人）】

①給与　16.6〜22.1万円（高校卒業後30歳で採用された場合）

②扶養手当　扶養家族のある者に，配偶者月額10,000円

③地域手当　民間賃金水準の高い地域に勤務する者等に，最高で俸給等の20％（東京都特別区の場合）

④住居手当　借家（賃貸のアパート等）に住んでいる者等に，月額最高28,000円

⑤通勤手当　交通機関を利用している者等に1か月当たり最高55,000円

⑥期末手当・勤勉手当（いわゆるボーナス）　1年間に俸給等の約4.45月分

　※1　上記の額は，2021年4月1日時点のもの。

　次に地方公務員の例を2つ挙げておきます。

【特別区経験者】

1級職　約249,300円

2級職（主任）　約297,900円

3級職（係長級）　約356,700円

　※1　上記の額は，2021年4月1日時点のもの。地域手当を含む。

　※2　上記のほか，条例等の定めるところにより，扶養手当，住居手当，通勤手当，期末・勤勉手当等が支給されます。

【横浜市（社会人）】

◎事務，デジタル，土木，建築，機械，電気，造園，環境

22歳で大学を卒業し，民間企業における正社員の職務経験が10年あり，採用時の年齢が32歳のとき　262,160円

22歳で大学を卒業し，民間企業における正社員の職務経験が18年あり，採用時の年齢が40歳のとき　303,340円

　上記は一例です。詳細は，受験案内等で確認してください。

　なお，公務員の給与は民間企業の給与に準拠して決められていますので，一流の大企業より低いかもしれませんが，中小企業などと比べると高水準で安定していると言えるでしょう。

筆記試験の対策がわかる！

PART Ⅱ

どんなところが出る？
教養試験の攻略法

　ここでは，公務員試験で最大の難関となる筆記試験について紹介します。筆記試験（教養試験）で出題される各科目について，どんな科目か，出題の形式，出題される範囲，学習の重点を置くべきテーマ，学習法のポイントを解説します。やみくもに学習に突き進む前に必見です。

教養試験って
どんな科目が出るの?

教養試験は
中学・高校で学ぶような
科目が出ます

教養試験の出題科目

　教養試験（基礎能力試験）の出題科目は，受験案内に
「一般的知能（文章理解〔英語を含む〕，判断推理，数的推理及び資料解釈の能力）及び一般的知識（社会，人文及び自然の知識）」
「一般的な知識及び知能について」
などと表記されることが多いです。

　でもこれではわかりづらいですよね。そこで教養試験の科目構成を図にしてみました。

　まず，教養試験は，一般知能分野と一般知識分野の2つに大きく分かれます。
　一般知識分野は中学・高校までの教科に準じた科目になっているのでわかりやすいと思いますが，**一般知能分野は公務員試験独特のもの**で，科目名も初めて見るものばかりだと思います。

教養試験の出題科目

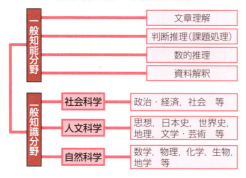

一般知能の科目をちょっとだけ説明しますと，**文章理解**は現代文・古文・英文などの読解力を試すもので，**判断推理・数的推理**は数学的なパズルに似たもの，**資料解釈**は表やグラフを用いた資料の読取り問題となっています。24年度からの国家一般職（社会人）では，判断推理の代わりに「課題処理」となっていますが，対策は判断推理を行っておけばよいでしょう。

　なお，試験問題のレベルは多少違うものの，教養試験の出題科目は大卒程度試験でも高卒程度試験でも同じです。

出題タイプとは？

　社会人が受けられる公務員試験は，**①年齢上限の高い一般枠，②国家社会人試験，③経験者採用試験**の３つに大きく分けられますが，このうち，①は地方上級，もしくは市役所上級といわれる出題タイプになるものがほとんどです。したがって，大学卒業程度の内容で出題されますが，それは主に専門試験の話です。**教養試験に関しては，出題範囲は高卒程度試験（初級）と大きくは違いません。選択肢の難易度に違いがあるものの，対策をとるうえでは同じと考えて学習するのがよいでしょう。**②は高校卒業程度，③は自治体により大学卒業程度と高校卒業程度のところがあります。

タイプが違うと学習方法も違う？

　出題タイプを分類しているのは，出題科目や科目ごとの出題数に大きな違いがある場合には，学習の進め方に影響が出るからです。自分が受ける試験で出ない科目を学習してもしかたありません。

　ただし，学習の開始時点では，出題タイプの違いはそれほど気にする必要はありません。**併願するほかの公務員試験のことも考えて，出題されている主要科目を中心に学習すべきですし，**頻出・定番の問題を解けるようにすべきだからです。

　本書の「過去問模試」は，②国家社会人試験と③経験者（特別区経験者）に分かれていますが，いずれもどの出題タイプにも対応できるような形につくられています。

PART
II
教養試験の攻略法

59

教養試験では
どこが大事なの?

カギを握るのは
判断推理と
数的推理です!

□ 各科目の出題数

　各科目の出題数は次ページの表のとおりです。
　一般知能分野と**一般知識分野**が**大体半分ずつの出題**となっています。これは，地方上級や市役所など，どの試験でも同じです。
　なお，出題タイプの違いによる特徴はそれほど顕著ではありません。

□ 合格ライン達成のために

　一般知能分野は，公務員試験に特有の科目ということもあって慣れないうちは苦しみますが，学習が進むにつれて得点源になってくれるので，**一般知能分野の対策を中心に据えるとよいでしょう**。
　判断推理（課題処理）・数的推理では8割以上正答できるようにしたいところです。この2科目は学習を積めばだれでも正答率を上げられますし，短時間で解答できるようにもなります。教養試験では，本番の試験でも時間が足りなくなるのが普通ですから，解答時間を短縮できるこの2科目は最重要です。
　文章理解も出題数が多いので得意科目にできるとよいのですが，苦手な人が得意になるには時間のかかる科目なので，じっくり問題演習を重ねていくしかないでしょう。それでも現代文は2〜3問正答したいところです。
　資料解釈は出題数も多くないので優先度は低くなります。
　一般知識分野については，高校で履修していた科目で得点することをねらいます。文系出身者なら人文科学（日本史，世界史など），理系出身者なら自然科学（数学，物理など）で得点を稼ぐことが多いようです。また，文系・理系の両者にいえることですが，**社会科学（政治，経済，社会など）は得点源にす**

べきです。3分野のうち2分野で8割の正答率をめざします。

　以上のように得点を稼げれば，だいたい60〜65％の正答率に達します。もちろん人によって得意・不得意があるので，自分に合った得点計画でよいのですが，**判断推理と数的推理を得点源にするという基本は守ったほうがよいでしょう**。

教養試験の科目別出題数

科　目		国家社会人	特別区経験者 （1級職）
政治		2	2
経済		2	2
社会・社会事情		1	7
日本史		1	1
世界史		2	1
地理		2	1
思想（倫理）		1	—
文学・芸術		—	1
国語		2	1
英語		2	—
数学		1	—
物理		1	1
化学		1	2
生物		1	1
地学		1	1
文章理解	現代文	4	4
	古文	1	—
	英文	2	4
判断推理（課題処理）		7	8
数的推理		4	4
資料解釈		2	4
合　計		40	45

※令和3年度の情報による

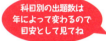

科目別の出題数は年によって変わるので目安として見てね

□ 各科目の傾向と対策について

　次ページから，教養試験の各科目について，問題の形式，出題される内容，学習のポイントなどをまとめています。

　取り上げる試験は，社会人の受けられる試験として代表的な「国家社会人試験（国家一般職〈社会人〉）」と「特別区経験者試験（1級職）」の2つです。

　過去に出題された問題の内容については「過去3年間の出題テーマ」として一覧表にまとめました。

□ 経験者採用試験の特徴

　経験者採用試験の特徴として，**時事が重視**されることが挙げられます。公務員試験での時事問題は，一般的な出題科目の範囲の中で，「近年話題になっている事柄」などが出題されるという形が一般的です。たとえば，大きな選挙のあった年に，政治の中で選挙制度が問われたりします。

　また，地方自治体ならではといったところですが，いわゆる**ご当地問題**などもあります。その地方の産業や自治体が取り組んでいる施策について問われるものです。こちらは，自治体の広報紙やウェブサイトなどを見ていれば対応できるものが多いようです。

教養試験 政治 傾向と対策

出題数	
国家	特別区経験者
2問	2問

別冊問題
国家
No.1～2
特別区経験者
No.31～33

普段ニュースで見聞きする内容と重なる知識が多い科目です

どんな問題が出るの？

高校の政治・経済で習った内容が基本となっています。

日本国憲法を中心とする法律分野のほか，各国の政治制度（特にアメリカ），国際連合を中心とする国際関係，わが国の選挙制度などの分野からの出題が目立ちます。また，時事的な問題にも注意が必要です。

出題形式は？

国家社会人試験では，単純に5つの選択肢のうち正答を答える形式（単純正誤問題）が最も多く，正しいものの組合せを選ぶ問題（組合せ問題）も出題されていました。これに対し，**特別区経験者試験**では，単純正誤問題，組合せ問題，空欄補充問題といろいろなパターンで出題され，このうち組合せ問題の比重が高い傾向にあります。

出題テーマの傾向は？

国家社会人試験では，日本国憲法の分野から少なくとも1問出題される傾向が続いていました。このほか，国際連合やイギリスの政治制度といった国際政治の分野から出題されたこともあります。

特別区経験者試験でも，日本国憲法の分野から1問出題され，これ以外では，わが国の外交に関する分野とわが国の選挙制度の分野から出題されています。

学習のポイント

公務員試験全体の特徴として，過去に問われた問題に関する知識が繰り返し出題されるという点が挙げられます。よって，受

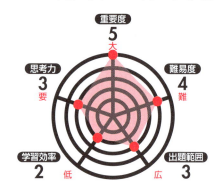

政治　過去3年間の出題テーマ

試験＼年度	元	2	3
国家社会人	①各国の政治制度（英国，米国，ロシア，フランス，中国） ②日本国憲法（自由権）	①日本の司法制度（裁判所，裁判官，三審制） ②国際法等（国連海洋法条約，女子差別撤廃条約，国際司法裁判所等）	①日本の政治（政党，55年体制，無党派層，ポピュリズム） ②内閣（行政権，内閣総理大臣と国務大臣，閣議等）
特別区経験者	①法の分類（公法と私法，成文法，自然法，社会法，実体法） ②国際連合（本部，総会，安全保障理事会，事務総長，PKO）	①国会（種類，委員会制度，議決，秘密会，議員の懲罰） ②圧力団体（日本の圧力団体の目的・影響力・働きかけ，ロビイスト） ③農業食料問題（食糧管理法，新農業基本法，農林業センサス等）	①日本国憲法（天皇の国事行為） ②諸外国の政治制度（アメリカ，イギリス）

　験勉強においては過去問を中心にするのがよいでしょう。まずは頻出テーマを扱った過去問集とそれらの周辺知識を正確に押さえる学習をすべきです。逆に，テキストを満遍なく暗記していくような勉強方法は，出題科目が多い公務員試験では膨大な時間を要することになり，受験対策としては効率的でないでしょう。テキストは，最初に全体像をつかむ程度に読み，その後は過去問集を使うときに頻出分野を確認・整理するため読み込めばよいでしょう。

　テーマごとの内容を見てみると，日本国憲法は，高校までに履修した内容よりも細かい知識が問われますが，聞き慣れた用語や概念が多いため心配は不要です。それ以外の政治の分野も，新聞やテレビのニュースで見聞きする範囲と重なる知識が非常に多く，たとえば，夜に受験対策として勉強した知識がその翌朝のニュースで取り上げられるというケースも少なくありません。よって，ニュースで気になった事項をテキストで確認すれば理解が深まり記憶が定着しやすいでしょう。しかも，時事問題として出題される可能性も高いので，日々のニュースを意識しつつ受験勉強をするとよいでしょう。

【教養試験】

経済 傾向と対策

高校の「政治・経済」レベルの出題が多い
英単語を覚える感覚で学習しよう

出題数	
国家	特別区経験者
2問	1問

別冊問題	
国家	No.3～4
特別区経験者	No.34

どんな問題が出るの？

経済の出題範囲は、高校の「政治・経済」で学ぶ「経済」の範囲とおおむね重なっています。時事がらみの出題についても、その多くは高校の教科書や副教材（資料集）などに掲載されているデータや専門用語レベルです。

出題形式は？

出題形式は、単純正誤問題が主流ですが、正しいものの組合せを選ぶ形式などを採択して難易度が調整されることがあります。なお、計算問題は出題されていません。

出題テーマの傾向は？

経済・財政のしくみや専門用語の定義などが頻出です。経済のしくみから経済政策に関して出題されることもありますが、難易度はさほど高くありません。一方、専門用語については、試験前年あたりで話題になったテーマに関連する経済・経営用語や国際機関などが頻出で、その多くは高校の「政治・経済」で学ぶレベルです。なお、複数の出題がある場合には、別テーマから出されることが多いです。

学習のポイント

まず高校の教科書や用語集などで、基本事項を学習しましょう。学習時には、細かなデータや緻密な理論などに固執しすぎないことが肝要です。たとえばデータの場合、「日本は約３割で、アメリカより若干高い」程度の知識で対処できる問題が多いといった具合です。また、大学（経済学部）講義向けのテキスト類も必要ありません。それらの読破に多くの時間を費やしても非効率です。英単語を覚える感覚で高校の教科書・用語集を押さえたら、同じ感覚で「初級スーパー過去問」シリーズ（実務教育出版）を使って知識を深めるとよいでしょう。

時事問題として出題される専門用語については、出題範囲が広く、高校の学習レベ

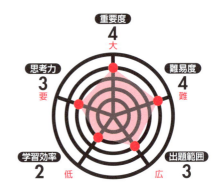

重要度 4 大
思考力 3 要
難易度 4 難
学習効率 2 低
出題範囲 3 広

経済　過去3年間の出題テーマ

試験＼年度	元	2	3
国家社会人	①市場経済（価格競争，公共財，外部不経済，管理価格，情報経済）②金融（ペイオフ，信用創造，公開市場操作，通貨，銀行の自己資本比率）	①国民経済計算（空欄補充）②国際経済（第二次世界大戦後）	①日本の経済史（国民所得倍増計画，為替レート，バブル経済，ゼロ金利政策，ペイオフ）②経済用語（消費者主権，サプライチェーン，企業の社会的責任，中小企業の生産性，経済連携協定）
特別区経験者	①経済成長と景気変動（ストックとフロー，国富，国民総所得，国内総生産，景気循環）②日本銀行（金利政策，業務内容，日本銀行券の発行，売りオペ・買いオペ）	①経済用語（スタグフレーション，外部経済，信用創造，プライマリー・バランス）	①経済指標（国民所得，国内総生産等）②経済史（石油危機以降）

ルを超えることがあります。それらへの対策としては，日頃からニュース番組や新聞記事に注意を払い，用語の定義などを押さえておきましょう。『**公務員試験　速攻の時事**』（実務教育出版）や大卒就職活動向けの（経済・経営）用語集などを使うのも効果的です。

教養試験

社会・社会事情 傾向と対策

出題数
国家 1問　特別区経験者 7問

別冊問題
国家 No.5
特別区経験者 No.25～30, No.35

法改正や政策に要注意。一般の公務員試験に比べて「大人向け」の内容

どんな問題が出るの？

そのときどきの生きた話題が出題されています。出題範囲を特定するのは困難ですが、あえて言うなら社会保障、人口問題、環境問題については高校レベルの教科書的な知識が必須だと思われます。それ以外は、新聞、ニュースなどで報道されるような時事的な内容が中心となっています。

知識さえあれば比較的容易に正答できる問題がほとんどですが、ときどき難問が散見されます。また、いくらニュースに敏感な社会人でもフォローしきれそうにない、非常に細かい話題が出題されている例もあります。本試験でそういう問題に出合ったら、潔くあきらめて（もちろんマークだけはします）他の問題に力を注いでください。

出題テーマの傾向は？

これまでの出題内容を見ると、**国家社会人試験**では社会学的な問題が取り上げられました。**特別区経験者試験**では、社会保障、環境、労働、科学などのテーマや、近時に行われた国際会議等の話題、政府の打ち出した方針、法改正情報など、幅広い出題内容が見られます。

これら2つの試験も含め、公務員試験全般に共通する要注意のテーマは、新法・法改正情報と人口問題、社会保障についての基礎知識です。いずれも公務員（行政）の仕事のうえで避けては通れないテーマです。これらに次いで、環境問題、国際会議についての話題、経済政策などが必修となります。

学習のポイント

「社会」や「社会事情」は、どの公務員試験でも既存の教材を使った学習がしにくい分野ですが、経験者試験では特にその傾向が強い印象です。しかし、これは全受験者に共通することですから、必要以上に恐れることなく、できる対策を行ってください。

お勧めしたい学習手順は、早い段階で社会保障や人口問題、環境問題について、教科書的な学習を済ませてしまうことです。

重要度 4 大
難易度 4 難
出題範囲 5 広
学習効率 3 低
思考力 3 要

社会・社会事情　過去3年間の出題テーマ

年度 試験	元	2	3
国家社会人	①食料や水資源（飽食, フェアトレード, センターピボット方式, 海水淡水化技術, バイオエタノール）	①地球環境問題（気候変動枠組条約, パリ協定, ラムサール条約）	①情報（情報リテラシー, IoT, ユビキタス社会, テレワーク, 情報格差）
特別区経験者	①COP24（パリ協定, 排出量取引, アメリカの離脱等） ②元号を改める政令（施行日, 令和の引用元, 首相談話） ③平成31年度予算（社会保障関係費, 消費増税対策, 新規国債発行額） ④平成30年の犯罪情勢（2019年2月） ⑤JAXAの小惑星探査機「はやぶさ2」 ⑥将棋界の出来事（藤井七段, 羽生九段, 国民栄誉賞） ⑦生命倫理（インフォームド・コンセント, SOL, QOL, リビング・ウィル）	①英国のEU離脱（下院総選挙, 住民投票, 日英EPA等） ②ハンセン病元患者家族補償法（前文, 補償金, 認定制度等） ③日米貿易協定（デジタル分野, 自動車, 牛肉, コメ） ④住民基本台帳人口移動勧告（2019年結果） ⑤チバニアン（2020年1月命名） ⑥高輪ゲートウェイ駅（2020年3月開業） ⑦高度情報化社会（プロバイダ責任制限法, 住民基本台帳ネットワーク等）	①日米首脳会談（2021年4月） ②核兵器禁止条約（2021年1月発効） ③令和3年度当初予算（2021年3月） ④改正義務教育標準法（2021年3月） ⑤NASAの探査車パーシビリアンス（2020年7月打上げ） ⑥無形文化遺産（2020年12月登録） ⑦国際社会と国際法（グロティウス等）

高校の教科書や，公務員試験向けのテキストが参考になります。同時に，新法・法改正についての情報や，国際会議，政策などに関する報道に注意を払うとよいでしょう。試験問題が作られる時期を考えると，試験の3か月前くらいまでを目安に，情報収集に努めてください。

このほか，模擬試験，一般公務員向け，就職試験向けの時事対策本の活用もお勧めできます。自らアンテナを張り，利用できるツールを最大限に活用するのが，最も効率のよい学習法といえます。

教養試験

日本史 傾向と対策

出題数	
国　家	特別区経験者
1問	1問

別冊問題
国　家
No.9～10
特別区経験者
No.37

出題範囲は高校の「日本史」から 江戸時代は頻出テーマ

どんな問題が出るの？

　高校の「日本史B」の教科書の範囲で古代から近代まで出題されています。中学の歴史の知識で対応できるような部分もありますが，確実に得点につなげていくためには高校の日本史の教科書の中にある太字部分を中心に見ておくとよいでしょう。

学習のポイント

　各時代の特色を丁寧に学習しておくことが大切です。重要人物や政策面などを結びつけて覚えていきましょう。ただし，うまく消去法を使えば広く浅くの学習でも問題に当たれますので，効率的な学習をめざしてください。

出題テーマの傾向は？

　古代史から近現代史まで幅広く出題されています。なかでも政治史から出題される割合が高い傾向にあります。また，出題頻度が高い時代は江戸時代です。この時代はさまざまな形式で出題されています。

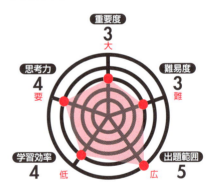

日本史　過去3年間の出題テーマ

試験＼年度	元	2	3
国家社会人	①第二次世界大戦後の日本経済（特需，シャウプ勧告，オイルショック，プラザ合意，バブル経済）	①第一次世界大戦と大正デモクラシー	①外交史（不平等条約，日英同盟，国際連盟，三国同盟，日米安保）
特別区経験者	①鎌倉時代（蒙古襲来）	①江戸時代（禁教と鎖国政策）	①平安時代以前の文化（飛鳥文化，白鳳文化等）

教養試験

世界史 傾向と対策

出題数
- 国家 2問
- 特別区経験者 1問

別冊問題
- 国家 No.7～8
- 特別区経験者 No.38

市民革命期のヨーロッパとアメリカを中心に出題されている

どんな問題が出るの?

高校の「世界史B」の教科書の範囲まで出題されています。

各国の歴史が集まった世界史は、出題範囲が広く、どこから手を着けていけばよいのか悩みの種となる科目です。なかでもヨーロッパ史からの出題が多く、特に、市民革命期のヨーロッパや戦後史などが重要です。

国家社会人試験では、世界史上の繁栄を極めた有名な国や、世界史上重要な国家などが中心に出題されていましたので、国際的に影響力の大きい国に着目して学習するとよいでしょう。

公務員試験では、全般的にアジア史も重要テーマとなっています。したがって、今後に出題される可能性はありますので、一度は中国史、イスラム史まで学習しておくことも重要です。

学習のポイント

ヨーロッパの主要な国とアメリカを中心に、世界史上の有名な出来事を学習していきましょう。その際には、有名な国王や政治家の政策、条約、戦争などを結びつけて学習していきましょう。

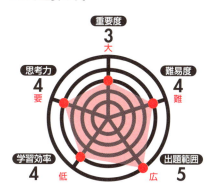

重要度 3 大 / 難易度 4 難 / 出題範囲 5 広 / 学習効率 4 低 / 思考力 4 要

世界史　過去3年間の出題テーマ

試験＼年度	元	2	3
国家社会人	①17～19世紀のフランス(ルイ14世, フランス革命, ナポレオン, 普仏戦争,) ②20世紀のベトナム(独立宣言, インドシナ戦争, ベトナム戦争)	①アメリカ大統領(F.ローズヴェルト, ケネディ, ニクソン, レーガン, オバマ) ②イスラム世界(教義, 十字軍, イスラム王国)	①大航海時代(ガマ, コロンブス, マゼラン, ディアス, ヴェスプッチ) ②朝鮮半島史(日本との関係等)
特別区経験者	①諸子百家(論語, 孟子, 荀子, 墨家, 韓非)	①イギリスの近代化(革命, 議会政治)	①ナポレオン帝政(アミアンの和約等)

教養試験

地理 傾向と対策

出題数	
国家	特別区経験者
2問	1問

別冊問題
国家 No.11〜12
特別区経験者 No.39

難易度が低いので得点源にしやすい科目
日本地理・世界地理ともに見ておきたい

どんな問題が出るの？

　高校の教科書の範囲です。**国家社会人試験**では世界地理だけでなく日本地理からも出題されます。**特別区経験者試験**では基本問題が多く，中学の知識で対応できるような，かなり易しい問題も出題されています。

　出題形式は5つの選択肢から正答を1つ選択する「単純正誤形式」に限らず，さまざまな出題形式の問題が出題されています。問題の中に資料やデータが掲載されていたり，地図やグラフを見ながらが考える問題が多くなっています。また，「空欄補充」問題などもあり，他の科目には見られない多岐にわたる出題形式となっています。

の特色などが出題されていますが，このような地球環境関連の問題は公務員試験全体でも出題頻度が高くなっています。**特別区経験者試験**では，中学・高校で学んだ日本地理の基礎知識がカギです。

　世界の諸地域の特色を把握することが大前提です。特に地形の問題は頻出テーマですので，地図帳で山脈や河川，各国の位置は必ず確認するようにしましょう。

学習のポイント

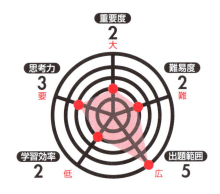

重要度 2 大
難易度 2 難
出題範囲 5 広
学習効率 2 低
思考力 3 要

　国家社会人試験では，地形・気候・土壌

地理　過去3年間の出題テーマ

試験＼年度	元	2	3
国家社会人	①わが国の地形（リアス式海岸,洪積台地,三角州,潟湖） ②わが国における魚介類の輸入（輸入相手国のグラフ）	①ケッペンの気候区（熱帯,乾燥帯,温帯,冷帯,寒帯） ②鉱山資源生産量（金鉱,鉄鉱石,タングステン鉱の数表）	①世界の河川（アマゾン川，ガンジス川，黄河等） ②通信・交通（ハブ空港と経済効果等）
特別区経験者	①気候（気候因子,年較差,温暖湿潤気候,ステップ気候,氷雪気候）	①日本の地形（平野と河川の組合せ）	①世界遺産（わが国の世界遺産と地図上の位置）

教養試験

思想（倫理） 傾向と対策

出題数	国家	特別区経験者
	1問	0問
別冊問題	国家 No.6	

日本史・世界史の学習と合わせれば一石二鳥
西洋思想・東洋思想の違いを押さえよう

どんな問題が出るの？

　高校で学ぶ「倫理」から出題されています。キリスト教，仏教，イスラム教などの思想の源流，西洋と東洋の有名な思想家とその思想内容が出題されています。鎌倉仏教や宗教改革者など日本史と世界史の出題と重なる内容も含まれています。

学習のポイント

　現代社会で重要な宗教となっているキリスト教，仏教，イスラム教の特色は頻出テーマとなっています。それぞれどのような特色があるのかしっかり押さえておきたいところです。
　また，西洋思想では，ルネサンス以降の近代の合理的精神を生み出した合理論や経験論，社会契約説などが重要です。
　東洋思想では中国の諸子百家が公務員試験全体を通して出題される頻度が高く，重要です。さらに日本の思想では，仏教のそれぞれの宗派の特色や江戸時代の思想家，明治時代の思想家の思想の特色を把握することが大切です。

　日本史と世界史に共通する重要テーマがあるので，日本史と世界史の学習をしながら同時に覚えていくと効率がよいでしょう。まずは時代順に思想の潮流を押さえ，思想家・哲学者とその思想内容を結びつけて覚えるようにすることです。そのうえで，著作物の内容も問われていますので，丁寧に学習しておきましょう。

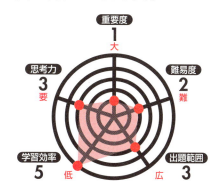

重要度 1 大
難易度 2 難
出題範囲 3 広
学習効率 5 低
思考力 3 要

思想（倫理）　過去3年間の出題テーマ

試験 \ 年度	元	2	3
国家社会人	①ヒューマニズム（シュバイツァー，ガンディー，キング牧師，ロールズ）	①仏教史（紀元前，奈良時代，平安時代，鎌倉時代）	①中国の思想家（孔子，孟子，荘子，墨子，朱子）
特別区経験者	出題されていない	出題されていない	出題されていない

PART II 教養試験の攻略法

教養試験 文学・芸術 傾向と対策

出題数
国家 1問
特別区経験者 1問

別冊問題
国家 No.13
特別区経験者 No.40

日本史,世界史の学習と絡む事項も多く興味があれば楽しめる科目

どんな問題が出るの?

中学・高校までに「国語」で学習した文学史に関する知識について問われているのが「文学」です。また,中学・高校の「美術」や「音楽」で学んだ美術史・音楽史の知識が問われるのが「芸術」です。

出題形式は「単純正誤形式」が中心です。西洋美術の問題では有名な画家の絵画の写真が掲載されて,それについて解答する「写真」の問題も出題されています。

学習のポイント

「文学」は日本文学の分野と外国文学の分野に分けることができますが,外国文学の出題はみられません。

「芸術」は西洋美術の分野と西洋音楽の分野に分けることができます。西洋美術の場合は印象派などの近代以降の絵画と画家に関する出題頻度が高い傾向にあります。**特別区経験者試験**では「芸術」からの出題が多くなっています。

日本文学は日本史の文化史の学習と一緒に覚えていくと早いでしょう。美術史・音楽史の場合は世界史の西洋美術や西洋音楽などの文化史と関連させて時代の特色と一緒に把握していくと覚えやすいです。

重要度 1 大
思考力 2 要
難易度 2 難
学習効率 4 低
出題範囲 4 広

文学・芸術 過去3年間の出題テーマ

年度 試験	元	2	3
国家社会人	出題されていない	出題されていない	出題されていない
特別区経験者	①南北朝・室町時代の文学(菟玖波集,新撰菟玖波集,等)	①西洋絵画(写真問題,ドラクロワ「民衆を導く自由の女神」)	①大正時代の文学(志賀直哉『暗夜行路』,永井荷風『腕くらべ』)

教養試験

国語 傾向と対策

高校までに学んだ漢字の知識が重要
四字熟語・ことわざなどが頻出です

出題数	
国家	特別区経験者
1問	1問

別冊問題

国家
No.14

特別区経験者
No.36

PART II 教養試験の攻略法

どんな問題が出るの？

　高校までの「国語」で学習した漢字力が問われます。パソコンや携帯電話などが普及し，日常生活において漢字を実際に書く機会が少なくなってきていますが，試験ではわれわれ日本人に必要な正確な漢字の知識が問われています。

　実際に書けない漢字は読めないことも多い現状にありますので，日頃から漢字については目を向けていく必要があります。

出題テーマの傾向は？

　四字熟語，ことわざ，故事成語，慣用句などの正確な漢字と意味が問われます。なかには，俳句の季節などを解釈する問題もあったので注意しましょう。

学習のポイント

　難読漢字や難解なことわざなどが出題されるわけではなく，むしろ，うろ覚えの弱点を突くような引っかけがあります。それに対処するためには，類題をこなしていくのが近道です。

　いろいろな文章を読んで漢字力を強化しておくこともできますので，文章理解の学習を兼ねて多くの文章を読み，その際に漢字も覚えるといった学習をしておくのもよいでしょう。

国語　過去3年間の出題テーマ

試験＼年度	元	2	3
国家社会人	①漢字の用法と部首（凝固，経緯，等）②敬語表現（尋ねる，参る，いただく，等）	①四字熟語（危急存亡，熟慮断行）②ことわざ（「馬」が使われることわざ）	①四字熟語（満場一致，満身創痍，等）②ことわざの意味（「転ばぬ先の杖」「立て板に水」等）
特別区経験者	①四字熟語（一瀉千里，百家争鳴，等）	①慣用句の意味（腹に収める，腹を抱える，等）	①四字熟語（易姓革命，万世不易，等）

73

教養試験

英語 傾向と対策

出題数 国家 1問 / 特別区経験者 1問
別冊問題 特別区経験者 No.8

出題数は少ないので文章理解の学習とまとめたい

どんな問題が出るの?

下表の過去3年間の出題テーマをみてもわかるように, 出題は年度・試験によってまちまちで, 英語として出題されているというより, むしろ英文の文章理解の難易度を落とすために出題されているような感覚があります。英文の文章理解はどの公務員試験でも必ず出題されていますので, その対策として扱ったほうがよい科目です。

出題テーマの傾向は?

出題内容は主に英語のことわざ, 英単語の意味などで, 難解なものは出題されていません。このほかに簡単な英文法, 和文英訳の正しいものを選ぶ問題なども出題されることが予想されます。英語が得意な受験生にとっては得点のチャンスです。

英語　過去3年間の出題テーマ

試験＼年度	元	2	3
国家社会人	①英文和訳（関係代名詞, 比較表現） ②英文による質問（日数の計算）	①英文和訳（これらの野菜はどれも悪くなっていない） ②英文の空欄補充（前置詞）	①英文の空欄補充（as soon as, on time, keep out） ②英文和訳（かなり多くの人が電車で話していた）
特別区経験者	出題されていない	出題されていない	出題されていない

教養試験

数学 傾向と対策

出題数	
国家	特別区経験者
1問	0問

別冊問題
国　家
No.15

高校の「数学Ⅰ」の範囲から出題される数的推理の攻略のカギにもなる科目

どんな問題が出るの？

出題は高校の「数学Ⅰ」の範囲です。公務員試験では出題形式が五肢択一式ですから、途中の計算や証明を必要としません。そのため、正答を絞り込むことが可能となる場合もあります。また、図形の計算問題（長さや面積）などの頻出分野がありますから、まずそこをしっかり押さえましょう。

学習のポイント

三角比を使った平面図形が要注意です。基本公式を使って計算するものや、補助線を要する図形などに慣れておきましょう。ほかには、二次方程式や二次関数も押さえておきたいところです。一般的な高卒程度試験と比較すると難易度はやや低いのですが、出題傾向においては、他の公務員試験全般と同様です。

各種の定理・公式を暗記するのではなく、具体的な問題を通じて定理が使えるように練習していくことです。例題を解いて演習をするといった流れで理解していきましょう。学習が思うように進まないときもあると思います。たとえば、因数分解を忘れてしまったとか、sinって何？　なんてことも。焦らずにしっかりと理解していけば、本試験の頃には実戦力がついているでしょう。数学自体は出題数も少なく重要に見えないかもしれませんが、これを得意にできれば、重要科目である数的推理を攻略するカギにもなります。

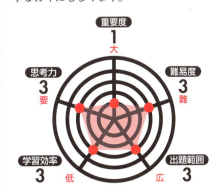

- 重要度 1 大
- 難易度 3 難
- 出題範囲 3 広
- 学習効率 3 低
- 思考力 3 要

数学　過去3年間の出題テーマ

年度 試験	元	2	3
国家社会人	①連立不等式の解	①二次関数の最小値	①40mのロープで作る長方形の面積
特別区経験者	出題されていない	出題されていない	出題されていない

PART Ⅱ　教養試験の攻略法

教養試験 物理 傾向と対策

出題数	
国家	特別区経験者
1問	1問

別冊問題	
国家	No.16
特別区経験者	No.41

高校の物理の範囲に加え 時事的な話題からの出題も目立つ

どんな問題が出るの？

　基本的には，高校の物理です。力学を中心とした出題で，計算を必要とするものが多く見られますが，なかには，知識だけを問うものもあります。力学のほかには，電気や波動も要注意です。

　出題は，計算を必要とするものと，知識だけを問うものとがあります。空欄補充の形式も見られます。そのため，ポイントを覚えていれば選択肢を絞り込むことが可能な場合もあります。

学習のポイント

　力学の分野からの出題が頻出で，次いで電気，波動の順に要注意です。これは公務員試験全般の出題傾向なので，ほかの試験の過去問なども役に立つでしょう。力学では，力の釣り合い，運動（公式をチェック），エネルギーなどを中心に学習しておきましょう。電気では，オームの法則，電力の公式を使って解くものが中心です。ほかには，原子力，エネルギーなどの時事的なテーマにも興味を持っておきたいです。

　計算問題が出題されることが比較的多いために，苦手とする人も少なくなく，敬遠する人も多い物理です。しかし，物理現象の意味を問う知識問題もあります。まずは基本的な問題から入っていくことです。公式や作図，グラフなどのポイントを理解できるような，公務員試験対策用の参考書などで単元を絞って学習していきましょう。

物理　過去3年間の出題テーマ

試験＼年度	元	2	3
国家社会人	①熱（熱運動，熱の移動，熱容量，融解熱）	①波（波長，張力，電磁波，音，地震波）	①鉛直投上げ運動（計算）
特別区経験者	①水平投射運動（計算）②電気抵抗（計算）	①浮力（計算）②電磁波（周波数，真空中の速度，利用例）	①等加速度運動（計算）

教養試験 化学 傾向と対策

出題数 国家 1問 / 特別区経験者 2問
別冊問題 国家 No.17 / 特別区経験者 No.42～43

知識を問う問題中心なので計算が苦手な人でも対応できる

どんな問題が出るの？

高校の「化学Ⅰ」からの出題です。基礎理論化学と無機化合物の分野からの出題が続いており，ここがやはり重要です。計算問題は出題されていませんので，知識を押さえましょう。消去法も有効に使えます。

学習のポイント

基礎理論化学と無機化合物の分野からの出題が要注意です。ただし，基礎理論化学と一言でいっても，化学構造，化学反応（酸，塩基，酸化還元など），物質の状態と，範囲は広く，覚えることも多いです。また，無機化合物では金属と非金属に分かれており，周期表と合わせてその特徴を覚えるようにしておきましょう。

全般的に物質の基本的な性質を問うものがよく出題されます。そのため，基本的な元素とその化合物の性質を押さえることが大切です。過去の問題などを中心にポイントを押さえながら深く理解していきましょう。また，公務員試験でトレンドとなっている生活関連の化学や環境問題へ対応するためにも，新聞や時事的な出来事などにも興味を持っておくとよいでしょう。

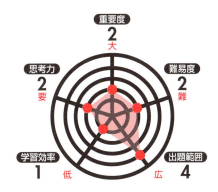

重要度 2 大 / 難易度 2 難 / 出題範囲 4 広 / 学習効率 1 低 / 思考力 2 要

化学　過去3年間の出題テーマ

試験＼年度	元	2	3
国家社会人	①三大栄養素（分子構造，分解，脂肪酸，たんぱく質，アミノ酸）	①酸性と塩基性（セッケン水，胃液，食酢，石灰水）	①イオン結合・共有結合
特別区経験者	①酸化還元反応（酸化剤，腐食，電気分解，イオン化傾向）	①元素（アルカリ土類金属）	①材料化学（導体，不導体，半導体）②化学式の酸化数

PART Ⅱ 教養試験の攻略法

教養試験 生物 傾向と対策

出題数 国家 1問 / 特別区経験者 1問
別冊問題 国家 No.18〜19 / 特別区経験者 No.44

暗記中心なので得点しやすいが範囲が広いので絞り込みがポイント

どんな問題が出るの？

高校の生物の内容です。計算もなく，暗記中心なので確実に得点できるように学習している人も多い科目です。しかし，覚えることも多く，満遍なくやろうとすると時間がかかりすぎますので，頻出テーマをチェックするようにしましょう。

出題は，空欄補充や単純正誤式で，しっかり読めばそう迷うこともない基本的な内容となっています。

るので注意しましょう。

ほかの理科の科目に比べると，生物は敬遠する人も少ないと思います。しかし，覚えることは多くて，正答をきちんと見抜くことができるかがカギです。まずは，単元を絞って，呼吸，光合成（同化，異化），ヒトの体といったところを中心にやっていきましょう。過去問を通して理解を深める方法もいいでしょう。

また，公務員試験全般でトレンドとなっている時事に関すること（食品など）にも注意したいところです。

学習のポイント

植物，動物から満遍なく出題されています。なかでも，呼吸，光合成（同化，異化），ヒトの恒常性（ホルモン，脳，血液，体全般），遺伝が要注意のテーマ。覚えることが多く，幅広い知識を要する問題もあ

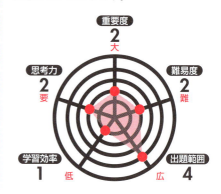

重要度 2 大
思考力 2 要
難易度 2 難
学習効率 1 低
出題範囲 4 広

生物　過去3年間の出題テーマ

試験＼年度	元	2	3
国家社会人	①微生物（核，乳酸発酵，地衣類，根粒菌）	①人の体内環境の維持（血糖値，体液，血しょう，インスリン，熱エネルギー）	①生物のエネルギーと代謝（異化，ATP，光合成，従属栄養生物）
特別区経験者	①日本のバイオーム（気温の違い，水平分布，垂直分布，等）	①代謝（空欄補充）	①生態系（赤潮，干潟，生物濃縮，生物多様性条約）

教養試験 地学 傾向と対策

出題数	
国家	1問
特別区経験者	1問

別冊問題
国家 No.20
特別区経験者 No.45

高校の地学の範囲からの出題に加え時事的な話題にも注意したい

どんな問題が出るの？

　地震や天気といった身の回りの現象を中心とした科目で，暗記中心の科目です。用語や性質をしっかりと覚えるとともに，興味を持っておくことで，理解を深めることができます。

　計算問題はなく，知識を問う問題となっています。図示されたものや，グラフから読み取ったりする出題形式もあるので，いろいろな問題に触れておきましょう。文字ばかりの学習では，本試験で焦ってしまったりすることもあります。

造），天気，天体（太陽系）といったところですから，絞り込むこともできます。最近の公務員試験全般では，地学の範囲にとどまらず，生物や化学や生活と関連したものが取り扱われた例も見られ，そうした問題が出題される可能性もあります。

　地学を学んだことがない人でも，中学の理科の第2分野の内容にプラスすることから始めることができます。量が比較的少なく，また，生活に密着しているテーマも少なくないので，身近な問題として見ていくこともできます。地震，天気といったところから始めてみるのもよいでしょう。

学習のポイント

　地学は，生物と同様に暗記中心の科目ですが，重要単語の数を比べてみても生物の半分もなく，学習量的に少なくてすみます。また，頻出分野は地震（地球の内部構

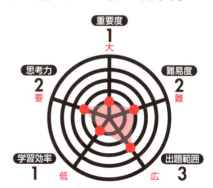

地学　過去3年間の出題テーマ

試験＼年度	元	2	3
国家社会人	①太陽系の天体（地球型惑星・木星型惑星，水星，火星，木星，衛星）	①地球の大気（構成，気圧，オゾン層，雲，風）	①火山（日本列島，ホットスポット，マグマの粘性等）
特別区経験者	①大気圏（気圏，オゾン層，気温，等）	①地質年代（シアノバクテリア，顕生代，エディアカラ生物群）	①太陽の進化（主系列星，白色わい星）

教養試験

文章理解 傾向と対策

出題数
国家 7問 / 特別区経験者 7問

別冊問題
国家 No.34〜40
特別区経験者 No.1〜7

読解力が試される
短時間で正誤を判断できる力を高めておくこと

どんな問題が出るの?

高校までの「現代国語」,「古文」,「英語」で養った読解力が問われます。このうち「古文」は国家社会人試験で1問の出題で,特別区経験者試験では出題されていません。なお,23・24年度に国家社会人試験で「漢文」が出題されましたので要注意です。

出題形式は?

「現代文」,「古文」,「英文」ともに,要旨把握・内容把握が大半を占めています。
また,文章中に空欄が設けられた「空欄補充」問題,正しい順番に文章を並べた選択肢を選ぶ「文章整序」問題などが出題されています。

出題テーマの傾向は?

「文章理解」は読解力が問われます。限られた時間内での文章の正確な読み取り,正確な解釈が問われています。さらに,文章全体で書き手が何を言いたいのかを理解する要旨把握力,本文と選択肢の照合を瞬時に行う内容把握力,論理的な文章の組立力を見る文章整序力など,文章の読解力でも,決まったパターンの理解力が試されるのが「文章理解」です。これらの中でも,「現代文」,「英文」では内容把握問題の出題頻度が高くなっています。

学習のポイント

「現代文」では出題されやすい文章は論説文に限られていますので,多くの論説文に当たって,慣れておくことが大切です。「古文」は出題数が少ないので,場合によっては学習する必要がありませんが,出題されたとしても難易度が低い傾向にあります。高校までに習った古文の有名な作品の対訳などをあらかじめ読んでおくと慌てずにすむでしょう。「英文」では緻密な全文の対訳力は要求されていません。類推しながら判断する力を養っておくことです。

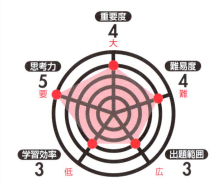

重要度 4 大
難易度 4 難
出題範囲 3 広
学習効率 3 低
思考力 5 要

文章理解　過去3年間の出題テーマ

試験＼年度	元	2	3
国家社会人	①現代文（内容把握，福岡伸一『芸術と科学のあいだ』） ②現代文（内容把握，青柳正規『文化立国論－日本のソフトパワーの底力』） ③現代文（文章整序，暉峻淑子『社会人の生き方』） ④現代文（空欄補充，岸政彦・石岡丈昇・丸山里美『質的社会調査の方法』） ⑤古文（内容把握，『十訓抄』） ⑥英文（内容把握，パイナップルの葉から作る生地） ⑦英文（内容把握，お金の行方）	①現代文（内容把握，日本企業における民間主導型のテクノロジー） ②現代文（内容把握，現在バイアスと後知恵バイアス） ③現代文（文章整序，考えるプロセス） ④現代文（空欄補充，日本における農民） ⑤漢文（内容把握，『戦国策』） ⑥英文（内容把握，いかなる生物も絶滅しないという考えを否定する） ⑦英文（内容把握，仕事の好きな側面に目を向けること）	①現代文（内容把握，道徳的行動と脳のはたらき） ②現代文（内容把握，医療用AI） ③現代文（内容把握，コミュニティと安心の感情） ④現代文（文章整序，患者に対する医師の問いかけ方） ⑤古文（内容把握，『方丈記』） ⑥英文（内容把握，「匂いの遺産の百科事典」） ⑦英文（内容把握，キング牧師の公民権運動）
特別区経験者	①現代文（要旨把握，岡本太郎『自分の中に孤独を抱け』） ②現代文（要旨把握，鎌田浩毅『京大理系教授の伝える技術』） ③現代文（文章整序，先崎彰容『維新と敗戦』） ④現代文（空欄補充，森博嗣『自分探しと楽しさについて』） ⑤英文（内容把握，中山理『英語に見る言葉の宇宙』） ⑥英文（内容把握，西海コエン『菊と刀（縮約版）』） ⑦英文（空欄補充，今井宏明『アメリカ生活ハンドブック』） ⑧英文（空欄補充，「ジャパンタイムズ」）	①現代文（要旨把握，本庶佑『がん免疫療法とは何か』） ②現代文（要旨把握，河合隼雄『こころの処方箋』） ③現代文（文章整序，樋野興夫『いい人生は，最期の年で決まる』） ④現代文（空欄補充，廣瀬俊朗『なんのために勝つのか。』） ⑤英文（内容把握，黒田基子：Richerd Mong『日本の料理』） ⑥英文（内容把握，James M. Vardamn樋口謙一郎『日本現代史』） ⑦英文（空欄補充，山久瀬洋二：Michael A.Cooney『日本人のこころ』） ⑧英文（ことわざ・慣用句，「習うより慣れろ」等）	①現代文（要旨把握，森毅『まちがったっていいじゃないか』） ②現代文（要旨把握，原研哉『日本のデザイン』） ③現代文（文章整序，田村明『まちづくりの発想』） ④現代文（空欄補充，外山滋比古『伝達の整理学』） ⑤英文（内容把握，野村亮介：Todd Jay Leonard『My Nippon』） ⑥英文（内容把握，丸山雅夫・渡辺義和・John Howrey『英語で分かるはじめてのlegal issues』） ⑦英文（空欄補充，吉川真理子・諭，倉島雅人：Thomas Lockley『外国人がほんとに知りたい日本の文化と歴史』） ⑧英文（空欄補充，牛原真弓：John Gauntner『日本の酒』）

PART II　教養試験の攻略法

教養試験

判断推理 傾向と対策

出題数	
国家	特別区経験者
7問	8問

別冊問題
国家 No.21〜26
特別区経験者 No.9〜12, No.21〜24

決まり切ったやり方ではなく自分の発想が生かせる科目

どんな問題が出るの?

　記憶が試される知識系の科目に対し、判断推理とは、特に前提とする知識や経験を必要とせず、その場で自力で考えて、解き方を工夫して解くという知能分野の代表格の科目です。国家では24年度から「課題処理」と名称変更されましたが、内容に変わりはありません。パズル的な問題が多いのが特徴です。学校であまり勉強してきていないような問題が出題されますから、今までの勉強の継ぎはぎではなく、新科目を学んでいくのだという気持ちで前へ進んでください。

出題テーマの傾向は?

　「論理」、「うそつき問題」、「対応関係」、「順序関係」などの論理的思考や手順・操作的能力を尋ねる非図形分野と、「平面図形の分割・構成」、「多面体」、「展開図」などの平面、立体の空間的な直観力を尋ねる分野に大きく分かれます。**特別区経験者試験**などでは、後者の図形分野を「空間把握」と呼んでいます。バランスよく出題されますから、偏らず学習することが大事です。

学習のポイント

　多くの人は、公務員試験を受けるようになって初めて、「判断推理」という科目を学習することになるでしょう。したがって、スタートラインは同じですから、だれもが得意科目にすることができると考えることができます。これは高校くらいまでで得意不得意がはっきり決まってしまう他の科目と大いに異なります。

　学習するにあたっては、まず、問題文をしっかり読み解き、論理的に考え、さまざまな条件をわかりやすく整理します。また、図や表や文字や記号に置き換えたりして、視覚化すると考えやすいでしょう。模範解答なるものが存在しにくいので、解法を無理やり覚え、すばやく当てはめるという「詰め込み型受験勉強」は通用しません。「よい」問題をじっくりと筋道立てて

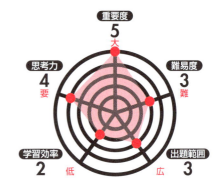

判断推理　過去3年間の出題テーマ

試験＼年度	元	2	3
国家社会人	①形式論理（あるクラスの生徒の好きな科目） ②対応関係（A～Dの4人の受講科目） ③順序関係（5人のカーレースの順位） ④試合（トーナメント戦） ⑤位置関係（ゲーム盤での駒の置き方） ⑥平面図形（切断された図形の並べ方） ⑦立体図形（立方体の展開図と見え方）	①形式論理（ある会社の社員の得意な仕事） ②対応関係（4人が持ち寄った福袋の中身の交換） ③位置関係（6人の座席の位置） ④順序関係（6人によるグラウンドの周回） ⑤試合（5つのサッカーチームの総当たり戦） ⑥軌跡（正六角形の周りを転がる正三角形） ⑦立体図形（サイコロの展開図）	①形式論理（あるクラスの児童の運動能力） ②数量関係（4人が購入した絵葉書の購入数・使用数） ③位置関係（6つの区画に盛られた肉の種類） ④順序関係（4人によるテストの点数） ⑤手順（7枚のカードを2人に配る） ⑥軌跡（円筒2つの回転） ⑦立体図形（見取り図）
特別区経験者	①試合（6チームの野球のトーナメント戦） ②暗号（タイが「4÷4，2÷1」） ③対応関係（5人の趣味） ④順序関係（5人の退社時間） ⑤平面図（折り紙の切断） ⑥平面図形（型紙の敷き方） ⑦立体図形（グラフで描かれた図形の回転） ⑧軌跡（正方形の外を転がる正三角形）	①試合（5人の総当り戦） ②暗号（野球が「zdycqucgzdycjnjn」） ③集合（観光客80人のアンケート） ④順序関係（6人の並び方） ⑤位相（一筆書き） ⑥平面図形（型紙の敷き方） ⑦立体図形（正十二面体の展開図） ⑧軌跡（正方形とその中に位置する円）	①試合（5人の総当り戦） ②暗号（「TOMEI」が「yspgj」） ③位置関係（水族館の展示ゾーン） ④位置関係（円卓に座った8人が注文した料理） ⑤立体図形（立方体の展開図） ⑥平面図形（模様の入ったガラス板の重ね方） ⑦立体図形（直方体の切断と体積） ⑧軌跡（正方形とその中に位置する点）

考え，いくつものやり方でアプローチし，試行錯誤を繰り返す。その作業を着実にこなすための，知的スタミナをつけることが大事です。普段からパズル的問題に取り組んだり，立体図形に関心を持ち，実際に鉛筆を持って紙に図を描いてみるなどの習慣を身につけるとよいでしょう。

教養試験

数的推理 傾向と対策

出題数	
国　家	特別区経験者
4問	4問

別冊問題
国　家
No.27〜31

特別区経験者
No.13〜16

算数・数学に近いが，設問形式が少し異なる 文字式の扱いが上達すると得意科目に

どんな問題が出るの?

　中学校の数学，高校1年生レベルの数学の範囲の問題が出題されます。解答の形式は計算結果を数値で選ぶものが多く，そのために多少の慣れが必要です。足し算，引き算，掛け算，割り算など（電卓や表計算ソフトではなく）自分の手で計算する場面があります。

　出題数が多いので，文章題から方程式や不等式を立てて解く問題，食塩水の濃度などの比や割合に関する問題，虫食い算，魔方陣などを含めた整数の問題，速さ・時間・距離に関する問題，多角形や円などの平面図形の問題，立体図形の問題，場合の数，確率の問題など，ひととおりは出ています。

出題テーマの傾向は?

　国家一般職［高卒］（旧国家Ⅲ種）などの高卒程度の公務員試験とほぼ同じと考えてよいでしょう。方程式，整数，平面図形，確率などが多く出題されます。

学習のポイント

　中学3年，高校1年生レベルの数学の学力が要求されます。中学や高校の教科書を通読するのが最良の勉強方法です。教科書取扱店はインターネットで調べることができます。分数計算，ルートの扱いなど機械的計算から遠ざかっている人は，一定程度の時間をかけて勘を取り戻しておく必要があるでしょう。中学校程度の文字式の扱いに精通すると，方程式，不等式，関数などあらゆる場面で役に立つのでぜひ復習することをお勧めします。

　平面図形や確率については，回りくどい設定を省いた率直な設問の形で聞かれることが多いので比較的取りつきやすいテーマといえます。しかし，確率については難易

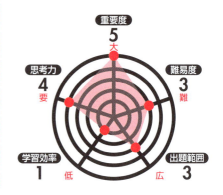

数的推理　過去3年間の出題テーマ

試験＼年度	元	2	3
国家社会人	①組合せ（切手の並べ方） ②集合（好きな季節のアンケートと男女比） ③出会い算（2機のドローンの飛行） ④方程式（レストランのメニューの価格と売上げ）	①確率（3つの数字の積が偶数になる確率） ②整数問題（2つの水槽にいる生き物の数の比） ③方程式（景品の合計金額） ④出会い算（直線コースを歩く2人がすれ違うまでの時間）	①確率（サイコロ2個を投げて出た目の数の和が3の倍数になる確率） ②利息（3人の所持金を銀行に預けたときの利息の比） ③整数（2つの整数と余り） ④速さ・時間・距離（2点の移動でできる図形の面積）
特別区経験者	①平面図形（長方形を折ったときの面積比） ②平面図形（円と線分の距離） ③確率（3枚のカードで奇数を作るとき3の倍数になる確率） ④方程式（定価と利益）	①平面図形（平行四辺形を分割したときの面積比） ②自然数（100から300までの自然数のうち3で割り切れない自然数の総和） ③仕事算（2種類の印刷機） ④自然数（3ケタの整数）	①平面図形（扇型を回転させたときの面積） ②記数法（9進法、7進法、5進法） ③場合の数（高校生・中学生の中から代表を選ぶ選び方） ④整数比（ブレンド米の割合と値段）

度の高いものも出題されるので，ある程度の量の反復練習をしておくことが必要となります。

数的推理は出題数も多いので，自分の力量に見合った時間をかけ，基礎から順に積み上げていくことが大切です。

教養試験

資料解釈 傾向と対策

出題数 国家 2問　特別区経験者 4問
別冊問題 国家 No.32〜33
特別区経験者 No.17〜20

解くことはできても時間がかかる いち早く正答を見つける工夫がカギ

どんな問題が出るの?

数表もしくはグラフの形で資料が与えられます。実数を使ったもののほかに,全体の何割を表しているかといった構成比や,基準年に対してどの程度増えた(減った)かという指数などいろいろあります。

出題テーマの傾向は?

たいていの公務員試験では,数表とグラフが1問ずつと,バランスよく配置されます。資料の内容は,比較的簡単なもので,計算機がなくても計算できる程度の計算を必要とされています。**特別区経験者試験**では4問とかなりのウエートがあります。

学習のポイント

だれでも,時間があれば解くことができます。しかし,本試験中にゆっくり問題を解く時間はありません。したがって,効率よく,できれば計算を極力しない方向で,誤りの選択肢を消していくのが王道です。その道を見つけるには,ある程度問題を解いて経験を積んでおかなければなりません。

資料解釈　過去3年間の出題テーマ

試験＼年度	元	2	3
国家社会人	①各空港から入国した外国人の国籍別構成比(グラフ) ②絶滅危惧種の種数等(数表)	①音楽ソフトの売上額と割合の推移(グラフ) ②一般世帯の総数および家族類型別の割合(数表)	①花きの作付け面積と産出額(グラフ) ②消費者事故等の件数(数表)
特別区経験者	①児童相談所における相談の種類別対応件数の推移(数表) ②果実の収穫量の対前年増加率の推移(数表) ③内水面養殖業の生産量の推移(グラフ) ④目的別歳出決算額の構成比の推移(グラフ)	①容器包装リサイクル法に基づく分別収集の実績量の推移(数表) ②新規就農者数の対前年増加率の推移(数表) ③内航船舶主要品目別輸送量の推移(グラフ) ④振り込め詐欺手口別認知件数の構成比の推移(グラフ)	①輸送機関別貨物輸送量の推移(数表) ②公共機関からの受注工事請負契約額の対前年増加率の推移(数表) ③わが国の対中国主要輸出品の輸出額の推移(グラフ) ④主な許可を要する食品関係営業施設数の構成比の推移(グラフ)

どんな問題が出るのかわかる！

PART Ⅲ

あなたは解けるか？
過去問の徹底研究

まずは巻末にある別冊「過去問模試」を取り外し，
時間を計りながら解いてみましょう。
過去問からピックアップした問題ばかりなので，
初めて見る人にとっては難しいと感じられるはずです。
だれもが初めは同じです。
重要なのは，解き終わってから復習をすることです。
ここでは，解答のコツ，選択肢別の難易度，
目標とすべき「理想解答時間」，
合格者ならどのくらい正答できるのかの目安になる
「合格正答率」を示すので，
復習しながら目標とするレベルがわかります。

教養試験って実際にどんな問題が出るの?

A まずは別冊の過去問模試を見てください！問題の詳しい解説は90ページ以降を見てね

◻ 別冊の「過去問模試」とは

　本書の巻末に、本体と切り離せる「別冊」として、「過去問模試」がくっついています。

　この「過去問模試」は、過去に国家公務員中途採用選考（国家中途）試験、特別区経験者試験で実際に出題された問題をもとに作られています。国家中途は、24年度より新試験・国家一般職（社会人）へと変わり、出題数が減りましたが、内容等に大きな変更はありませんでした。繰り返し出されているテーマ、よく出る形式の問題をピックアップして、それを実際の試験に忠実な形で再現してありますので、この「過去問模試」を見れば、おおまかにどんな問題がどのくらい出ているのかということがわかってもらえると思います。

> 問題を見ると「うわっ！難しそう！」と感じると思うけど、みんな最初はそうなので気にしないでね！

◨ 自分の今の実力を試したい方は…
「過去問模試」にチャレンジ！

　別冊「過去問模試」は，**国家試験と特別区経験者試験**に分かれています。
　教養試験は「**五肢択一式**」という，5つの選択肢の中から1つだけ正しいものを選んでマークシートに記入するタイプの**問題が40問ないし45問**並んでいて，**解答時間は1時間30分と1時間45分**となっています。これを実際の試験と同じように，キッチリと時間を計って解いてみてください。特別区経験者は**選択解答制**です（別冊33ページ参照）。しかし初めての練習ですからまずは全問解いてみましょう。
　解き終わったらPARTⅣで過去問模試の採点をして，実力を判定しましょう。おそらく最初は「時間も足りないし全然得点できない！」ということになるとは思いますが，これから学習を積めば正答率は確実に上がっていきますし，解答時間も大幅に短縮できるようになっていきます。
　「過去問模試」は，もちろんある程度学習が進んでからチャレンジしてもかまいません。

◨ 問題の詳しい解説が見たい方は…
　PARTⅢの「徹底研究」にGO！

　別冊「過去問模試」に出てくる問題を詳しく解説したのが90ページからの「徹底研究」です。以下のようにさまざまな観点から過去問を1問1問分析して，感触をつかめるようにしています。
　まずはこの「徹底研究」を見てみて，「こういう問題はこうやって解くのか」「この問題を解くにはこういう知識が必要なのか」というところを確認するのもよいでしょう。

次ページからの「徹底研究」について

この問題の特徴	出題の傾向や問題のテーマや形式についての説明
選択肢の難易度	難しい選択肢，ひっかかりやすい選択肢などをピックアップ
解答のコツ	正答を導くための考え方，基本となる知識などを説明
解説	選択肢の正答・誤答の根拠を説明
理想解答時間	この問題を解くうえで目標にすべき解答時間の目安
合格者正答率	合格者ならどのくらい正答できるかの目安

「徹底研究」のページにも問題を縮小して載せてるけど，見づらかったら別冊の問題を見てね！

No.1 憲法改正

教養試験　国家　政治

理想解答時間 **2分**　合格者正答率 **80%**

次のA～Eの記述のうち，わが国において実施するに当たって憲法改正が必要とされるもののみを挙げているのはどれか。

- A：衆議院議員を選出する選挙権を18歳以上の国民に与えること。
- B：国会を一院制にすること。
- C：国民が内閣総理大臣を直接選挙により指名すること。
- D：国会議員でない文民を国務大臣として内閣総理大臣が任命すること。
- E：環境税を新設すること。

1　A，D　　2　A，E　　3　B，C　　4　B，E　　5　C，D

別冊模試4ページ

憲法改正が必要な記述を選ぶ問題

この問題の特徴

本問のように，ある事項を実施するに当たって憲法改正が必要かどうかという出題形式は，多くはないが何度か出題されています。日本国憲法の条文を幅広く正確に押さえているかどうかで正解・不正解が分かれるため，しっかり勉強してきた人とそうでない人との間で得点の差がつきやすい問題です。このため，正答できれば合格に大きく近づける問題の一つであるといえます。

解答のコツ

条文を正確に覚えていなくても，憲法は原則的なことのみを定めており，具体的な部分は法律等で規定されることが予定されているということを思い出せれば，AとEは法律で定められるべき具体的事項ですから，その実施には憲法改正は不要だと推測できます。逆に，BとCとDは，国家の制度の原則的な事項であり，また，BとCのような制度は現在の日本では採用されていないことと，Dの制度は実際に行われていることに気づくことができれば，正答に達することは可能です。

解説

A　不要。憲法上，選挙権は「成年者」に与える必要があるが，「成年」を何歳とするかは法律（公職選挙法）で定められる。

B　必要。憲法上，国会は衆議院および参議院の両議院で構成すると規定されている。

C　必要。憲法は，内閣総理大臣の指名は国会の議決で行うとしている。

D　不要。憲法は，国務大臣の過半数は国会議員でなければならないとしているから，半数未満であれば国会議員でない国務大臣を任命することは憲法の規定上可能である。

E　不要。憲法は，あらたに租税を課すには法律によることを必要とするとしているから，法律で環境税を新設することは憲法の規定上可能である。

よって，必要とされるのはB，Cなので，正答は**3**である。

正答 3

No.2 国際連合

教養試験 国家 政治

理想解答時間 2分　合格者正答率 80%

国際連合に関する問題

国際連合に関する記述として最も妥当なのはどれか。

1. 1944年のダンバートン=オークス会議で，米・英・ソ・中4か国の代表により，平和維持機構設立の構想が固められ，翌年のサンフランシスコ会議で国連憲章が採択され国際連合が成立した。
2. ニューヨークの本部に総会，経済社会理事会，信託統治理事会を置いている。また，ジュネーブには安全保障理事会，国際司法裁判所のほか，多数の専門機関を置いている。
3. 経済社会理事会は，常任理事国5か国と任期2年の非常任理事国10か国で構成され，紛争の原因となる社会的不平等や貧困を取り除く活動をしている。
4. 国連憲章は，国際平和及び安全を維持・回復する手段として軍事措置を採ることができると規定している。この規定により湾岸戦争では国連事務総長を最高司令官とする国連軍が派遣された。
5. 安全保障理事会の常任理事国は，分担金の負担比率が国連予算全体の5％と一律に定められている。日本も経済大国であることから，例外的に常任理事国と同じ分担率が割り当てられている。

別冊模試4ページ

この問題の特徴

国際関係の分野では，本問のような国際連合からの出題が最も多くなっています。国際関係の分野は細かいテーマも含めれば範囲が非常に広くなるため，対策を怠ってしまう受験生も多いと推測できます。しかし，頻出テーマと問われる定番の知識はほぼ決まっているのですから，過去問を使って最小限の対策はしておくべきでしょう。

選択肢の難易度

2と3は，国際連合に関連するニュースについて普段から注意を払っていれば，容易に判断できる知識だといえます。1と4と5は，ニュースで取り上げられることは少ないと思われますが，試験対策上は，国際連合の分野における基礎知識ですから，大まかにでも押さえてあれば，消去法を用いるなどして正答に達することは十分に可能でしょう。

解説

1. ◎　正しい。
2. ×　誤り。安全保障理事会はニューヨークの国連本部に置かれている。また，国際司法裁判所はオランダのハーグに置かれている。
3. ×　誤り。経済社会理事会は，任期3年の理事国54か国で構成されている。常任理事国5か国と任期2年の非常任理事国10か国で構成されているのは安全保障理事会である。
4. ×　誤り。前半は正しい。しかし，国連軍はいまだ組織されたことがなく，湾岸戦争ではアメリカを中心とした多国籍軍が派遣されたから，後半は誤りである。
5. ×　誤り。分担金の負担比率は一律ではなく，加盟国の経済力に応じて決定され，2019年～2021年では，日本はアメリカ，中国に次いで世界で3番目に高い分担率が割り当てられている。

PART III 過去問の徹底研究

正答 1

No.3 経済の仕組み

教養試験　国家　経済

理想解答時間 2分 / 合格者正答率 70%

経済の基本が問われる

経済の仕組みに関する記述として最も妥当なのはどれか。

1. 完全競争市場では，需要と供給が自然に調整されて均衡に向かい，均衡需給量と均衡価格が定まる。この市場の自動調整作用をイギリスの経済学者ケインズは，「神の見えざる手」のはたらきと呼んだ。
2. 財政政策は，資源配分，所得の再分配，景気変動の調整の三つの機能で経済に影響を与える。そのうち景気変動の調整機能とは，財政支出によって供給された公共財・サービスが経常収支を自動的に調整することである。
3. 寡占市場では，生産性の低い中小企業がプライスリーダーとなり，また，公害などの外部不（負）経済が生じることから，価格の下方硬直性が起きやすい。このような市場では価格の自動調整作用が阻害され，デフレーションが起きやすい。
4. 国民所得は一国の経済の規模を表すもので，各産業が新たに生産した付加価値の合計，生産した付加価値を給与などの形で分配した合計，家計・企業・政府が支出した消費・投資の合計の三つの面からとらえられ，これらの額は理論的には等しくなる。
5. 日本銀行は経済の成長と安定をはかるために，金融政策として公定歩合操作，公開市場操作，預金準備率操作を行う。そのうち公定歩合操作とは，市中金融機関の預金を一定の割合で預かり，その資金量を増減させることである。

別冊模試5ページ

この問題の特徴

基礎事項に関する単純正誤問題です。これから受験する人にとっては，公務員試験「経済」の典型科目（ミクロ経済学，マクロ経済学，財政学）での学習事項の一端を知るうえでも貴重な1問といえるでしょう。

本問の出題内容はおおむね高校の「政治・経済」で学習しますが，高校によって「政治・経済」の取り扱い方が違うため，学習開始時点での正答率は20％程度でしょう。

解答のコツ

試験では，誤りを100％指摘する必要はありません。3には，複数の誤りが含まれていますが，そのうちの1つに気づけばよいのです。また，5のような用語説明の問題については，他の概念の説明である可能性を疑うのも1つの手です。

解説

1× ケインズではなく，アダム・スミスが「神の見えざる手」のはたらきと呼んだ。

2× 財政支出による公共財・サービスは資源配分を通じて経済に影響を与える。

3× 生産性の低い中小企業は価格追随者になる。また，寡占市場だからといって外部不経済が生じるとは限らない。さらに，デフレーションはマクロ経済（日本経済全体）の現象であり，一市場（産業）の状況をさす用語ではない。

4◎ 正しい。

5× 後半の記述は預金準備率操作の説明である。

正答 4

No.4 株式会社

教養試験 国家 経済

理想解答時間 2分
合格者正答率 70%

M&Aの話題とともに出題された

わが国の株式会社制度に関する記述として妥当なもののみをすべて挙げているのはどれか。

A：株式会社は，会社の運営に携わる経営者のみによって所有される。
B：株式会社が負った債務を会社財産では弁済しきれなかった場合，株主は，自己の固有財産を追加的に出資してその債務を弁済する責任を持つ。
C：株式会社は，株式の発行を通じて多くの人から資金を集め，大きな規模の経済活動をすることができる。
D：株主は，株主総会において，剰余金の配当や残余財産分配の決定に関する事項についての議決権を持つが，株主の側から議案を提出することはできない。

1　A，B
2　A，C
3　B，D
4　C
5　D

別冊模試5ページ

この問題の特徴

本問は，M＆A（合併・買収）などが話題になった頃に出題されました。時事問題といっても，基本的な内容に絞って出題される傾向が強いことを示す1問です。

本問は高校の「政治・経済」や「現代社会」などで学ぶ内容ですが，正確に覚えていますかと問われると二の足を踏みそうな問題です。

選択肢の難易度

A〜Dの文を個別に見ればさほど難しくなく，「最も妥当なものを1つ選ぶ」形式で出題されていれば，正答率はもっと高くなると予想される問題です。

解答のコツ

組合せ形式の問題は，まず選択肢を見ましょう。本問の場合，CまたはDから考えれば検討すべき選択肢が少なくなります

（ただし，「Dが誤りだからBも誤り」とは言えないので注意してください）。

また，個別の選択肢を検討する際には，覚えたキーワード（本問の場合，「所有と経営の分離」や「有限責任」など）を捜し出して検討し，どうしても悩む際には，「自分が株主のとき，納得できるか」といったように考えてみるとよいでしょう。

解説

A× 株式会社の所有者は株主である。
B× 各株主の責任は各自の出資額までである。
C○ 正しい。
D× 一定数以上の株式を保有する株主は，株主総会で議案を提出できる。

よって，正しいのはCだけなので，正答は**4**である。

正答 4

PART III 過去問の徹底研究

教養試験 国家 社会
No.5 世界の人口問題

理想解答時間 2分　合格者正答率 70%

次は世界の人口問題に関する記述であるが，A～Dに入るものの組合せとして最も妥当なのはどれか。

長い間，ほとんど変化のなかった世界の人口は，産業革命以降の経済の発展や医学の進歩により急激に増加しはじめた。1970年代に約40億であった世界の人口は，2000年には約 __A__ となり，今後さらに増加していくことが予想されている。このように，人口が加速度的に増え続ける様子を人口爆発という。

人口増加率は，特に先進国と発展途上国とでは大きく異なっている。先進国であるヨーロッパやアングロアメリカなどでは，すでに18～19世紀の人口急増期を経て少産少死型を示し，静止人口に近い国もある。一方，世界の人口の60%を占めるアジアやラテンアメリカなどの発展途上国では __B__ を示す国が多く，今後の世界の人口増加の大部分を占めることになる。

__C__ は，ある一定期間の出生数と死亡数の差を表すものである。これに対し，地域間の人口の移動によって生じる人口増加を __D__ という。これは，ある地域への流入人口と流出人口の差によって求められ，アメリカへの移民のような国際間移動によるものと，農村から都市への人口流入のような国内移動によるものとがある。

	A	B	C	D
1	61億	多産少死型	自然増加	社会増加
2	61億	多産多死型	社会増加	自然増加
3	61億	少産少死型	社会増加	自然増加
4	51億	多産少死型	自然増加	社会増加
5	51億	少産少死型	社会増加	自然増加

人口問題は頻出テーマ

別冊模試 6ページ

この問題の特徴

人口問題は公務員試験の頻出テーマです。本問は世界人口に関する基礎事項を問うもので，難易度的には基礎～標準レベルといえます。

また，日本の人口問題（少子高齢化，人口減少など）にも注意が必要です。日本の合計特殊出生率，高齢化率やおおまかな総人口などについて，最新数値と近年の動向などを確認しておくとよいでしょう。

解答のコツ

試験勉強で得た知識だけでなく，生活の中で見聞きする情報や一般常識を活用して解きましょう。問題文中にもヒントがたくさん含まれています。

解説

A 世界人口は，1990年代の末に60億人を突破した。よって，Aに入るのは「61億」が正しい。なお，2020年現在の世界人口は，約77億9,480万人と推計されている。

B 一般に人口動態は，多産多死型から多産少死型（人口爆発）を経て少産少死型へと移行する。アジアやラテンアメリカの発展途上国は「多産少死型」の国が多い。知識がなくとも，これらの地域に人口の多い国が多いことから推察できるはずである。

C，D 出生数と死亡数の差を「自然増加」といい，地域間の人口の移動によって生じる人口増加を「社会増加」という。

よって，正答は**1**である。

正答 **1**

No.6 わが国の仏教思想家

教養試験　国家
思想（倫理）

理想解答時間　1分
合格者正答率　60%

日本史とも共通するテーマ

わが国の仏教思想家に関する記述として最も妥当なのはどれか。

1. 道元は，人はみな仏法を悟るべき能力を備えてはいるが，悟りはおのずから明らかになるものではないので，正しい修行を積むことが必要だとした。そして，正しい修行の在り方は，ただひたすら坐禅に打ち込むことであるとする「只管打坐」を唱えた。

2. 最澄は，仏の教えを理解し，悟りに達して救済されるためには一定の教養を身につけ，山中で秘伝の修行を積むことが必要であるとした。このため，彼が創始した宗派は，限られた人間しか悟りに達することができないという意味で，真言密教と呼ばれる。

3. 空海は，一般の庶民が仏の教えに接することができなければ意味がないと考え，都を離れた山の上に寺院を構えがちであった当時の山岳仏教を批判した。そして，念仏を唱えて阿弥陀仏との一体化を図ることが救済につながるとしたため，彼の創始した宗派は浄土教と呼ばれる。

4. 親鸞は，人はみな本性は悪人であるため，仏の救済を受けるためには自らを厳しく律し続けることが必要であるとした。そして，修行を積んで悪人たる自分を正しい存在へ高めていくことを「悪人正機」と呼び，自力で救済を勝ち取る努力をすることが重要だと説いた。

5. 日蓮は，他の宗派との相互理解と融合を通じて社会の安定を図る「立正安国論」を唱え，当時頻発した宗派どうしの論争の仲裁を行った。また，法華経に偏重していた当時の仏教界に対し，多くの経典に通じることが重要だと説いた。

別冊模試7ページ

PART Ⅲ　過去問の徹底研究

この問題の特徴

東洋思想の分野から，日本の平安時代・鎌倉時代の仏教について出題されています。このテーマは日本史でも文化史として出題されているテーマですので，同時に日本史の対策にもなる問題です。

解答のコツ

平安仏教と鎌倉仏教の開祖と宗派を結びつけて覚えておけば得点につながります。1の道元は鎌倉時代に曹洞宗を，2の最澄は平安時代に天台宗を，3の空海は平安時代に真言宗を，4の親鸞は浄土真宗を，5の日蓮は日蓮宗を開きました。

解説

1◎　正しい。

2×　誤り。最澄は天台宗の開祖である。限られた人ではなく，すべての人が仏になることができることを説いた。真言宗は空海が開祖である。

3×　誤り。空海の開いた宗教は浄土教ではなく，真言宗であり，この宗教は山岳仏教である。

4×　誤り。浄土真宗の開祖の親鸞は悪人正機説を唱えており，浄土真宗は他力本願の宗教である。

5×　誤り。日蓮宗の開祖の日蓮は他の宗派を批判したため，鎌倉幕府から伊豆伊東への流罪を言い渡された。

正答 1

95

No.7 第二次大戦後の東西対立

教養試験 国家 / 世界史

理想解答時間 1分　合格者正答率 60%

第二次世界大戦後の東西対立（冷戦）の動きに関する記述として最も妥当なのはどれか。

近現代からの出題

1. アメリカ合衆国は，飛躍的に工業生産力を高め，フランスに代わって資本主義圏を主導する超大国になった。ソ連は，ベネルクス三国を併合し，東欧に共産党独裁の社会主義諸国を成立させて資本主義圏に対抗した。

2. アメリカ合衆国大統領ローズヴェルトは，ソ連を経済的に封じ込めるニューディール政策を発表し，ヨーロッパ経済復興資金援助計画（マーシャル・プラン）によって西欧諸国を支援した。ソ連も東欧経済復興計画を打ち出し，ヨーロッパは経済的に分断された。

3. アメリカ合衆国が西側諸国と北大西洋条約機構（NATO）を，ソ連が東側諸国と独立国家共同体（CIS）を結成して軍事的に対立した。フランスのド゠ゴール大統領が「鉄のカーテンがヨーロッパ大陸を分けている」と演説し，東西対立の構造が浮き彫りになった。

4. ドイツは，アメリカ合衆国・イギリス・フランスの西側諸国とソ連によって占領されたが，西側諸国がミュンヘンへの首都移転を計画したことを契機にソ連が東ベルリンを封鎖した。その後，西側管理地区にドイツ民主共和国，ソ連の管理地区にドイツ連邦共和国が成立した。

5. 朝鮮半島は，アメリカ合衆国とソ連が分割占領し，アメリカ合衆国の保護下で大韓民国が，ソ連・中国の保護下で朝鮮民主主義人民共和国が成立したが，その後も緊張が続いて朝鮮戦争が勃発した。戦線は膠着し，ほぼ北緯38度線を境界とする休戦協定が結ばれた。

別冊模試 8 ページ

この問題の特徴

第二次世界大戦後の東西対立は戦後史の中でも頻出テーマです。では冷戦から超大国ソ連の崩壊まで，丁寧な学習が必要となってきています。

選択肢の難易度

1・2・3はアメリカとソ連の動きを対比させる問題となっています。4はドイツの分断に関する東西の動き，5は冷戦下の朝鮮半島の状況が問われています。

解説

1 × 誤り。ソ連はベネルクス三国（ベルギー・オランダ・ルクセンブルク）を併合してはいない。

2 × 誤り。ローズヴェルト大統領のニューディール政策は1929年に起こった世界恐慌に対する政策である。冷戦下では，1947年にアメリカ大統領トルーマンがソ連の拡大を封じ込める目的で，トルーマン・ドクトリンを発表した。

3 × 誤り。ソ連は東欧諸国とワルシャワ条約機構を組織して軍事的に対抗した。独立国家共同体（CIS）はソ連崩壊後に誕生したロシア連邦を中心とする結合体のことである。

4 × 誤り。アメリカ・イギリス・フランスが西側管理通貨改革をソ連に通告せず実施したため，ソ連は1948年6月に西ベルリンへの連絡通路を全面封鎖するベルリン封鎖を実行した。翌年5月に封鎖は解かれ，東ベルリンを首都とするドイツ民主共和国（東ドイツ）と，ボンを首都とするドイツ連邦共和国（西ドイツ）が誕生した。

5 ◎ 正しい。

正答 5

教養試験 国 ・ 家
世界史

No.8

古代ローマ

理想解答時間 **1分**　合格者正答率 **50%**

古代史では
定番問題

古代ローマに関する記述として最も妥当なのはどれか。

1　ローマは，紀元前7世紀頃に都市国家として建設された。騎乗に優れていたローマ人は軽装騎兵部隊による機動戦に長じていたことから，建国からわずか半世紀ほどでイタリア半島の統一に成功した。

2　元老院を重視する閥族派と，平民会を重視する民衆派の対立の過程で，閥族派出身のカエサル，ポンペイウス，クラッススの3名が政治を取り仕切る第1回三頭政治が成立した。この三頭政治は，カエサルが民衆派に暗殺されるまで存続した。

3　カエサルの死後，オクタヴィアヌス，アントニウス，レピドゥスの3名による第2回三頭政治が実現したが，オクタヴィアヌスとアントニウスが対立するようになり，オクタヴィアヌスはエジプトと結んだアントニウスをアクティウムの海戦で破って，元首政を開始した。

4　五賢帝の一人であるネルヴァ帝の時代に，ローマはイベリア半島を征服するなどしてその領域は最大となった。しかし，ブリテン島（現在の英国）はドーバー海峡に阻まれて進攻ができず，小アジア地方（現在のトルコ）もイスラム勢力の抵抗にあって征服できなかった。

5　ヨーロッパ北部に居住していたゲルマン民族が南方へ大移動を開始したため，ローマ領への侵入を阻止しようとするローマとの間でポエニ戦争が起こった。この戦争に敗れたローマは，東西に分裂することを余儀なくされた。

別冊模試9ページ

PART III
過去問の徹底研究

この問題の特徴

　古代ローマの歴史は共和政時代の後に帝政時代（ローマ帝国）が長く続きますが，公務員試験では，共和政時代のみを問う問題や，ローマ帝国のみを問う問題など，片方の時代について問う問題がこれまで多く見られました。本問は両方の時代について問う問題で，やや難解です。

選択肢の難易度

　1・2・3は共和政時代について問われていますが，1はイタリア半島の統一がポエニ戦争前のことだったことを思い出せれば，建国からわずか半世紀が誤りと気づきます。2はカエサルが平民出身である点が難解です。3は高校の教科書でも有名な内容です。4も教科書に記述されている内容です。5はゲルマン民族の大移動とポエニ戦争は時代が異なる点を思い出せるかどうかです。

解説

1×　誤り。ローマは農民による重装歩兵が軍事力の主力となっていた。また，イタリア半島の統一は紀元前272年のことで，建国からわずか半世紀後ではない。

2×　誤り。カエサルは平民派，ポンペイウスは軍人，クラッススは騎士階級である。

3◎　正しい。

4×　誤り。五賢帝時代の2番目のトラヤヌス帝時代にローマ帝国は領土が最大となった。ローマ帝国はブリテン島と小アジアも支配下に治めた。なお，イスラム勢力は7世紀に現れるので，この時代には存在していない。

5×　誤り。ゲルマン民族の大移動は375年に始まったもので，ポエニ戦争は紀元前264年から紀元前146年までの間に3度戦われたローマとカルタゴの戦いで，ローマが勝利した戦いである。

正答 **3**

97

No.9 江戸の幕政改革

教養試験 国家／日本史

理想解答時間 1分 ／ 合格者正答率 80%

江戸時代は頻出テーマ

江戸時代の幕政改革に関する記述A〜Eを，古いものから順に並べたものとして最も妥当なのはどれか。

- A 新井白石は，生類憐れみの令を廃止したり，長崎貿易での金銀の海外流出を防ぐため海舶互市新例を出して，中国船やオランダ船との貿易を制限した。
- B 田沼意次は，都市の問屋商人や農村の在郷商人に株仲間を公認し，独占的に営業させる代わりに運上金・冥加金を上納させた。
- C 徳川吉宗は，足高の制を定めて有能な人材を登用し，また，民意を聞くために目安箱を設けた。
- D 松平定信は，湯島の聖堂学問所での朱子学以外の学問の講義を禁じて幕臣の意識を引き締めたり，また，無宿人を石川島の人足寄場に収容し職業訓練を行った。
- E 水野忠邦は，幕府の財政安定と権力強化を図るために上知令を出し，江戸・大坂周辺を幕府の直轄領としようとしたが，大名・旗本らの反対に遭い失脚した。

1 A→B→C→E→D
2 A→C→B→D→E
3 D→A→B→C→E
4 D→B→A→E→C
5 D→C→E→A→B

別冊模試9ページ

この問題の特徴

江戸時代の幕政の改革は出題頻度が高くなっています。特に，享保の改革・寛政の改革・天保の改革の江戸の三大改革は重要です。

解答のコツ

Aの新井白石は6代将軍，7代将軍に仕えた政治家です。Bの田沼意次は9代将軍，10代将軍に仕えた老中で，Cの徳川吉宗は8代将軍として享保の改革に取り組んだ将軍です。Dの松平定信は11代将軍に仕えた老中で，寛政の改革を行った人物です。Eの水野忠邦は12代将軍に仕えた老中でした。これらの点から判断していくと，古いものから順に適切に並べていくことができますし，三大改革の順番だけでも覚えていればCの後にD→Eが並んでいる選択肢を選べばよいことがわかるので，おのずと正答を導き出すことができるでしょう。

解説

- A：6代将軍徳川家宣，7代将軍徳川家継に仕えた新井白石が行った政治は正徳の治（1709〜16年）と呼ばれている。
- B：9代将軍徳川家重，10代将軍徳川家治に仕えた田沼意次は，1772年には老中となり，1786年に失脚している。
- C：8代将軍徳川吉宗は1716年から45年にかけて享保の改革を行った。
- D：11代将軍徳川家斉に仕えた松平定信は老中として寛政の改革を行った。
- E：12代将軍徳川家慶に仕えた水野忠邦は老中として天保の改革を行った。

以上より，A→C→B→D→Eとなるので，正答は**2**である。

正答 2

No.10

教養試験 国　家

日本史

平安時代

理想解答時間 **1分**
合格者正答率 **80%**

平安時代に関する記述として最も妥当なのはどれか。

1　桓武天皇の律令政治再建策を継承した光仁天皇は，政争を避けるため，寺院勢力の強い長岡京から平城京へ，さらに平城京から平安京へと都を移した。

2　征夷大将軍に任じられた坂上田村麻呂は，東北における蝦夷勢力の攻略に成功し，鎮守府を多賀城から胆沢城に移して東北経営を進めた。

3　清和天皇の治世に，藤原道長が臣下で最初の摂政の任について以来，藤原北家は勢力をのばし，藤原冬嗣・良房父子の時代には摂関政治の最盛期を迎えた。

4　下総を本拠地としていた藤原純友は，常陸，下野，上野の国府を襲撃して独立政府樹立の意志を示し，瀬戸内海においては，平将門が海賊の首領として蜂起し，大宰府を占領した。

5　浄土信仰の広まりとともに，藤原頼通によって建てられた宇治の正倉院に代表されるような阿弥陀堂の建立が流行し，彫刻では，源信によって寄木造の阿弥陀如来像が制作された。

人物名と行ったことに要注意

別冊模試10ページ

この問題の特徴

平安時代は桓武天皇の平安京遷都から平氏政権の没落までさまざまな変遷をたどった時代ですが，本問は平安京遷都から11世紀の摂関政治の全盛期までが問われています。史実と合わない人物名が多く記されていますので，比較的正誤の判断がしやすい問題です。

解答のコツ

1は平安時代の有名な天皇に当てはまらない人物（光仁天皇）が記されている点が明確な誤りとわかります。また，桓武天皇の後は嵯峨天皇が実質的な後継者とわかっていればすぐに見抜けるでしょう。2は坂上田村麻呂の有名な内容です。3は清和天皇の治世に臣下で初めて摂政となったのが藤原良房で，摂関政治の全盛期は藤原道長・頼通父子の時代とすぐに判断できます。4は下総を拠点に国府を襲撃したのは平将門で，瀬戸内海を拠点に蜂起したのは藤原純友です。5は正倉院は奈良時代の建造物で，源信は浄土信仰を確立した平安時代の僧侶で『往生要集』の著者です。全体として平安時代の史実に合わない内容が多く記された問題でした。

解説

1×　誤り。光仁天皇は奈良時代の天皇である。また，桓武天皇は長岡京から平安京へ遷都した天皇である。

2◎　正しい。

3×　誤り。藤原良房が臣下で最初の摂政となり，藤原道長は摂関政治の全盛期の人物である。

4×　誤り。藤原純友と平将門が逆である。

5×　誤り。藤原頼通が建てたのは宇治平等院鳳凰堂である。寄木造の阿弥陀如来像は平安時代を代表する仏師の定朝の作である。

PART III
過去問の徹底研究

正答 **2**

99

No.11 世界の河川

教養試験 国家 地理

理想解答時間 1分 / 合格者正答率 70%

有名河川は押さえよう

世界の河川に関する記述として最も妥当なのはどれか。

1 ナイル川は，ナイジェリア中央部の山地に源を発し，アフリカ北東部を貫流して紅海に流入する世界最長，かつ世界最大の流域面積を持つ大河である。

2 アマゾン川は，アンデス山脈に源を発し，ブラジル中央部のブラジル高原を東流して大西洋に注ぐ，ナイル川に次ぐ世界第2の長さと流域面積を持つ大河である。

3 長江は，別名揚子江ともいい，天山山脈に源を発し，華北地区の西安を東流して東シナ海に注ぐ，中国では黄河に次ぐ長さを持つ大河である。

4 ミシシッピ川は，アメリカ合衆国ミネソタ州北西部に源を発し，同国中部を南北に貫流してメキシコ湾に注ぐ，ミズーリ川などの支流を持つ同国最長の大河である。

5 ヴォルガ川は，スイス南東部のアルプス山脈に源を発し，ルーマニア平原を東流してカスピ海に注ぐ，ヨーロッパではライン川に次ぐ長さを持つ大河である。

別冊模試10ページ

この問題の特徴

地理では地形に関する出題は頻出テーマとなっています。公務員試験全体でも，人間の生活に欠かせない河川は地球環境につながる重要テーマであり，出題頻度が特に高くなっているテーマです。河川の場合は水源と海へ流出する場所が問われやすい傾向にあります。特に世界で有名な河川は今後も出題される可能性が高いといえるでしょう。

解答のコツ

1は長さが世界最長のナイル川，2は流域面積が世界最大のアマゾン川なので，一般常識としても知られている内容で，正誤の判断がつきやすいでしょう。3の長江も黄河より長い川であることがわかれば，あとは4と5について正誤の判断をするだけになります。

解説

1× 誤り。ナイル川の水源はナイジェリア中央部の山地ではなく，赤道付近のウガンダのヴィクトリア湖付近である。北流して地中海に流入する世界最長の河川である。世界最大の流域面積を持つ大河はラテンアメリカのアマゾン川である。

2× 誤り。アマゾン川はアンデス山脈に源を発している点は正しいが，ブラジル高原よりも北部に位置するアマゾン盆地を東に向かって流れている。流域面積は世界第1位である。

3× 誤り。長江はチベット高原北東部に水源を発し，四川盆地から華中を東に流れて，東シナ海に注ぐ河川である。中国では黄河よりも長い河川である。

4◎ 正しい。

5× 誤り。ヴォルガ川はモスクワ北西部のヴァルダイ丘陵に水源を発し，ロシア平原を南流してカスピ海に注ぐ河川で，ヨーロッパ最長の河川である。

正答 4

教養試験 国　家
地理

No.12 世界の食料問題

理想解答時間 **1分**　合格者正答率 **80%**

次は世界の食料問題に関する記述であるが，A～Cに入るものの組合せとして最も妥当なのはどれか。

現実に注目されている問題も登場

現在，世界人口の9人に1人は飢えた状態にあるといわれる。発展途上国では食料は増産されてはいるが，人口増加が著しいため，一般に食料不足に悩んでいる国が多い。

1960年代後半以降，食料の増産をめざして実行された　A　は，　B　などの多収量品種が開発され，食料増産に成果をもたらした。しかしその品種を栽培するには，灌漑設備，大量の肥料や農薬を必要とするため，零細農民や小作農はとり入れることができず，貧富の格差はむしろ増大した。また，地力の劣化を招くなどの問題も生じている。

食料増産を上回る人口増加は，農地の拡大を進め，過耕作・過放牧を招く。サハラ砂漠の南に広がる地帯は　C　と呼ばれているが，気候の変化のほか，過度の耕作や放牧による植生の破壊などの人為的な要因も加わり，砂漠化が進んでいる。

	A	B	C
1	緑の革命	コメ，トウモロコシ	サヘル
2	緑の革命	コメ，トウモロコシ	タイガ
3	緑の革命	バナナ，カカオ	タイガ
4	農業革命	コメ，トウモロコシ	タイガ
5	農業革命	バナナ，カカオ	サヘル

別冊模試11ページ▶

PART **III** 過去問の徹底研究

この問題の特徴

世界の食料問題は日本でも食の安全が問題となっている昨今の重要なテーマです。今後も食料関連の問題としては，主要な穀物の生産国，輸入国，輸出国などの順位や，生産地域の問題など出題される可能性が高いです。

解答のコツ

Bは文中に「多収量品種」とあり，コメ，トウモロコシと判断できるので，選択肢を**1**，**2**，**4**に絞ることができます。

Aは「1960年代後半以降，食料の増産をめざして」とあり，「農業革命」というよりも地理用語として「緑の革命」が当てはまります。Cは「サハラ砂漠の南」は「サヘル」と呼ばれていることで判断できます。

解説

A：「緑の革命」が当てはまる。緑の革命はフィリピン郊外の国際稲研究所（IRRI）がコメの品種改良や栽培技術の改善をめざした技術革新のことで，世界の食料問題の解決に向けて取り組まれたものである。特に東南アジアや南アジアに普及させた。

B：「コメ，トウモロコシ」が当てはまる。緑の革命ではコメ，トウモロコシ，小麦の増産や新品種開発が行われた。

C：「サヘル」が当てはまる。サヘル地域はサハラ砂漠の南の半乾燥地域で，砂漠化が深刻で，難民などが発生している。

以上より，正答は**1**である。

正答 **1**

101

No.13 西洋の建築様式

教養試験　国家
文学・芸術

理想解答時間 1分
合格者正答率 80%

西洋の建築様式に関する記述として，妥当なのはどれか。

1. ロマネスク様式は，高い尖塔と大きな窓に飾られたステンドグラスが特徴であり，代表的な建築物として，ローマのサン・ピエトロ大聖堂がある。
2. ゴシック様式は，外観は鈍重であり，壁面は重厚で，窓は小さく造られており，代表的な建築物として，ポツダムのサン・スーシ宮殿がある。
3. ルネサンス様式は，ギリシアやローマの様式を復興したものであり，代表的な建築物として，イタリアのピサの大聖堂がある。
4. バロック様式は，豪壮華麗な建築様式であり，代表的な建築物として，フランスのヴェルサイユ宮殿がある。
5. ロココ様式は，繊細優美な建築様式であり，代表的な建築物として，フランスのアミアン大聖堂がある。

有名な建築物が解答のカギ

別冊模試11ページ

この問題の特徴

芸術から西洋の建築様式について出題されています。このテーマは西洋美術とともに頻出テーマの一つであり，世界史でも中世ヨーロッパの歴史とともに建築様式の特色などが問われていますので，世界史の学習が役立つ問題です。

解答のコツ

1，2は建築様式に関しては逆の記述となっています。また，3・5は建築様式の記述は正しいものですが，代表的な建築物が誤っています。覚えていく際には，建築様式のみではなく建築物まで一緒に覚えることが大切です。

解説

1× 誤り。高い尖塔とステンドグラスを特徴とする様式はゴシック様式である。ロマネスク様式を代表する建築物はイタリアのピサの大聖堂である。ローマのサン・ピエトロ大聖堂はルネサンス様式を代表する建築物である。

2× 誤り。外観が鈍重で，壁面が重厚で，窓が小さいのはロマネスク様式の特徴である。ポツダムのサン・スーシ宮殿はロココ様式を代表する建築物である。

3× 誤り。イタリアのピサの大聖堂はロマネスク様式を代表する建築物である。

4◎ 正しい。

5× 誤り。フランスのアミアン大聖堂はゴシック様式を代表する建築物である。

正答 **4**

No.14 四字熟語の類義語

教養試験 国家 国語

理想解答時間 **1分**　合格者正答率 **90%**

次のうち，類義語の組合せのみを挙げたものとして最も妥当なのはどれか。

- A：奮闘努力　　獅子奮迅
- B：杓子定規　　四角四面
　　かんかんがくがく　けんけんごうごう
- C：侃々諤々　　喧々囂々
- D：一日千秋　　十年一日
- E：勇猛果敢　　虎視眈々

1　A，B
2　A，E
3　B，D
4　C，D
5　C，E

別冊模試12ページ

日本語の教養が試される

この問題の特徴

類義語の組合せは2字熟語で出題されやすい傾向がありますが，本問では，四字熟語の問題を兼ねるタイプの問題となっています。

解答のコツ

四字熟語の知識も必要ですが，漢字から連想して解答することは十分に可能です。しかし，日常的に使用されている四字熟語ばかりですので，確実に正答を導き出したい問題です。

解説

- A：類義語の組合せである。「奮闘努力」と「獅子奮迅」はともに一所懸命努力すること。
- B：類義語の組合せである。「杓子定規」と「四角四面」はともに堅苦しいこと。
- C：「侃々諤々」は正論を堂々と主張する様子。あるいは，議論をし合う様子。「喧々囂々」はいろいろな意見が出て，うるさいこと。
- D：「一日千秋」は待ち遠しいこと。「十年一日」は長い間変わらずに同じ状態のこと。
- E：「勇猛果敢」は勇敢なこと。「虎視眈々」は機会をねらって形勢をうかがう様子。

以上より，正答は**1**である。

PART III 過去問の徹底研究

正答 **1**

No.15 三角比

教養試験　国家　数学

理想解答時間 **1分**　合格者正答率 **80%**

図のように，ある建物から10m離れた地点で，高さ1.6mの位置から建物の上端の仰角を測ったところ30°であった。このとき，この建物の高さはおよそいくらか。
ただし，$\sqrt{3}=1.732$とする。

> 三角比は必ず覚えておきたい

1　7.1m
2　7.4m
3　7.7m
4　8.0m
5　8.3m

この問題の特徴

三角比を使った問題です。ただ，図は問題文中に書いてあり，各自作図をする必要はなく，また三角比を使わずに直角三角形の性質から解くこともできます。

選択肢の難易度

問題文中に$\sqrt{3}=1.732$と与えられていますので，$\sqrt{3}$の概数を覚えていなくても迷うことはないでしょう。

解答のコツ

直角三角形（90°，60°，30°）の性質を覚えておけば，辺の比を使って計算することができます。必ずしも，三角比のtan30°を使うことはないでしょう。

解説

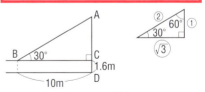

上図から，BC：AC＝$\sqrt{3}$：1 より
10：AC＝$\sqrt{3}$：1

$AC = \dfrac{10}{\sqrt{3}} = \dfrac{10\sqrt{3}}{3} = \dfrac{10 \times 1.732}{3}$

$≒ 5.77$ [m]

$AD = 5.77 + 1.6$
　　$= 7.37$
　　$≒ 7.4$ [m]

よって，正答は **2** である。

正答 2

No.16 力のつりあい

教養試験　国家　物理

理想解答時間 2分　合格者正答率 60%

自然の長さが20cmの同じばねア，イ，ウとおもりA，Bを，図のように天井からつり下げた。このとき，ばねア，イ，ウとも2cmずつ伸びて長さは22cmになった。次におもりBを2倍の質量のおもりに交換した。このときのばねア，イ，ウの自然の長さ（20cm）からの伸びを正しく組み合わせているのはどれか。

ただし，ばねの質量は無視できるものとし，ばねの伸びはおもりの質量に比例するものとする。

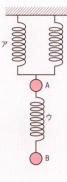

力学は頻出テーマ

	アとイ	ウ
1	2cm	4cm
2	3cm	2cm
3	3cm	4cm
4	4cm	2cm
5	4cm	4cm

別冊模試13ページ

この問題の特徴

力のつりあい（ばね）についての問題です。1本ではなく，3本が直列と並列につながれており，ばねでは定番の問題です。おもりがどのようにかかるのかをしっかりとチェックすることがポイントです。またここでは，おもりの重さが明記されてないため，難しく感じるかもしれません。

解答のコツ

まずウのばねについて考えてみましょう。ウのばねにはBのおもりの重力だけがかかります。次にアとイのばねには，AとBのおもりの重力の和がかかり，また並列であることに注意しましょう。

解説

ウのばねにはBのおもりの重力だけがかかる。ばねの伸びはおもりの質量に比例するので，Bのおもりを2倍にするとウのばねの伸びも2倍になる。よって，ウのばねの伸びは2×2=4〔cm〕。

次に，アとイのばねには，AとBのおもりの重力の和がかかる。アとイのばねは，並列接続なので，アとイのばねにかかる重力の合力がおもりの重力とつりあっている。ア，イ，ウは同じばねであり，当初はおもりBによるウのばねの伸びと，おもりA＋Bによるア，イのばねの伸びが等しいことから，おもりA＋Bの質量はおもりBの質量の2倍となる。

仮におもりBを100gとすると，ばねウには100gかかり，100gで2cm伸びることになる。ばねア＋イには200gかかることになり，したがって，おもりAも100gとなる。

今，このBを2倍の質量（200g）にするとA＋B＝300〔g〕となり，ばねアとイの伸びは，3÷2＝1.5〔倍〕すなわち，2〔cm〕×1.5＝3〔cm〕となる。

よって，正答は**3**である。

正答 3

PART III 過去問の徹底研究

No.17 無機化合物・金属元素

教養試験 国家 化学

理想解答時間 2分 / 合格者正答率 70%

金属に関する記述として最も妥当なのはどれか。

1. 鉛は，柔らかく，曲げたり伸ばしたりするのがたやすく，加工しやすい。乾電池の負極に使われている。体内に一定以上蓄積されると中毒症状を起こし，イタイイタイ病の原因物質でもある。
2. チタンは，すべての元素単体のなかで最も融点が高い金属であることから，白熱電球のフィラメントや電極，合金の材料として用いられる。
3. タングステンは，軽量で，極めて丈夫で熱にも強い。そのため合金として，航空機の機体や，眼鏡のフレーム，スポーツ用品などに使われる。
4. ナトリウムは，原子番号12のアルカリ土類金属元素である。炎色反応により青色を示すが，みそ汁がふきこぼれたとき，ガスの火が青色を呈するのもナトリウムのためである。
5. リチウムは，原子番号3のアルカリ金属元素である。リチウムを電極に用いたリチウム電池は，軽量で起電力が高いことから，腕時計，電卓，その他の電子機器に用いられている。

普段目にしているもののはず

別冊模試14ページ

この問題の特徴

無機化合物の金属元素に関する問題です。金属元素の中でも比較的よく出題されるアルカリ金属やアルカリ土類金属に加え，身の回りの物に使われている金属であったり，時事的な要素のあるものが要注意です。

解答のコツ

まずは，知識のあるものから絞っていきます。**4**のナトリウムは，原子番号，アルカリ金属，炎色反応のいずれにおいても必ず押さえておかなければなりません。**2**と**3**はそれぞれの説明が逆になっていることに気がつけば，ここで**1**と**5**に絞られます。**5**のリチウムは電子機器に用いられていることからよく耳にするのではないかと思われます。

解説

1× 誤り。乾電池の負極に用いられる金属は亜鉛である。イタイイタイ病の原因物質はカドミウムとされている。それ以外は正しい。

2× 誤り。タングステンについての記述である。金属元素の中では，タングステンの融点が最も高い。

3× 誤り。チタンについての記述である。比較的軽量で丈夫な金属はチタンである。そのため，航空機などに利用されている。

4× 誤り。ナトリウムの原子番号は11であり，アルカリ金属元素に分類される。炎色反応は黄色で，みそ汁が吹きこぼれると黄色の炎が見えるが，これもナトリウム（食塩NaCl）の炎色反応である。

5◎ 正しい。リチウム電池にはさまざまな種類があるが，いずれも軽くて質量に対する容量が他の電池よりも大きい。ナトリウムと同様，アルカリ金属であり，炎色反応は赤色である。

正答 5

No.18

教養試験 **国　家**

生物

遺伝

理想解答時間	合格者正答率
2分	**65%**

遺伝は
頻出テーマ

次の文は遺伝に関する記述であるが，ア，イに当てはまるものの組合せとして最も妥当なのはどれか。

　マメ科のスイートピーの花の色には，2組の遺伝子が関与している。遺伝子Cは色素原をつくる遺伝子で，cは色素原をつくらない遺伝子，また，遺伝子Pは色素原を発色させる遺伝子で，pは発色作用のない遺伝子である。

　いま，異なる2種類の白色の花がある。この純系どうし〔CCppとccPP〕を交配すると，F_1はすべて紫色の花となり，次にF_1どうしを自家受精させると，F_2では紫色の花と白色の花が　ア　の比に分離して現れる。

　F_2の分離比が3：1でないことから，花の色は色素のもとになる物質（色素原）と，それに働いて色素に変える物質の2つがそろったときに紫色が現れ，どちらか1つが欠けると白色になると考えられている。

　このように，2つの遺伝子が働きあって1つの形質をつくる場合，遺伝子CとPをともに　イ　遺伝子という。

	ア	イ
1	9：7	優性
2	9：7	補足
3	9：7	劣性
4	13：3	優性
5	13：3	補足

別冊模試15ページ▶

PART III
過去問の徹底研究

この問題の特徴

　補足遺伝子による遺伝の問題です。スイートピーの花の色の遺伝は代表的なものです。ほかには，メンデルの法則や伴性遺伝などについても押さえておきたいところです。用語の意味を覚えておくことで，選択肢を絞り込むこともできるからです。

解　説

　補足遺伝子による遺伝の，スイートピーの花の色の遺伝の例である。白色の花（CCpp）と白色の花（ccPP）を交配すると，F_1はすべて紫色の花（CcPp）となる。F_1どうしを自家受精させるとF_2は，紫色〔CP〕：白色〔Cp〕：白色〔cP〕：白色〔cp〕が9：3：3：1となり，紫色：白色＝9：7となる（表）。

（表）

	CP	Cp	cP	cp
CP	CCPP	CCPp	CcPP	CcPp
Cp	CCPp	CCpp	CcPp	Ccpp
cP	CcPP	CcPp	ccPP	ccPp
cp	CcPp	Ccpp	ccPp	ccpp

〔CP〕：〔Cp〕：〔cP〕：〔cp〕
　9　：　3　：　3　：　1

　これは，色素原を作る遺伝子Cと，色素原を発色させる遺伝子Pが共存するときにだけ紫色〔CP〕になり，その他の場合はすべて白色になるからである。このように，独立に遺伝する2対の対立遺伝子が補足的に働いて1つの形質を発現させる場合，その両遺伝子を補足遺伝子という。

　よって，正答は**2**である。

正答
2

107

No.19 刺激の伝達・反応

教養試験　国家　生物

理想解答時間 1分／合格者正答率 65%

動物における刺激の伝達や反応に関する記述として最も妥当なのはどれか。

1. 刺激の伝達は、神経細胞の内部では、細胞膜の内部と外部の浸透圧の逆転から生じた興奮によって伝わっていく。その伝達速度は、髄鞘のない無髄神経のほうが速く、髄鞘のある有髄神経のほうが遅い。

2. 刺激の伝達は、神経細胞の間では、興奮が神経細胞の軸索の末端まで伝わるとボーマン嚢に神経伝達物質が分泌され、隣接する神経細胞にうつっていく。交感神経の場合はインスリン、副交感神経や運動神経の場合はアセチルコリンが神経伝達物質である。

3. 動物が刺激に反応して一定の方向に向かう行動を走性といい、刺激に近づく行動を正の走性、遠ざかる行動を負の走性という。このような反応を引き起こす刺激源には、光、重力、化学物質などがある。

4. 動物がくり返して刺激を経験することにより、意識せずに刺激に適した反応を示すことを反射という。反射を引き起こす中枢は大脳や小脳で、関係する神経の経路を反射弓という。

5. 動物は特定の刺激に反応して行動のパターンを変えることがあるが、これを本能行動という。このように、行動を変化させる刺激を信号刺激（鍵刺激）といい、アヒルの雛は、最初に出会った動くものを親と認識して行動する。

持てる知識をフル活用

別冊模試15ページ

この問題の特徴

動物の刺激の伝達や反応に関する問題であり、用語がたくさん出てきます。ホルモンの名称と働き、神経系の仕組み、動物の行動など頻出の用語はチェックしておきたいところです。

解答のコツ

すべてを完璧に覚えておくことは難しいので、どこで絞り込めるかということになります。4の反射は脳を経由しないことや、5の本能行動については、容易に誤りと判断できるでしょう。また、2のインスリンは、頻出のホルモンです。

解説

1× 誤り。神経細胞内での刺激の伝達は、細胞膜の内外の電位が逆転して電位差が生じ電流が流れることである。伝達速度は、無髄神経のほうが有髄神経より遅い。

2× 誤り。興奮が神経繊維の末端まで伝わると、シナプス小胞から伝達物質が放出される。その後、シナプス間隙を通って神経細胞へと伝わっていく。伝達物質で交感神経の末端から分泌されるノルアドレナリン、運動神経や副交感神経の末端から分泌されるアセチルコリンがある。

3◎ 正しい。

4× 誤り。反射は大脳以外の脊髄、延髄中脳が中枢となる反応で、大脳を経由しないぶん、反応が素早く起こる。

5× 誤り。本能行動は、生まれつき備わっている複雑な行動で、いろいろな走性や反射が一定の順序で組み合わさって起こる。また、それぞれの行動は特有な刺激によって引き起こされ、この刺激を信号刺激という。アヒルのひなはふ化して最初に見た動くものを親とみなすが、これを刷込みといい、生後まもない時期に特定の行動を学習することである。

正答 3

No.20 地震

教養試験 国家 地学

理想解答時間 1分 合格者正答率 75%

地震が起こったとき，震源で同時にP波とS波が発生し各地に伝わっていくが，観測点では最初にP波が観測点に届くことにより初期微動が発生し，その後にS波が届き，大きなゆれ，主要動が発生する。初期微動が発生してから主要動が発生するまでの時間を初期微動継続時間といい，これにより観測点から震源までの距離を推測することができる。初期微動継続時間が20秒であったとき，震源までの距離として最も妥当なのはどれか。
ただし，P波の速さを5.0km/s，S波の速さを3.0km/sとする。

> 地震はひととおり押さえたい

1　40km
2　80km
3　120km
4　150km
5　200km

別冊模試16ページ

この問題の特徴

地震に関する問題であり，用語については問題文中に述べられているため，公式を知らなくても計算が可能なものになっている。

地学では，このような計算問題はめずらしく，ほかほとんど計算を必要としないので，やはりまずは用語とその意味をきちんと覚えておくことが大切です。本問はその応用ととらえておきましょう。

解答のコツ

距離÷速さ＝時間より，震源までの距離を$x$kmとおいて，P波到着までの時間，S波到着までの時間を表し，方程式を立てます。計算が苦手という場合よりも，用語の意味を知らない場合のほうが難しいでしょう。

解説

震源までの距離を$x$kmとすると，

P波到着までの時間は　$\dfrac{x}{5}$〔秒〕

S波到着までの時間は　$\dfrac{x}{3}$〔秒〕

したがって，その差である初期微動継続時間が20秒であることから，

$$\dfrac{x}{3} - \dfrac{x}{5} = 20$$

といった式が立てられる。
この方程式を解くと，

$5x - 3x = 300$
$2x = 300$
$x = 150$〔km〕

公式を使ってもよい。

$$距離 D = \dfrac{V_P \cdot V_S}{V_P - V_S} \times T$$

[P波の速さ：V_P
　S波の速さ：V_S
　初期微動継続時間：T]

よって，正答は **4** である。

正答 **4**

No.21 論理（三段論法・対偶）

教養試験 国家 / 判断推理

理想解答時間 **1分** / 合格者正答率 **50%**

ある集団について，次のことがわかっているとき，確実にいえるのはどれか。

- ○スペイン語を話す人は，全員英語を話せない。
- ○イタリア語を話す人は，全員英語を話す。
- ○中国語を話せない人は，全員英語を話す。
- ○英語を話せない人は，全員，ロシア語を話す。

1 スペイン語を話す人は，全員，中国語を話す。
2 スペイン語を話せない人は，全員英語を話す。
3 中国語を話す人は，全員，スペイン語を話す。
4 英語を話す人は，全員，ロシア語を話せない。
5 イタリア語を話す人は，全員，中国語を話す。

論理問題基本形

別冊模試16ページ

この問題の特徴

論理の問題。三段論法と対偶を利用して解くとよいでしょう。

命題「pならばq」が正しいとき，その対偶「qでないならばpでない」も正しいといえます。

「イタリア語を話す人は，全員，中国語を話す」は「イタリア語を話すならば，中国語を話す」と置き換えられます。

解答のコツ

「pならばqである」を「p→q」，「pでない」を「p̄」と表すことにする。

また，二重否定は肯定と置き換えてよい（「p̄」の否定は「p」）ことに注意し，矢印をつなげていき，つながる命題は正しいと判断できる。

「スペイン語を話す」は「ス」，「スペイン語を話さない」は「ス̄」のように表すとよい。

解説

与えられた4つの命題とその対偶を記号化して書くと，

ス→英̄	対偶	英→ス̄
イ→英	対偶	英̄→イ̄
中̄→英	対偶	英̄→中
英̄→ロ	対偶	ロ̄→英

これらをつなげると，

あるいは，

「ス→英̄→中」と矢印がつながるので，**1**「ス→中」が正しい。

3「中→ス」などは，与えられた条件からは，正しいか，正しくないかは判断できない。

よって，正答は **1** である。

正答 1

No.22

教養試験 国　家
判断推理

試合・勝敗

理想解答時間 **3分**
合格者正答率 **50%**

A～Fの6チームがサッカーの総当たり戦をしている。現在，Aはすべてのチームと，Bは4チームと，Cは3チームと，Dは2チームと，Eは1チームとの対戦を終えている。このとき，Fは何チームとの対戦を終えているか。

対戦表を作って解く

1　1チーム

2　2チーム

3　3チーム

4　4チーム

5　5チーム

別冊模試16ページ

この問題の特徴

試合・勝敗の問題は，リーグ戦方式の問題とトーナメント方式の問題が出題されています。

これはリーグ戦方式の問題ですが，対戦試合の勝ち負け（成績）ではなく，対戦が終わったかどうかを問題にしています。リーグ戦方式の問題の場合，対戦表を書いて考えるのが基本です。

解説

対戦表を用意し，Aはすべてのチームと対戦を終えているので該当する欄に「－」を記入する。

すると，Eは1チームとしか対戦していないのでA以外のチームとはまだ対戦していないことがわかる。Eチームの残っている欄に「未」を入れる。

	A	B	C	D	E	F	試合数
A		－	－	－	－	－	5
B	－				未		4
C	－				未		3
D	－				未		2
E	－	未	未	未		未	1
F	－				未		

次にBチーム，Dチームがこの順で埋まる。

	A	B	C	D	E	F	試合数
A		－	－	－	－	－	5
B	－		－	－	未	－	4
C	－	－		未	未		3
D	－	－	未		未	未	2
E	－	未	未	未		－	1
F	－	－		未	未		

さらにCチームとFチームの対戦があったことがわかり，下のようにすべての欄が埋まる。

	A	B	C	D	E	F	試合数
A		－	－	－	－	－	5
B	－		－	－	未	－	4
C	－	－		未	未		3
D	－	－	未		未	未	2
E	－	未	未	未		未	1
F	－	－		未	未		3

FはA，B，Cの3チームとの試合をすでに終えている。

よって，正答は**3**である。

正答 3

PART **Ⅲ**

過去問の徹底研究

111

No.23 順序関係

教養試験 国家 / 判断推理

理想解答時間 2分 / 合格者正答率 40%

A〜Eの5人である寺院の見学に行った。見学する建物は大講堂，金堂，五重塔の3か所で，配置は図のようになっている。5人は同時に中門から入り，各建物を1回ずつ見学した後，同時に中門から出た。見学する順序は6通り考えられるが，全員異なった順序で見学した。次の各人の発言にもとづき，確実にいえるのはどれか。
ただし，各建物を見学する時間配分は各人で異なる。また，寺院内の移動時間については，無視できるものとする。

> 表を使えば簡単

A：「最初に五重塔を見学した。」
B：「大講堂を見学中，Eも入ってきたので一緒に見学し，そのまま一緒に金堂へ行った。」
C：「連続して見学した2つの建物で，Eと顔を合わせた。Eもこの2つの建物を，連続して見学していた。」
D：「2番目に見学したのは，大講堂ではなかった。」

1 Aは，五重塔→大講堂→金堂の順に見学した。
2 Bは，五重塔→大講堂→金堂の順に見学した。
3 Cは，金堂→大講堂→五重塔の順に見学した。
4 Dは，大講堂→五重塔→金堂の順に見学した。
5 Eは，大講堂→金堂→五重塔の順に見学した。

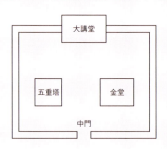

別冊模試17ページ

この問題の特徴

5人が「全員異なった順序」で見学したという条件をうまく使うとよいでしょう。

解説

Bの発言から，B，Eは「大金五」か「五大金」のいずれか。Aは「五□□」で，「五大金」にはなりえず，「五金大」と決まる。

	1	2	3
A	五	金	大
B				大→金
C			
D			
E				大→金

（イ）Bが「大金五」でEが「五大金」の場合

Cの発言から，CはEと「五→大」を一緒に見学したことになり，Cは「金五大」。すると，Dの発言に注意すると，Dは「大五金」となる（表1）。

表1
	1	2	3
A	五	金	大
B	大	金	五
C	金	五	大
D	大	五	金
E	五	大	金

表2
	1	2	3
A	五	金	大
B	五	大	金
C	金	五	大
D	大	五	金
E	大	金	五

（ロ）Bが「五大金」でEが「大金五」の場合

同様にして，C，Dの発言から表2のように決まる。

（イ），（ロ）いずれの場合もDの順番は「大五金」となる。

正答 4

教養試験 **国　家**

判断推理

No.24 対応関係

理想解答時間 **2分**　合格者正答率 **40%**

ある人が，セーター2枚と，ハンカチ，シャツ，スカーフをそれぞれ1枚ずつ持っている。これらの色は赤，青，黄いずれかであり，また次のことがわかっているとき，確実にいえるのはどれか。

> 対応表が解いてくれる

○赤色のセーターは持っているが，黄色のセーターは持っていない。
○セーターと同色のスカーフを持っている。
○シャツと同じ色のものは，ほかにも1枚だけある。
○黄色のものは1枚だけである。

1 ハンカチは青色である。

2 ハンカチは黄色である。

3 ハンカチと同じ色のセーターを持っている。

4 セーターは2枚とも赤色である。

5 シャツは赤色である。

別冊模試18ページ ➡

この問題の特徴

対応関係の問題。対応表を書くとわかりやすいでしょう。

解説

「セーターと同色のスカーフを持っている」ことと「黄色のセーターは持っていない」ことからスカーフの色は黄色ではない。

	セ	セ	ハ	シ	ス	計
赤	○					
青	×					
黄	×	×			×	1

「シャツと同じ色のものは，ほかにも1枚だけある」ことと，「黄色のものは1枚だけである」ことから黄色のものはハンカチと決まる。また，「シャツと同じ色のものは，ほかにも1枚だけある」ということから，「シャツとほかのもの2点が同じ色で，それ以外に同じ色のものはない」となり，計の欄の残り2つはともに2が入る。

	セ	セ	ハ	シ	ス	計
赤	○		×			2
青	×		×			2
黄	×	×	○	×	×	1

スカーフはセーターと同色なので，スカーフが赤のときは，もう1枚のセーターの色は青，スカーフが青のときは同じ色のセーターがなければならないのでもう1枚のセーターは青。いずれの場合にももう1枚のセーターの色は青となる。

	セ	セ	ハ	シ	ス	計
赤	○	×	×			2
青	×	○	×			2
黄	×	×	○	×	×	1

これ以上は，確定しない。

したがって，確実にいえるのは，「ハンカチは黄色である」。

よって，正答は**2**である。

正答 **2**

PART **III** 過去問の徹底研究

No.25 順序・数量関係

教養試験　国家　判断推理

理想解答時間 **3分**　合格者正答率 **40%**

```
 A  >  B  <  C
 ∨     ∧     ∧
 2  <  D  >  5
 ∧     ∨     ∧
 E  >  F  >  G
```

一番小さいものから探す

図の各マスには1～9の数字が1つずつ入っている。2と5の位置はわかっているが，A～Gには，他の7つの数字が入る。
各マスの数字の間には，不等号で示す大小関係が成り立っている。

たとえば　$\begin{array}{c}A\\ \lor\\ 2\end{array}$　場合は，2＜Aの関係を表すものとする。

このとき，A～G間で常に成り立つ関係として最も妥当なのは次のうちどれか。

1　A＋B＝C
2　A＋C＝F
3　A＋D＝G
4　A＋E＝F
5　A＋F＝D

別冊模試18ページ

この問題の特徴

順序関係の問題とも数量問題とも分類できる問題です。
一番大きいもの，一番小さいものに着目してみるとよいでしょう。

解説

明らかにBは他のどれよりも小さいのでB＝1である。

$\begin{array}{c}D\\E\end{array}$＞F＞G＞5より，6～9はD，E，F，Gで，F＝7，G＝6となる。

残った4，3はAかC。すなわち，A＝3，C＝4，またはA＝4，C＝3

いずれの場合も，A＋C＝7なので，A＋C＝Fが常に成り立つ。

よって，正答は**2**である。

正答 **2**

No.26 平面図形の分割・構成

教養試験　国家　判断推理

理想解答時間　**1分**
合格者正答率　**50%**

図のような32×33の長方形を，大きさの異なる正方形のカードを使って埋めつくすこととした。すでに図のとおり，18×18と15×15の正方形のカードを置いてある。残りの部分に大きさの異なる8枚の正方形のカード（14×14，10×10，9×9，8×8，7×7，5×5，4×4，1×1）のうちの7枚のカードを使って，すき間なく，かつ，重ねることなく全部埋めつくすと，1枚が不要となるが，そのカードはどれか。

1　1×1
2　4×4
3　5×5
4　9×9
5　10×10

実際に図を使わなくても解ける

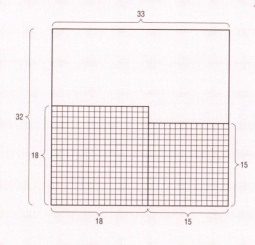

別冊模試19ページ

この問題の特徴

実際に図を使って，埋め尽くせるか試すことは難しいので，数値的に考えてみるとよいでしょう。

解説

10枚の正方形のカードの面積の総和は，
$18^2+15^2+14^2+10^2+9^2+8^2+7^2+5^2+4^2+1^2=1081$
一方，32×33の長方形の面積は，
$32×33=1056$
その差は，$1081-1056=25$
すなわち，5×5の正方形の分が不要である。

よって，正答は**3**である。

【別解】
一の位の数字に着目すると，
$4+5+6+0+1+4+9+5+6+1=41$
すなわち，1。

長方形の面積の一の位の数字は，$2×3=6$。その差は5だが，15×15の正方形はすでに置かれているので，5×5の正方形が不要とわかる。

正答 3

No.27 濃度

教養試験 国家 数的推理

理想解答時間 3分　合格者正答率 40%

濃度5.0%の食塩水が250g入ったビーカーAと，濃度9.0%の食塩水200gが入ったビーカーBがある。AからBへ，一定量の食塩水を移しよくかき混ぜた後に，再び同じ重量の食塩水をBからAに戻すと，Aの濃度は6.6%になった。移した食塩水の重量はいくらか。

1　110g
2　140g
3　170g
4　200g
5　230g

> 濃度は公式が便利

別冊模試20ページ

この問題の特徴

濃度の問題です。食塩水の濃度は，

$$食塩水の濃度[\%] = \frac{食塩の量[g]}{食塩水の量[g]} \times 100$$

で普通パーセントで表されることを利用します。

解説

ビーカーBの食塩の量に注目する。

食塩は初め，ビーカーAに $250 \times \frac{5}{100} = 12.5$ [g]，ビーカーBに $200 \times \frac{9}{100} = 18$ [g]，合わせて30.5[g]ある。最後にビーカーAの濃度は6.6%になるので，Aに含まれる食塩の量は $250 \times \frac{6.6}{100} = 16.5$ [g]。したがって，最後にBには，$30.5 - 16.5 = 14$ [g]の食塩が残っていることになり，その濃度は $\frac{14}{200} \times 100 = 7\%$ ということになる。

AからBへ移した食塩水の量を x [g]とすると，Bに移ってきた食塩の量は $0.05x$ [g]であり，ビーカーBの濃度は7%になっているから，

$$\frac{18 + 0.05x}{200 + x} \times 100 = 7$$
$$1800 + 5x = 1400 + 7x$$
$$2x = 400$$

これを解いて，

$$x = 200 [g]$$

よって，正答は **4** である。

正答 **4**

No.28 比・割合

教養試験　国家　数的推理

理想解答時間 2分
合格者正答率 50%

45名の生徒からなるクラスで，夏休みの過ごし方についてアンケートをとったところ「旅行」と回答した者は28名で，そのうちの$\frac{3}{7}$が女子であった。また女子の中で「旅行」と回答した者は女子全体の$\frac{4}{5}$を占めていた。このときこのクラスに占める男子の割合はいくらか。

> 割合は分数で考える

1　$\frac{1}{3}$

2　$\frac{2}{5}$

3　$\frac{4}{7}$

4　$\frac{3}{5}$

5　$\frac{2}{3}$

別冊模試20ページ

PART Ⅲ　過去問の徹底研究

この問題の特徴

割合に関する初歩的な問題です。

解説

28名の$\frac{3}{7}$は12名（$28 \times \frac{3}{7} = 12$）。

	女	男	計
旅行	12		28
その他			17
計			45

この12名は女子全体の$\frac{4}{5}$であるから，女子全体の人数は，

$12 \div \frac{4}{5} = 12 \times \frac{5}{4} = 15$〔名〕

となる。

	女	男	計
旅行	12	16	28
その他			17
計	15		45

すると，男子の人数は，全体45名から女子15名を引いて，

45－15＝30〔名〕

このクラスに占める男子の割合は，

$\frac{30}{45} = \frac{2}{3}$

	女	男	計
旅行	12	16	28
その他	3	14	17
計	15	30	45

よって，正答は **5** である。

正答 **5**

No.29 平面図形・場合の数

教養試験 国家 数的推理

理想解答時間 1分　合格者正答率 50%

図のような八角形ABCDEFGHの対角線は何本あるか。

図形では数え上げ方に注意して

1　16本
2　18本
3　20本
4　28本
5　40本

別冊模試21ページ

この問題の特徴

平面図形の問題ではあるが，場合の数を尋ねる問題にもなっています。

重複して数え上げたものを，後から引いたり，割ったりして解を求めます。

解説

八角形の頂点から，自分と両隣を除く，5つの頂点を線分で結ぶと，それが対角線になっている。たとえば，頂点Aからは，AC，AD，AE，AF，AGという5本の対角線が結べる。

八角形には8つの頂点があり，各頂点から5本ずつ対角線が引けるので，

5×8＝40〔本〕

の対角線があるように思える。

しかし，この数え方は1本の対角線をその端の2点で2度数えていることになる。たとえば，対角線AEは，頂点Aで1回，頂点Eで1回と，2度ダブって数えている

ことになる。

よって，正しい対角線の数は，

40÷2＝20〔本〕

となる。

よって，正答は **3** である。

【別解】

8つの頂点から2点を選び，線分で結ぶ。できたものは対角線と八角形の辺。八角形の辺は8本あるのでそれを除いたのが，対角線となる。したがって，

$_8C_2 - 8 = \dfrac{8 \times 7}{2 \times 1} - 8 = 28 - 8 = 20$

正答 **3**

No.30 立体図形

教養試験　国家　数的推理

理想解答時間 **2分**　合格者正答率 **50%**

高さ25cm、底面の直径が10cmの円すいがある。これを頂点から下に10cm、底面から上に5cmの高さの部分を残し、それ以外の部分の側面を赤色に塗った。赤色に塗られた部分の面積は、円すいの側面積全体のどれだけの割合を占めるか。

1　$\dfrac{9}{25}$

2　$\dfrac{2}{5}$

3　$\dfrac{12}{25}$

4　$\dfrac{13}{25}$

5　$\dfrac{3}{5}$

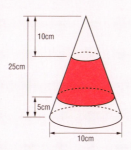

> 相対比と面積比を思い出して

この問題の特徴

相似な図形の組合せであることに気づけば、比は簡単に求められます。3つの相似な円すいが組み合わさっていると考えるとよいでしょう。

解説

円すいの側面を展開すると扇形になるので、その中心角を $a°$ とする。

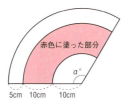

全側面積：
$$25^2 \times \pi \times \dfrac{a}{360} = 625\pi \times \dfrac{a}{360} \text{ (cm}^2\text{)}$$

赤色に塗った部分の面積：
$$(25-5)^2 \times \pi \times \dfrac{a}{360} - 10^2 \times \pi \times \dfrac{a}{360} = 300\pi \times \dfrac{a}{360} \text{ (cm}^2\text{)}$$

であるから、求める割合は、

$$\dfrac{300\pi \times \dfrac{a}{360}}{625\pi \times \dfrac{a}{360}} = \dfrac{300}{625} = \dfrac{12}{25}$$

よって、正答は **3** である。

【別解】

実際に側面積を求めなくとも、相似な図形の面積比は相似比の2乗であることを利用してもよい。大中小3つの相似な円すいがあり、高さの比から相似比は、

25 : 20 : 10 = 5 : 4 : 2

着色された面積と、最も大きい円すいの側面積との比は、

$(4^2 - 2^2) : 5^2 = 12 : 25$

となる。

正答 3

No.31 確率

教養試験 国家／数的推理

理想解答時間 2分 ／ 合格者正答率 40%

袋の中にキャンディーが4個，チョコレートが3個，ガムが2個の合計9個のお菓子が入っている。袋の中を見ないで，お菓子を2個取り出したとき，それらが異なる種類のお菓子である確率はいくらか。

確率の標準問題

1. $\dfrac{1}{2}$
2. $\dfrac{5}{9}$
3. $\dfrac{11}{18}$
4. $\dfrac{2}{3}$
5. $\dfrac{13}{18}$

別冊模試23ページ

この問題の特徴

確率の標準的な問題ですから，ここで解き方を身につけましょう。

解説

キャンディーが4個，チョコレートが3個，ガムが2個の計9個から2個取り出す場合の数は，

$$_9C_2 = \dfrac{9 \times 8}{2 \times 1} = 36 (通り)$$ ある。

異なる種類のお菓子の組合せは，(イ) キャンディーとチョコレート，(ロ) チョコレートとガム，(ハ) ガムとキャンディーの3通りある。

(イ) の場合
4個あるキャンディーのうちから1つ取り出す場合の数が4通り，
3個あるチョコレートのうちから1つ取り出す場合の数が3通りだから，
　　4×3=12 (通り)

(ロ) の場合
3個あるチョコレートのうちから1つ取り出す場合の数が3通り，
2個あるガムのうちから1つ取り出す場合の数が2通りだから，
　　3×2=6 (通り)

(ハ) の場合
2個あるガムのうちから1つ取り出す場合の数が2通り，
4個あるキャンディーのうちから1つ取り出す場合の数が4通りだから，
　　2×4=8 (通り)

(イ)，(ロ)，(ハ) より，異なる種類の菓子が取り出される場合の数は，
　　12+6+8=26 (通り)

よって，求める確率は，

$$\dfrac{26}{36} = \dfrac{13}{18}$$

となり，正答は **5** である。

正答 **5**

No.32

教養試験 国　家

資料解釈

数表の読み取り

理想解答時間 **1分**　合格者正答率 **80%**

次の表は，A～Dの4つの町について，固定電話機の普及率及び利用度を示したものである。ア，イ，ウの記述のうち，この表だけからわかることのみをすべて挙げているのはどれか。

ただし，「普及率」とは，住民100人当たりの固定電話機の台数を示し，「利用度」とは，固定電話機1台当たりの年間利用回数を示す。

計算不要の資料問題

固定電話機普及率及び利用度

町名	普及率（台）	利用度（回）
A町	36.8	1,238
B町	14.2	549
C町	8.8	755
D町	4.2	2,761

ア：各町の固定電話機1台当たりの住民の数
イ：固定電話機の台数が最も多い町
ウ：各町の住民の1人1日当たりの固定電話機の平均利用回数

1 ア
2 ア，イ
3 ア，イ，ウ
4 ア，ウ
5 イ，ウ

別冊模試24ページ

PART **III** 過去問の徹底研究

この問題の特徴

数値を計算させる従来の資料解釈問題とは異なり，与えられた資料から読み取れる情報を判断させるという趣向の変わった問題となっています。

解答のコツ

問題文の「ただし」以下に書かれていることが，ここではヒントのすべてと言えます。

普及率〔台〕＝固定電話機の全台数÷住人数　×100　…①

利用度〔回〕＝町全体の年間利用回数÷固定電話機の全台数　…②

ととらえておきましょう。

解説

ア：住人数÷固定電話機の全台数で算出でき，①より求めることができる。

イ：それぞれの町の住人数がわかれば算出できるが，この資料からだけではわからない。

ウ：利用度÷年間日数（365日）×普及率÷100で算出できるため，①と②より求めることができる。

以上より，正答は**4**である。

正答 4

121

No.33 グラフの読み取り

教養試験　国家　資料解釈

理想解答時間 2分　合格者正答率 70%

図は，わが国の事業所数および従業者数の推移を，昭和56年から5年おきに平成18年まで示したものである。これから確実にいえるのはどれか。
なお，図中の増減率（年率）とは，前調査年から5年間での増減を1年当たりの年率に換算したものである。

> 計算せずとも比べられる

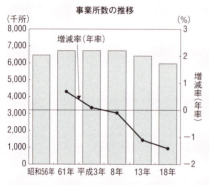
事業所数の推移

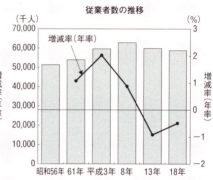
従業者数の推移

1　事業所数は，昭和61年から調査年ごとに減少している。
2　従業者数は，平成3年から平成8年の間に減少した年がある。
3　平成8年の1事業所当たりの従業者数は，約12人である。
4　平成13年の従業者数は，平成8年に比べて約2％減少している。
5　平成18年の1事業所当たりの従業者数は，平成13年よりも多い。

解答のコツ

2つの似た形の資料が与えられ，その相関関係を問うものです。グラフですので概数しか把握できませんが，実際に計算しなくても正誤判断のできる問題となっています。

細かい計算はせずに，増えている，減っている，おおよそ○○程度ということで手早く判断していきます。

解説

1×　増減率のグラフはプラスに位置しているので増えている。

2×　5年間のうち減少した年があったかもしれないが確実にはいえない。

3×　事業所数6500千所とすると，従業員数は6500×12＝78000千人程度となるが，グラフからは70000千人より下回っている。

4×　年率－1％であるから，5年間では5％程度の減少となる。

5◎　正しい。平成18年の増減率を見ると，事業所数，従業員数のいずれも減少を示しているが，減少率は事業所数のほうが大きい。したがって，事業者数が減るほど従業員数は減っていない，すなわち，1事業所当たりの従業員数は多い，といえる。

正答 5

No.34

教養試験 国　家
文章理解

古文の内容把握

理想解答時間 **3分**　合格者正答率 **60%**

次の文は，世阿弥が『風姿花伝』において，24～25歳の頃の芸の修養のありようについて述べたものであるが，この内容と合致するものとして最も妥当なのはどれか。

有名な出典

　このころ，一期（いちご）の芸能のさだまる初めなり。さるほどに，稽古のさかひなり。声もすでになほり，体もさだまる時分なり。されば，この道に二つの果報あり。声と身形なり。これ二つは，この時分に定まるなり。歳盛りに向ふ芸能の生ずるところなり。さるほどに，よそめにも，すは上手いで来りとて，人も目に立つなり。もと名人などなれども，当座の花にめづらしくして，立合勝負にも，一旦勝つときは，人も思ひあげ，主（ぬし）も上手と思ひ初むるなり。これ，かへすがへす主のため仇なり。これも真の花にはあらず。年の盛りと，みる人の，一旦の心の珍しき花なり。真の目利（めぎき）は見分くべし。このころの花こそ，初心と申すころなるを，極めたる様に主の思ひて，はや申楽にそばみたる輪説（るんがく）とし，いたりたる風体をすること，あさましきことなり。たとひ，人もほめ，名人などに勝つとも，これは，一旦めづらしき花なりと思ひさとりて，いよいよものまねをも直にしさだめ，名を得たらん人に，ことをこまかに問ひて，稽古をいやましにすべし。

　されば，時分の花を，真の花と知る心が，真実の花に，なほ遠ざかる心なり。ただ人ごとに，この時分の花におきて，やがて花の失するをも知らず。初心と申すは，このころのことなり。一公案して思ふべし。わが位のほどほどによくよく心得ぬれば，そのほどの花は一期失せず。位より上の上手と思へば，もとありつる位の花も失するなり。よくよく心得べし。

1 この頃の芸には花があることから，名人と呼ばれるような人にも能の立会勝負で勝ってしまうことがあるが，そういうことは，名人にとってははなはだ不名誉なことだ。

2 この頃の芸能の魅力は，ようやく個性が出始めたところであるので，名人のまねをするのではなく，独自の境地を目指して修業に励むべきである。

3 この頃には，自分の芸の実力の程度が自覚できるようになってくるので，無理に上の芸を目指すようなことはせず，自分の程度にあった芸に満足するべきである。

4 この頃になってやっと賞賛を浴びるようになったとしても，一時的な珍しさが評判を呼んだからに過ぎず，大成することは期待できない。

5 この頃の芸を評価されたとしても，かりそめのものと理解して，既に定評のあるような人にあれこれ細かなところまで教えを請い，稽古にますます励むべきである。

別冊模試26ページ

PART III

過去問の徹底研究

この問題の特徴

　世阿弥の能理論を展開した文章で，公務員試験では過去にも別の年齢の心得が出題されています。

解説

1×　誤り。24～25歳の頃は能の立会勝負で名人に勝ってしまうことがあるが，うぬぼれないことが大切であると述べられている。名人にとって不名誉であることは述べられていない。

2×　誤り。人にほめられ，名人に勝った

としても，「一旦めづらしき花なりと思ひさとりて～」と述べられているように，一時的な花と自覚して，さらに名人をまねて，教えを請い，稽古に専念することが大切であると述べられている。

3×　誤り。24～25歳の頃は芸の実力が自覚できる年頃ではないので，うぬぼれずに稽古に励むように述べられている。

4×　誤り。「一公案して思ふべし。わが位のほどほどによくよく心得ぬれば，そのほどの花は一期失せず」とあり，自分の実力をわきまえていれば，生涯その実力はなくならないと述べられている。

5◎　正しい。

正答 5

123

No.35 現代文の要旨把握

教養試験　国家　文章理解

理想解答時間 3分　合格者正答率 60%

次の文で述べられた，シェーンベルクの教育理念に合致するものとして最も妥当なのはどれか。

　アルノルト・シェーンベルクは自伝的エッセーの一つを，自分は人生の90パーセント以上を音楽に捧げた，という誇らしげな言葉で書き出しているが，彼の音楽への奉仕のやり方は決して一様でない。作曲家としての創作活動と並んで，あるいはそれ以上に人生の時間的スペースを割いたのは明らかに教育者としての活動であった。…《中略》…

　まず彼の教育観について考えてみたい。実は，その為に大変便利な資料がある。1929年の日付をもつ，教育問題に関するアンケートに寄せた，彼の回答である。アンケートとはいえ，彼の発言は常の如くきわめて真摯であり，その意見は考察に値しよう。アンケートは，六つの質問からなっているが，簡便にまとめてみよう。即ち，「現在のドイツの教育の実体に満足しているか。否定的であるなら，その欠陥中最悪の面を指摘した上で，貴方自身の教育理念と方法を記してほしい。」

　1929年といえば，シェーンベルクが最も教育活動を実験的に改革運動として推し進めていた第二期に属する。そこで当然，現実の教育の状況には「否」を彼は唱える。そして，以下の回答の要旨を訳出すれば次のようである。

　「〔否〕の理由は，現在の教育が既成の知識と具体的な能力の詰め込みでしかないからで，もっとも重要な教育上の理念は，若い世代が自ずから見，観察し，比較し，規定し，描写し，考量し，試験し，結果をだし，さらに適用することを，鼓舞し，案内することだと考えるからである。若い世代が今日，求めようと努めるべき理想（教養上の）は，認識という意味での知識と，認識である知識の深淵から清新，敷衍され続ける能力である。そして教師は，このことを指導の中で若者に影響できるし，せねばならないのである。方法はいうなれば精神修行である。生徒を（その精神形成の程度に見あった）題材によって困難，問題，制約などに直面させ，生徒自身にそれらを認識させる。つまり教師は，生徒が自分自身によることを強制し，彼が自分で自分の過ちを訂正していくことでそれらの解決を見出すよう，助手をつとめるのである。」

　質問が，芸術教育や作曲教育ではなく，広く教育一般に関するものであるだけに，シェーンベルクの回答は，原則的できわめて簡潔である。この内容はおよそ次のように読みとれよう。即ち，彼の教育思想（教育観）は，教育の基礎を完全に自己陶冶に置くものであり，精神修行という言葉から，知識を伝えようといういわゆる実質的陶冶でなく，形式的陶冶に教授上の目的を置いている。実質的陶冶は，彼には諸悪の根源と映っているともいえよう。

> 要旨が書かれた箇所のみチェック

1　形式的な机上の学問ではなく，実際に役立つ，具体的な能力を身につけること。
2　まず基礎的な教養をしっかりと身につけ，そのうえで適用力を身につけること。
3　実験を通じて，科学的思考法や実証的思考法を身につけること。
4　自分で問題を認識し，自分で問題を解決できる能力を身につけること。
5　雑念にとらわれず，ひたすら禁欲的に修行すること。

別冊模試27ページ

解答のコツ

第4段落の中に重要なポイントが見られます。内容把握問題とは違って，書き手が一番言いたい部分をとらえることが求められています。

解説

1× 誤り。実質的陶冶は諸悪の根源という表現に反する。
2× 誤り。自己陶冶が目的であって，基礎的な教養には重きを置いていない。
3× 誤り。実験については述べられていない。
4◎ 正しい。
5× 誤り。「精神修行」とはいっても「禁欲的に修行する」こととは述べられていない。

正答 4

No.36 現代文の内容把握

教養試験　国家　**文章理解**

理想解答時間 3分　合格者正答率 60%

社会学がテーマ

次の文の内容と合致するものとして最も妥当なのはどれか。

　ヴェブレン*は，好奇心はすべて無用の好奇心なのだということをあらためて考えさせる。利害得失のためにする知識欲を，ヴェブレンは好奇心とよばない。無用の好奇心に対して，有用の好奇心はない。ただ，ひたすらに知りたいという欲求にかられて知ることによって，その結果としての知識が，なにかの目的に役立つであろうことをヴェブレンは否定しない。しかし，はじめから目的をはっきり意識し，設定して，その目的達成にむかって知識を探究するのは，合理主義的行動であって，それは理性的認識の側面である。これに対して，好奇心は，情動の側面をあらわす。はっきりした目的の自覚と，それを達成する手段の選択とが欠如しているからこそ，それを無用の好奇心というのである。「無用の」というのは，ヴェブレンによれば，「目的のない」，「遊びの」というのと同義である。
　もちろん，この二つの側面――理性的認識としての合理主義と，情動としての好奇心――とは，一つの行動のなかで一致する場合もありうる。しかしこれらの二つの側面は，きりはなして考えなければならない。ヴェブレン自身は，体制順応のための，体制内立身出世の目的のための，合理主義的知識追求行為に対置するものとして，無用の好奇心という情動を，概念化にしたのである。体制順応の目的をはっきり自覚しておこなう知識の獲得も，体制反対の目的を意識しておこなう知識の獲得も，ともに合理主義であり，理性的認識をともなうものであるとすれば，無用の好奇心とは，はっきりした目的の意識なしに，ただ知りたい一心で獲得した知識が，結果として，体制をつくりかえてゆく働きをもつ，そのような意味をこめて，ヴェブレンは無用の好奇心を提唱したのではないか。

　＊　ヴェブレン：アメリカの社会学者

1　はっきりした目的なしに知りたい一心で知識を獲得しようとするのが好奇心なのであり，有用性を意識した好奇心というものはありえない。
2　無用の好奇心とは，抽象的で高遠な対象に向けられるもので，実践や技術から切り離された知識のための知識の追求をすることである。
3　不合理な世界に憧れ，知識を求めようとせず，情動のままにまかせるのが，好奇心を持つということである。
4　無用の好奇心とは，目的がなく，いわば「遊び」の範囲に属するものであるから，あくせく暮らす庶民のものというよりも，貴族のものであるといえる。
5　何らかの目的に役立つような結果が出た場合には，無用の好奇心が働いたものとはいえない。

別冊模試28ページ

PART III　過去問の徹底研究

この問題の特徴

目的にはっきりした知識の獲得を「合理主義的知識追求行為」とし，その対置に「目的のない」，「遊び」の好奇心を「無用の好奇心」とするヴェブレンの立場を解説しています。

解説

1○　正しい。
2×　誤り。「知識のための知識の追求」は「合理主義的行動」，「理性的認識の側面」となるので，はっきりした目的の意識のない「無用の好奇心」とはいえない。
3×　誤り。好奇心は「すべて無用の好奇心」であり，「情動の側面をあらわす」が，「知りたい一心に獲得した知識」が「無用の好奇心」であるから，「知識を求めようとせず」は誤りとなる。
4×　誤り。「無用の好奇心」が「あくせく暮らす庶民のものというよりも，貴族のものである」と述べられている部分は見られない。
5×　誤り。第1段落に「無用の好奇心」が「なにかの目的に役立つであろうことをヴェブレンは否定しない」とある。

正答 1

教養試験 国家

No.37 文章理解

現代文の文章整序

理想解答時間 **2分**

合格者正答率 **75%**

次の ▢▢▢▢▢ の文の後に，A～Eを並べ替えて続けると意味の通った文章になるが，その順序として最も妥当なのはどれか。

始まりと終わりに着目する

> 身の回りの些細（ささい）なことで気になることがある。

A 「失礼」とか「ごめんなさい」とか言われれば，しかたないとも思う。ところが，一言のわびもないことが多い。

B 礼儀作法を教える人や場がこのごろなくなってしまった。それも一つの原因であろう。しつけの問題である。

C ひさしぶりに外国から帰ってきた人が驚いていたのは，電車のなかの風景である。席を詰めようとしない，席を譲ろうとしない。以前はこれほどではなかったはずだが，と嘆く。

D 人込みのなかで，他人がぶつかってくる。かばんで引っかけられる。足を踏まれる。

E バスの入り口に学生の集団がかたまって乗っていて，他の人が乗るのに苦労する。そんな情景もよく見かける。

1 B→A→D→E→C

2 B→D→A→E→C

3 D→A→C→E→B

4 D→B→A→C→E

5 D→E→C→B→A

▶ 別冊模試29ページ

この問題の特徴

文章の冒頭部分が与えられていて，それに続く文章を並べ替えていく文章整序問題です。

並べ替える文章が比較的短い文章ですので，短時間で判断していきたい問題です。

解答のコツ

Bで始まる選択肢**1**，**2**とDで始まる選択肢**3**，**4**，**5**に分けて考えることから始めましょう。また，A～Eの文章でつながっている内容を見抜いていくこと，結論の文章を見つけることが大切です。

解説

与えられた冒頭文の中に「些細なことで気になること」とあるので，この「気になること」に触れている文章が次に来ること

になる。

選択肢ではBとDが次に来ることになっているので，BとDで比較検討していくことになる。Bでは「それも一つの原因であろう」の部分が冒頭部分とつながらず，Dの方が「他人がぶつかってくる」と明確に「気になること」が述べられているので，Dの方が適切であろう。

次に結論の文章を探すが，選択肢よりA，B，Eのいずれかに限られる。その中で結論としてふさわしいのはBのみ。

以上の点から，D→A→C→E→Bの**3**が正しい。

正答 **3**

126

No.38 現代文の文章整序

教養試験 国家 / 文章理解

理想解答時間 3分 / 合格者正答率 75%

次の文の後に，A〜Eを並べ替えてつなげると意味の通った文章になるが，その順序として最も妥当なのはどれか。

> 携帯電話やインターネットのメールにより，若者の人づき合いは決定的に変わった。たとえば携帯電話のメールなら，すべてのコミュニケーションは掌におさまるほどの小さな箱と親指だけですんでしまう。電話での実際の会話のように電話機を顔のところに持ってきて，口や耳を使う必要さえない。

A：「何の話をしていたのかわからないんだけど，もしかしたら恋人とケンカして仲直りして，最後にはプロポーズでもされたのかもしれないなぁ」。
B：そのように，携帯やインターネットのメールがあれば，若者は手もとのちょっとした操作で，そこに目の前の現実よりも重要でリアルな世界を出現させて，文字通りそこに"行ってしまう"ことができる。
C：それだけならめずらしくもないのだが，彼女はそのときの一連のメールで何か重要なやり取りをしていたらしく，はじめは真剣な顔をしていたのが途中で泣きそうになり，そのあとで輝くような笑顔に変わっていったという。
D：知人のひとりが電車に乗っていたところ，目の前に座っていた若い女性がメールを打ったり受け取ったりするのに夢中になっていた。
E：それほどの人生のドラマが彼女の掌の中で進行していくのを，目の前にいる自分はただ見守るしかない，という状況がとても興味深かった，と知人は話していた。しかも，その若い女性は席についたまま，一歩も動かずに，ものすごい感情の揺れを経験していたわけだ。

1　A→C→E→D→B
2　A→D→B→C→E
3　D→A→E→B→C
4　D→C→A→E→B
5　D→E→B→A→C

指示語がポイント

この問題の特徴

文章の冒頭部分が与えられた文章整序問題です。並べ替える文章が比較的長い文章となっていますが，携帯電話やインターネットによるコミュニケーションという現代社会の現象を述べた文章である点で，取り組みやすい問題です。

解答のコツ

指示語がポイントになっていますので，D→C，E→Bとなっている選択肢を見つけていくことが近道です。

解説

冒頭部分の文章では，「親指だけですんでしまう」，「口や耳を使う必要さえない」とあるので，そのような現状を具体的にした文章が後に続くと推測できる。選択肢ではAかDのどちらかが続くことになっているが，Aが会話文，Dが若い女性のメール操作の様子で，Aは唐突な印象を受ける内容であるので，Dが適切と思われる。

そこでD→C，E→Bとなっているものを探せば，D→C→A→E→Bの**4**が正しいと判断できる。

正答 4

No.39 英文の内容把握

教養試験　国家
文章理解

理想解答時間 3分　合格者正答率 60%

ヨーロッパの気候変動

次は気候変動の予測に関する報告書からの抜粋であるが，内容と合致するものとして最も妥当なのはどれか。

Annual mean temperatures in Europe are likely to increase more than the global mean. Seasonally, the largest warming is likely to be in northern Europe in winter and in the Mediterranean area in summer. Minimum winter temperatures are likely to increase more than the average in northern Europe. Maximum summer temperatures are likely to increase more than the average in southern and central Europe. Annual precipitation* is very likely to increase in most of northern Europe and decrease in most of the Mediterranean area. In central Europe, precipitation is likely to increase in winter but decrease in summer. Extremes of daily precipitation are very likely to increase in northern Europe. The annual number of precipitation days is very likely to decrease in the Mediterranean area. Risk of summer drought is likely to increase in central Europe and in the Mediterranean area. The duration of the snow season is very likely to shorten, and snow depth is likely to decrease in most of Europe.

　＊　precipitation：降水量

1　ヨーロッパの年平均気温の上昇は，地球全体の平均と同程度となる可能性が高い。
2　気温の上昇が進む可能性は，夏季の地中海地域より冬季のヨーロッパ北部の方が高い。
3　年降水量は，ヨーロッパ全域で増加する可能性がかなり高い。
4　ヨーロッパ中部では，降水量は夏季に増加する可能性が高い。
5　ヨーロッパのほとんどの地域で，降雪期間が短くなる可能性がかなり高い。

別冊模試31ページ

この問題の特徴

ヨーロッパの気候に関する英文の内容把握問題です。

報告書からの抜粋になっていますので，年平均気温が上昇するのか下降するのか，降水量が増加するのか減少するのか，これらの点に気をつけて読む必要があります。

解答のコツ

本文の1行目から順に丁寧に読んでいくと，選択肢1・2・3・4は矛盾する記述が見つかります。

解説

1×　誤り。第1文で，ヨーロッパの年平均気温の上昇は地球全体の平均と同程度ではなく，地球全体の平均を超える見込みと述べられている。
2×　誤り。第2文で，気温の上昇が進む可能性があるのは，北ヨーロッパの冬季と地中海地域の夏季と述べられている。
3×　誤り。第5文で，年降水量が増加するのはヨーロッパ全域ではなく，ヨーロッパ北部の大部分と述べられている。一方，地中海地域の大部分では降水量が減少すると述べられている。
4×　誤り。第6文で，ヨーロッパ中部では，降水量は冬季に増加し，夏季に減少すると述べられている。
5◎　正しい。

正答 **5**

教養試験 国 家

No.40 文章理解

英文の内容把握

理想解答時間 **3分**　合格者正答率 **60%**

日本の
歴史・文化

次の文の内容と合致するものとして最も妥当なのはどれか。

In the eyes of non-Japanese, especially Westerners, the primary feature of Japanese culture appears to be its preservation of ancient traditions. This is the point that the Japanese themselves make when they explain Japanese culture. The things that are mentioned are inevitably connected with tradition, such as Noh, Kabuki, tea ceremony, Horyuji Temple in Nara（which is the world's oldest extant wooden structure）, and the stone garden of Ryoanji Temple in Kyoto.

This does not mean, however, that the Japanese are a culturally conservative nation. Actually they have a liking for new things and avidly absorb cultural imports. The preservation of traditional culture and the liking for new things seem to be contradictory, but it must be remembered that Japan is an island country. The development of a nation's culture depends to a large extent on the interaction of different cultures. In an island country like Japan, however, there are few cultural differences, so the Japanese naturally want to take in things and ideas from the outside.

The enthusiasm with which the Japanese have tried to adopt foreign cultures is clearly shown in the way they accepted rice-paddy culture. Rice-paddy culture was introduced from Korea into northern Kyushu in southern Japan in about 300 B.C., but within three centuries it had spread to the northern part of Japan.

1 日本人は，異文化との交流で日本文化は絶えず変化してきたと主張するが，西洋人には古代の伝統の姿が維持されているように見えている。

2 奈良や京都には日本を代表する文化財があるが，これらは日本人が外国から学んだ技術で作ったものである。

3 日本人は伝統的な文化を保存していると同時に，外国から伝わった文化の吸収にも熱心である。

4 日本は島国であるため，外国の文化を入れるのに困難があったので，伝統文化を保存する習慣が生まれた。

5 水田による稲作は，3世紀頃に中国から九州の南部に伝来したが，日本の北部まで普及するのに約300年かかっている。

別冊模試32ページ▶

PART **Ⅲ**

過去問の徹底研究

この問題の特徴

日本の歴史や文化に関する英文です。身近な話題なので取り組みやすい英文となっています。

解答のコツ

選択肢**1・2**は本文中で述べられていない内容で，**3・4・5**のうち**4・5**は明らかに本文と一致しない記述がなされている点に気づけば正答が見つかります。

解説

1×　誤り。選択肢の後半部分は第1段落と合致しているが，前半部分の日本人が「日本文化は絶えず変化してきたと主張する」といった内容は述べられていない。

2×　誤り。奈良の法隆寺や京都の竜安寺は日本文化の代表として挙げられているが，「日本人が外国から学んだ技術で作ったもの」とする文章は述べられていない。

3◎　正しい。第2段落参照。

4×　誤り。第2段落では，日本は島国であったからこそ，文化の違いが少なく，外部からいろいろなものや思想を取り入れたいと考えてきたと述べられている。

5×　誤り。第3段落で稲作は朝鮮から九州北部に伝来したと述べられている。

正答 **3**

129

No.1 現代文の要旨把握

教養試験 特別区経験者 文章理解

理想解答時間 4分　合格者正答率 70%

日本人論は出されやすい

次の文の要旨として，最も妥当なのはどれか。

　日本人は，自己の確立のために安定的な役割構造を希求する傾向が強い。しかし現実には，固定的役割構造では外部環境の変化に十分に対応できない場合が多い。日本人は環境の変化に，基本的役割構造の変更を意味する「制度の変更」で対応するのではなく，既存の役割構造を維持しつつ変化に対応する「柔軟な運用」を志向する傾向が強い。運用の幅が役割構造を維持する緩衝材になるのである。

　それゆえ組織における日本人の働き方は，欧米人と大きく異なっている。仕事（業務，職務）を四角であらわすと，決められた（いわれた）こと以外はしないという勤務態度は，その内接円で仕事をすることと表現できる。いわれたこと以外もする（そもそも決められた業務自体が曖昧）という勤務態度は外接円で仕事をすることと表現できる。欧米や中国は，明らかに内接円で仕事をする社会である。一方，いわれたことしかしないと怒られる日本は明らかに外接円で仕事をする社会である。「いわれたらなんでもするのか？　死ねといわれればおまえは死ぬのか？　少しは，自分で考えろ」である。

　外接円の場合は内接円と異なり，他の人との重複が出るので柔軟な運用が必要になる。一方で内接円に重複はないが，円と円をつなげる取り決めが必要になるので明確なルールが必要になる。この違いが，運用社会と制度社会の違いの根幹にあることは，十分に理解しておく必要がある。運用の柔軟性こそが日本の強さであり，最近脚光を浴びている「擦り合わせ」を可能としていることを忘れてはならない。

1　日本人は，安定的な役割構造を希求する傾向が強いが，現実には，外部環境の変化に十分に対応できない場合が多い。
2　日本人は環境の変化に，既存の役割構造を維持しつつ変化に対応する「柔軟な運用」を志向する傾向が強い。
3　仕事を四角であらわすと，欧米や中国は内接円で仕事をする社会であり，日本は外接円で仕事をする社会である。
4　外接円の場合は，柔軟な運用が必要になり，内接円の場合は，明確なルールが必要になる。
5　運用の柔軟性こそが日本の強さであり，「擦り合わせ」を可能としていることを忘れてはならない。

別冊模試34ページ

この問題の特徴

　日本人の働き方について述べた文章の要旨把握問題です。日本人の勤務態度が外接円であるのに対し，欧米人や中国人の勤務態度は内接円で仕事をするといった比較論を展開していますが，著者の主張を読み取る文章になっています。

解答のコツ

　選択肢1・2・3・4・5はともに本文中の内容が記されているので，文章に記された内容の正誤の判断をするというよりも，むしろ，著者の意見を明確にした選択肢を選ぶことが重要です。

解説

1×　誤り。第1段落の内容だが，日本人の現状を書き表しただけであり，書き手の意見とはいえないので，要旨としては不適切。
2×　誤り。日本人の現状を書き表しただけであり，要旨としては不適切。
3×　誤り。第2段落の内容で，日本と欧米・中国を比較して述べられただけの記述で，要旨とはいえない。
4×　誤り。第3段落前半の内容で，外接円的な日本人の勤務態度と内接円的なで欧米人や中国人の勤務態度を比較し，違いを明確にした文章で，要旨とはいえない。
5◎　正しい。

正答 5

No.2 現代文の要旨把握

教養試験　特別区経験者　文章理解

理想解答時間 4分　合格者正答率 60%

書かれているだけでは要旨として不十分

次の文の要旨として，最も妥当なのはどれか。

　資源のほとんどない日本に住む我々は，原料資源を海外から輸入して加工製品として輸出し，差額を生活の糧としている。つまり輸入した原料の一部を残して国内消費を賄っている。原料資源を持っている国より大きな負い目を持って，生計を立ててゆくべく運命づけられている。つまり本来余計に働かなければならないということである。より積極的に新しい科学技術を活用して，他所にない，買って貰える商品を作らなければならないようになっている。

　石油が自分のところにあれば，心配なく火力発電所を作って電気を配って工業生産させ，生活にも利用して貰える。ところが，わが国は石油を他所から買わなければならないから，価格変動に何時も一喜一憂し，安い電気の作り方を考えなければならなくなる。理由もなく危険の多い原子力発電などに活路を探す馬鹿はいない。

　電気代が高くなれば，それはそのまま製品製造の原価に反映する。せっかくの月給も，直接電気料金が値上がりするだけでなく諸物価も値上がりするから，実質的に相当目減りする。だから担当者は必死になって安い電気を確保しようと努力する。

　もし何かを見落して，結果的に手抜きをしたことになれば，大変なことになる。しかし，あまりにも心配性になったら使えない。あるいは安全係数を大きくとりすぎれば，高価になり効率は低下する。高い電気を使わなければならなくなる。

　だから日本ほど危険と効率との間の細い道を歩まなければならぬように運命づけられた国はないのである。

1　資源のほとんどない日本に住む我々は，原料資源を持っている国より大きな負い目を持って，生計を立ててゆくべく運命づけられている。
2　我々は，より積極的に新しい科学技術を活用して，他所にない，買って貰える商品を作らなければならない。
3　わが国は石油を他所から買わなければならないから，価格変動に何時も一喜一憂し，安い電気の作り方を考えなければならない。
4　電気代が高くなれば，せっかくの月給も実質的に相当目減りするから，担当者は必死になって安い電気を確保しようと努力する。
5　日本ほど危険と効率との間の細い道を歩まなければならぬように運命づけられた国はない。

別冊模試35ページ

PART III　過去問の徹底研究

この問題の特徴

　特別区では，要旨把握問題が出題される割合が高くなっています。多くの問題に当たって慣れておくことが重要です。

解説

1×　誤り。本文第1段落冒頭で述べられている文章で，資源に恵まれていない日本の現状を述べたものであり，要旨としては不適切である。
2×　誤り。本文第1段落後半部分で述べられている文章で，日本の現状を述べているにすぎないので，要旨としては不適切である。
3×　誤り。本文第2段落で述べられている内容で，石油を輸入に頼っている日本の現状を述べているにすぎないので，要旨としては不適切である。
4×　誤り。本文第3段落で述べられている内容で，安い電気を確保しようとしている日本の企業の現状を述べているにすぎないので，要旨としては不適切である。
5◎　正しい。本文第5段落で述べられている。

正答 5

No.3 現代文の文章整序

教養試験　特別区経験者
文章理解

理想解答時間 3分　合格者正答率 60%

はじめに目をつける場所が肝心

次の短文A～Eの配列順序として，最も妥当なのはどれか。

- A　会社は全体として社会の中の穴を埋めているのです。
- B　若い人が「仕事がつまらない」「会社が面白くない」というのはなぜか。
- C　でも会社が自分にあった仕事をくれるわけではありません。
- D　その中で本気で働けば目の前に自分が埋めるべき穴は見つかるのです。
- E　それは要するに，自分のやることを人が与えてくれると思っているからです。

1　A－C－B－D－E
2　A－D－B－C－E
3　B－A－C－E－D
4　B－A－E－C－D
5　B－E－C－A－D

別冊模試36ページ

この問題の特徴

短文の文章整序問題です。指示語に注意しながら取り組むことで，文章の順番が見えてきます。また，どんな結論を述べようとしているのかも考えながら解いていくとよいでしょう。

解答のコツ

最初に来る文章を判断することから始めれば，選択肢の1・2は消えます。全体で，書き手が何を言いたかったのかを考えれば，C－A－Dのつながりが重要だとわかります。

解説

最初の文章は選択肢からAかBのいずれかになる。AとBを比べた場合，Aでは「会社は全体として社会の中の穴を埋めているのです」とあり，「全体として」，「のです」といった言葉から，文章の最初には記されないことが判断できる。これによって，Bで始まる文章となる。

Eの「それは要するに，」の「それ」を探していくと，Bの疑問に答える形になっているので，B－Eとつながることがわかる。

また，Dの「その中で」の「その中」が指している内容を探すと，Aの「社会の中」に相当するので，B－E－C－A－Dの**5**が正しい。

正答 5

No.4 現代文の空欄補充

教養試験 特別区経験者
文章理解

理想解答時間 4分
合格者正答率 80%

次の文の空欄AおよびBに該当する語または語句の組合せとして，最も妥当なのはどれか。

> キーワードに目をつける

誰の胸にも「忘れ得ぬ風景」がしまってある。
　それは華やかな大都市の広場であったり，大海に沈む夕陽であったりする。たとえば，大仁の富士山やブルターニュのモン・サンミシェルの砂浜に沈む夕陽は，なるほど忘れがたい名風景である。
　しかし，ここで私が語りたいのは，もっと　　A　　風景だ。それは，普段は心の奥にしまわれていて，滅多に人に語られることもない。別に秘密にしているわけではないが，面白くもないから話さないだけである。面白くはないが，ふとしたはずみに意識の上へ浮かんできては，またいつのまにか心の闇へ沈んで行く。
　誰でも胸の奥にしまってあるこういう不思議な風景を私もいくつか持っている。
　あれはいつのことであったか，冬のはじめであったと思う。パリのプレイエル劇場でピエール・ピエルロのオーボエを楽しんだ私は，雨に濡れた夜更けの街を川の方へ少し歩いてからメトロの階段を降りていった。ひと気のないプラットフォームは黴臭かったが，昼間の雑踏の名残りのように葉巻と香水の香りがかすかにトンネルの闇の方へ流れて行くようだった。
　線路の向かい側のプラットフォームだけが，ちょうど芝居の舞台のように白く浮かんでいる。そのうす明かりのなかに，黒っぽいレインコートに身を包んだ栗毛の中年婦人が書き割りのような洗剤の広告を背に，行儀よくベンチに腰をかけ，ややうつむき加減に視線を固定したまま電車を待っていた。
　それだけのことである。この光景がなぜ　　B　　のか，私には分からない。それがどういう意味を持つのかも知らない。
　パリの地下鉄と言えば，あの，都会の澱のような香りとともに必ずこの光景が想い出される。

	A	B
1	小さな	面白い
2	小さな	忘れられない
3	華やかな	面白い
4	華やかな	忘れられない
5	不思議な	面白い

別冊模試37ページ

この問題の特徴

「忘れ得ぬ風景」について述べられた空欄補充問題です。冒頭から「誰の胸にも『忘れ得ぬ風景』がしまってある」と述べられていることから，「忘れ得ぬ風景」がキーワードとなっていることがわかります。そこから当てはまる言葉を探していく問題です。

解説

Aは「小さな」が当てはまる。Aの前の第2段落で「華やかな大都市」，「大海」，「富士山」，「砂浜」などの言葉が用いられているが，Aでは，それらとは反対の「普段は心の奥にしまわれていて，滅多に人に語られることもない」とあることから，3・4の「華やかな」，5の「不思議な」が当てはまらず，「小さな」が最適と判断できる。

Bでは「誰でも胸の奥にしまってあるこういう不思議な風景を私もいくつか持っている」と述べられた中の「必ずこの光景が想い出される」と述べられている風景なので，「忘れられない」が当てはまる。

以上より，正答は **2** である。

正答 2

No.5 英文の内容把握

教養試験 特別区経験者
文章理解

理想解答時間 **4分** / 合格者正答率 **60%**

間違い探しが効果的

次の英文中に述べられていることと一致するものとして，妥当なのはどれか。

Should we use slang* when speaking a second language ?　Some Japanese say they feel strange when foreigners use Japanese slang.　Is the same true for Americans hearing English slang used by non-native speakers ?　Of course, I can only speak for myself, but my answer is not a simple "yes" or "no."　Whether or not we use slang should depend on who we're talking to and how comfortable we are speaking the language.

Slang is for informal situations with "safe" people.　The very safest person is … you !　Seriously, practicing with yourself is a great place to start.　There may even be some expressions you're dying to try out but will never use in public.　I practice Japanese at home alone all the time and am especially attracted to male language.　For example, I would never say "*itee !!*" in public when I hurt myself, but I have fun saying it at home.　You can also experiment safely with good friends.　Just listen carefully to how they use certain slang expressions, and then try them out yourself.　Complete strangers are also pretty safe to practice around ── people you probably won't see again, like those you meet in a bar or club.

*　slang………スラング

1 会話を楽しめるかどうかは，スラングを使うかどうかにかかっている。
2 自分自身を相手にスラングの練習をするのは，良いスタート地点である。
3 人前で使うと，死にそうな思いをするスラングまであるかもしれない。
4 自分を傷つけることになるので，私は，家にいるときでも「いてえ!!」とは言わない。
5 自分がスラングをどのように使っているか，仲の良い友人に注意深く聞いてもらおう。

別冊模試38ページ

この問題の特徴

英文の内容把握問題です。英文は高校で学ぶ英文のレベルで，難解な単語は見られません。丁寧に読んでいけば選択肢の誤りを見抜けます。

解答のコツ

選択肢**1**から**5**はすべて英文の中に記されている部分が問われています。選択肢の一部が本文と違う内容となっていますので，注意深く照らし合わせていけば，正答がわかります。

解説

1 ×　誤り。第1段落第5文で，会話を楽しめるかどうかは，だれと話すか，話す相手にかかっていると述べられている。
2 ◎　正しい。第2段落第2文で述べられている。
3 ×　誤り。第2段落第3文で触れられているように，死にそうな思いをするスラングは決して人前では使わないだろうと述べられている。
4 ×　誤り。第2段落第6文で触れられているように，家にいるときは「いてぇ!!」と言って楽しんでいると述べられている。
5 ×　誤り。第2段落第8文で触れられているように，仲の良い友人にスラングを注意深く聞いてもらうのではなく，仲の良い友人がどのようにスラングを使っているか注意深く聞くとよいと述べられている。

正答 **2**

英文の内容把握

次の英文中に述べられていることと一致するものとして，妥当なのはどれか。

One unusual feature of expensive Japanese restaurants is that the guests normally do not select what they wish to eat but leave this to the chef*.　He knows better than the customers what fish or what vegetable is at its peak.　There is of course a seasonal factor in other cuisines too.　The first strawberries, the first asparagus, or the wild game in autumn are prized in Europe; but most dishes are served without reference to the season.　I have never been told, for example, that a particular month is good for steak or that another month is bad for potatoes, yet this is precisely the kind of information that Japanese chefs possess.　They know when each kind of food should be eaten and need no help from the customers.

The atmosphere in which a meal is served contributes greatly to one's enjoyment of the occasion, but of course the ultimate test of a restaurant is the food.　Compared to most Western meals, a Japanese meal is noteworthy* for the attention given to variety of tastes and textures, and the appearance of each dish is carefully considered.　I was told once that at a famous restaurant in Kyoto it sometimes happened that out of a whole box of mushrooms only two or three would have the desired shape, and the rest would be thrown away.　This is probably an exaggeration, but it suggests how much of an artistic experience a Japanese meal can be.

* chef………板前　　* noteworthy………注目すべき

1　和食の店で，外国では見られない特徴は，客が食べたいものを選んで直接板前に注文するところである。
2　ヨーロッパでも，イチゴやアスパラガスの初物や，秋の野鳥や獣肉等は，大いに珍重され，たいていの料理は季節感を重視して出される。
3　ステーキやジャガイモの食べ頃がいつかについて，日本の板前は人に話せるほどの情報を持っていない。
4　おおかたの洋食に比べると，和食には味と歯応えの多様性が重視されるという特色があり，それぞれの料理の見栄えに細心の注意が払われる。
5　京都の有名な料亭では，一箱の椎茸に板前の気に入った形が，二つか三つほどしかないときは，その箱のすべてを投げ捨ててしまうことがときどきある。

この問題の特徴

日本の料亭の板前の姿勢について述べられた英文の内容把握問題です。読み進めていくうちにイメージがつかめ，内容も容易に把握できる文章です。

解説

1× 誤り。第1段落第1文にあるように，日本の和食店で，外国では見られない特徴は，客が食べたいものを選ばず，板前に任せられると述べられている。
2× 誤り。第1段落第4文にあるように，ヨーロッパでのたいていの料理は季節感を重視されてはいない（without reference to the season）と述べられている。
3× 誤り。第1段落第5文にあるように，ステーキやじゃがいもの食べ頃について日本の板前は正確に知っていると述べられている。
4◎ 正しい。第2段落第2文で述べられている。
5× 誤り。第2段落第3文にあるように，京都の有名な料亭では，必要としている形の椎茸が2，3個あれば，残りを捨ててしまうと述べられている。

正答 4

No.7 英文の空欄補充

教養試験 特別区経験者
文章理解

理想解答時間 2分
合格者正答率 90%

次の英文の空欄Aに該当する英文として，最も妥当なのはどれか。

> Some stores station a clerk at the front door to greet customers. If the greeter* says, "Welcome to Macy's*," it is polite to answer, "Thank you." If the greeter says, "How are you folks today?" it is polite to respond, "Fine, thank you."
> Once in a store, you may discover lots of clerks waiting to be of service. If you are browsing* and one asks you, "Can I help you?" you can just reply, "___A___. I'm just looking." You are just as likely to discover that there is no clerk around when you need one. The store has obviously decided that their customers do not want clerks hovering over them. In that case, you may have to hunt for a clerk to ask, "May I try this on?" or "Where can I pay for this?"

* greeter………あいさつする人
* Macy's………メイシーズ（店の名）
* browse………漫然と商品を見る

1 Excuse me
2 Yes, of course
3 Yes, why not
4 No, thank you
5 No, I can't

英会話レベルの問題でやさしい

この問題の特徴

短めの文章でアメリカの日常生活を述べた文章ですが，日本でも見られる光景で，選択肢はおのずと判断できます。

解答のコツ

選択肢3は why not．ではなく，why not？と必ずクエスチョンマークが必要なので，消去できます。「けっこうです」に相当するものを探せば，4しか当てはまるものがないことがわかります。

解説

Aは，商品を漫然と見ているときに，店員が「何にいたしましょうか」と尋ねてきたら，あなたが何と答えることになるかが問われているので，1の「すみません」，2の「はい，もちろんです」，3の「はい，なぜですか」，4の「いいえ，けっこうです」，5の「いいえ，できません」のいずれかになるが，Aの後の文章で，「私は見ているだけです」とあるので，断る言葉の4が当てはまる。

1× 誤り。話しかける際の言葉なので当てはまらない。
2× 誤り。後ろの「私は見ているだけです」と一致しないので，当てはまらない。
3× 誤り。why not はピリオドではなく，クエスチョンマークで文末を締めるので，Aには当てはまらない。
4◎ 正しい。
5× 誤り。何に対して「できません」と答えているのか不明確なので，当てはまらない。

正答 4

No.8

教養試験 特別区経験者
英語

英文と日本のことわざ

理想解答時間 **2分**　合格者正答率 **90%**

次の英文ア〜エと同様の意味となる日本語のことわざまたは慣用句A〜Dの組合せとして，妥当なのはどれか。

ア　Better the foot slip than the tongue.
イ　Seeing is believing.
ウ　Everything comes to him who waits.
エ　Two heads are better than one, even if the one's a sheep's.

A　待てば海路の日和あり
B　三人寄れば文殊の知恵
C　口は禍の門
D　百聞は一見に如かず

```
    ア イ ウ エ
1   A  B  C  D
2   A  D  C  B
3   C  A  B  D
4   C  D  A  B
5   D  B  A  C
```

> わかるものだけ組み合わせても解ける

別冊模試40ページ

PART **III** 過去問の徹底研究

この問題の特徴

英語のことわざの問題ですが，同時に日本語のことわざの意味も知っておく必要のある問題です。イメージを広げて考えることが重要です。

解答のコツ

解答する際のヒントになり得る英単語がア〜エの中に見られます。それらをもとにして考えることで，適切なことわざの意味を判断することが可能な問題です。

解説

ア：Cの「口は禍の門」。tongue が「舌，言葉遣い，話しぶり」で，slip が「滑る，つまらない間違いをする」の意味があることから判断できる。

イ：Dの「百聞は一見に如かず」。Seeing は「見ること」から判断できる。

ウ：Aの「待てば海路の日和あり」。「待てば」に相当するのは waits であることから判断できる。

エ：Bの「三人寄れば文殊の知恵」。Two heads, one などから判断できる。

以上より，正答は**4**である。

正答 **4**

137

No.9 対応関係

教養試験　特別区経験者　判断推理

理想解答時間 2分　合格者正答率 80%

A〜Dの4人は部長，課長，係長又は主任のいずれか異なる役職に就いている。ある日の4人の行動について次のア〜エのことがわかっているとき，確実にいえるのはどれか。

- ア　Aは，係長に会わなかった。
- イ　Bは，部長に会ったがDに会わなかった。
- ウ　Cは，課長と係長に会った。
- エ　Dは，課長に会った。

1　Aは部長である。
2　Aは主任である。
3　Bは係長である。
4　Cは主任である。
5　Dは係長である。

> 対応表が答えを教えてくれる

解答のコツ

対応関係の問題です。人と役職の対応表を作れば，自然と解にたどり着けます。

解説

「Xは〜に会った」，「Xは〜に会わなかった」という表現から「Xは〜ではない」ということがわかる。Aは係長ではない，Bは部長ではない，Cは課長でも係長でもない，Dは課長ではない。

	部長	課長	係長	主任
A			×	
B	×			
C		×	×	
D		×		

「イ　Bは，部長に会ったがDに会わなかった」と「エ　Dは，課長に会った」から，Dは部長ではないし，Bは課長ではない（もしBが課長なら，BとDは会ったことになる）。すると表より，Aは課長，Cは部長となる。

	部長	課長	係長	主任
A	×	○	×	×
B	×	×		
C	○	×	×	×
D	×	×		

エから，課長AとDは会ったのだから，アからDは係長ではない。

	部長	課長	係長	主任
A	×	○	×	×
B	×	×	○	×
C	○	×	×	×
D	×	×	×	○

Dは主任，Bは係長であることがわかる。

よって，正答は **3** である。

別冊模試41ページ

正答 3

No.10 うそつき問題

教養試験 特別区経験者 判断推理

理想解答時間 2分 / 合格者正答率 60%

ある事件の容疑者A〜Eの5人が，次のような2つの発言をした。5人の発言は，いずれも1つが真実で，もう1つがうそであるとき，犯人はだれか。ただし，犯人は5人のうちの1人である。

- A「私は犯人ではない」「だれが犯人かは知らない」
- B「私は犯人ではない」「Aが犯人である」
- C「私は犯人ではない」「Bは犯人ではない」
- D「私は犯人ではない」「Cは犯人ではない」
- E「私は犯人ではない」「Dが犯人である」

1 A **2** B **3** C **4** D **5** E

> うそつき問題は場合分けで考える

別冊模試41ページ

この問題の特徴

各人が2つのことを発言していて，そのうち片方は本当で，他方はうそであるという問題です。

解答のコツ

各人の発言を前半と後半に分け，表を作ってみます。

解説

Aの発言について，①前半が真実で後半がうその場合と，②前半がうそで後半が真実の場合に分けて考える。

①Aの前半が真実，後半がうそ

	前半	後半	判明事項
A	○	×	Aは犯人ではない
B			
C			
D			
E			

判明事項をもとに，B，C，D，Eの順に発言を追っていくと次のようになる。

	前半	後半	判明事項
A	○	×	Aは犯人ではない
B	○	×	Bは犯人ではない
C	×	○	Cは犯人である
D	○	×	Dは犯人ではない
E	○	×	Eは犯人ではない

各人の発言は真実とうそを1つずつ含み，5人のうちC1人が犯人であることがわかる。

②Aの前半がうそ，後半が真実

Aの前半の発言がうそだから，「Aが犯人」ということになる。すると，Aの後半の発言「だれが犯人かは知らない」もうそとなり，矛盾する。この場合はありえない。

	前半	後半	判明事項
A	×	○	Aは犯人である
B			
C			
D			
E			

①，②より，犯人はCとわかる。
よって，正答は**3**である。

正答 **3**

PART III 過去問の徹底研究

No.11 順序関係

教養試験 特別区経験者 / 判断推理
理想解答時間 2分 / 合格者正答率 70%

A～Hの8人が、図書館で待ち合わせをした。今、図書館に到着した順番について次のア～オのことがわかっているとき、確実にいえるのはどれか。ただし、同時に到着した者はいなかったものとする。

- ア　CとDは、4番目か6番目のいずれかに到着した。
- イ　Bは、5番目か8番目のいずれかに到着した。
- ウ　Gは、Aより遅く到着した。
- エ　DはFの次に到着し、また、EはCの次に到着した。
- オ　Aが到着してからBが到着するまでの間に、2人が到着した。

1. Hは、2番目に到着した。
2. Aは、5番目に到着した。
3. Cは、5番目に到着した。
4. Bは、8番目に到着した。
5. Gは、8番目に到着した。

> 記号化でわかりやすく

この問題の特徴

順序関係の定性的な問題です。

解答のコツ

「A＞G」は「GはAより遅く到着した」、「F－D」は「DはFの次に到着」のように記号化しておきます。

解説

- ア　4C, 6D または 4D, 6C
- イ　5B または 8B
- ウ　A＞G
- エ　F－D, C－E
- オ　A－( )－( )－B

アとエを組み合わせると、4C, 6Dはありえなく、F－4D－( )－6C－Eと決まる。

1	2	3	4	5	6	7	8
		F	D		C	E	

オより、Aの入る場所は2番目か5番目の2か所だが、ウよりGの入る場所が確保できるのは、2Aのときのみ。

1	2	3	4	5	6	7	8
	A	F	D	B	C	E	G

残った1番目はHが入る。

1	2	3	4	5	6	7	8
H	A	F	D	B	C	E	G

よって、正答は **5** である。

正答 5

No.12 対応関係

教養試験 特別区経験者
判断推理

理想解答時間 **2分**　合格者正答率 **70%**

対応表の
書き方に
工夫を

A～Eの5人からなるグループ内でメールのやりとりを行った結果について，次のア～オのことがわかった。

ア　5人が出したメールの合計は11通で，同じ人に2通以上のメールを出した人や自分あてにメールを出した人はなく，出したメールはすべて相手に届いた。
イ　Aはメールを3通出し，2通受け取った。
ウ　Bはメールを1通出し，3通受け取った。
エ　Dはメールを2通出したが，1通も受け取らなかった。
オ　Eは出したメールより1通多くメールを受け取り，Cにはメールを出さなかった。

以上から判断して，確実にいえるのはどれか。

1　AはDからメールを受け取った。
2　BはCにメールを出した。
3　CはAからメールを受け取らなかった。
4　DはBにメールを出した。
5　EはAにメールを出さなかった。

別冊模試42ページ

PART III
過去問の徹底研究

解答のコツ

対応表を書いて考えます。

解説

表は左側がメールを出した人，上側がメールを受け取った人を表す。Dはメールを1通も受け取らなかったから，Dの縦の欄はすべて×が入る。

→	A	B	C	D	E	計
A				×		3
B				×		1
C				×		c
D						2
E		×	×			e
計	2	3		0	e+1	11

　すると，Aは3通メールを出したから，Aの横の欄は残りすべて○。縦の計欄からc+e=5。ここでeは0，1，2のいずれかである。しかし，e≦1だとc≧4となり不適。したがって，e=2，c=3となる。

→	A	B	C	D	E	計
A		○	○	×	○	3
B				×		1
C				×		3
D						2
E		×	×			2
計	2	3	3	0	3	11

　Cの縦横が決まり，以下すべての欄が決まっていく。

→	A	B	C	D	E	計
A		○	○	×	○	3
B	×		○	×	×	1
C	○	○		×	○	3
D	×	×	○		○	2
E	○	○	×	×		2
計	2	3	3	0	3	11

　よって，正答は**2**である。

正答 2

141

No.13 集合・人数

教養試験 特別区経験者
数的推理

理想解答時間 2分 合格者正答率 60%

ある高校の生徒70人に，国語，数学，英語のそれぞれについて得意か得意でないかを質問したところ，次のA～Eのことがわかった。

A 国語を得意と答えた生徒の人数は35人であり，数学を得意と答えた生徒の人数は24人で，英語を得意と答えた生徒の人数は36人であった。
B 国語と英語の両方を得意と答えた生徒の人数は，数学と英語の両方を得意と答えた生徒の人数の2倍であった。
C 国語のみを得意と答えた生徒の人数は11人であり，国語と数学の両方を得意と答えた生徒の人数と同数であった。
D 国語，数学，英語のすべてを得意と答えた生徒の人数は7人であった。
E 質問をした生徒の全員が国語，数学，英語のそれぞれについて，得意または得意でないのいずれかを答えた。

以上から判断して，国語，数学，英語のすべてを得意でないと答えた生徒の人数として，正しいのはどれか。

1　6人
2　7人
3　8人
4　9人
5　10人

> ベン図を描いて解こう

別冊模試42ページ

解説

下のようなベン図を書く。条件C・Dより国語と数学が得意で英語が得意でない生徒は4名。数学と英語が得意で国語が得意でない生徒の人数をaとすると，Bより国語と英語の両方を得意と答えた生徒は$2a+14$だから，国語と英語が得意で数学が得意でない生徒は，$2a+7$と表せる。

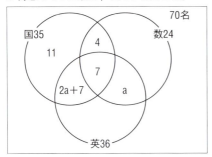

国語が得意な人の人数の総和が35であるから，$11+4+2a+7+7=35$より，$a=3$と

わかる。
ベン図は下のようになる。

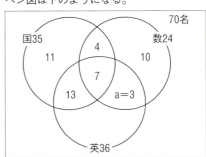

国語，数学，英語のすべてを得意でないと答えた生徒の人数は，
$70-(36+11+4+10)=70-61=9$
よって，正答は**4**である。

正答 4

No.14

教養試験 **特別区経験者**

数的推理

確率

理想解答時間 **2分**

合格者正答率 **70%**

オレンジキャンディー4個，レモンキャンディー6個の合計10個のキャンディーが入っている袋の中から，同時に3個のキャンディーを取り出したとき，そのうち少なくとも1個がオレンジキャンディーである確率はどれか。

余事象に目をつける

1 $\dfrac{1}{6}$

2 $\dfrac{2}{5}$

3 $\dfrac{3}{5}$

4 $\dfrac{2}{3}$

5 $\dfrac{5}{6}$

別冊模試43ページ

解答のコツ

「少なくとも1個」という表現がある場合は余事象の確率に目をつけます。

3個のうち「少なくとも1個がオレンジキャンディー」というのは，オレンジキャンディーが1個の場合か，2個の場合か，3個の場合かの3通りに考えられます。それぞれの確率を求めてそれらを加えるより，余事象「1個もオレンジキャンディーがない」を考えて確率を求め，1から引いたほうが早いでしょう。

解説

余事象，すなわちオレンジキャンディーが1個も含まれていない事象の確率を求める。10個から3個を取り出す場合の数は，

$$_{10}C_3 = \frac{10 \cdot 9 \cdot 8}{3 \cdot 2 \cdot 1}$$
$$= 120 〔通り〕$$

そのとき3個ともレモンキャンディーでなければならないから，6個のレモンキャ

ンディーから3個を選ぶ場合の数は，

$$_6C_3 = \frac{6 \cdot 5 \cdot 4}{3 \cdot 2 \cdot 1} = 20 〔通り〕$$

したがって，余事象の確率は，

$$\frac{20}{120} = \frac{1}{6}$$

求める事象の確率は，

$$1 - \frac{1}{6} = \frac{5}{6}$$

よって，正答は**5**である。

PART III

過去問の徹底研究

正答 **5**

143

No.15

教養試験 特別区経験者
数的推理

仕事算

理想解答時間 **2分**　合格者正答率 **70%**

あるりんご園でりんごの収穫を終えるのに，A～Dの4人が共同で行うと3日間を要し，Aだけで行うと12日間を要し，Bだけで行うと9日間を要し，Cだけで行うと18日間を要する。この収穫を，Dだけで終えるのに要する日数はどれか。ただし，A～Dのそれぞれが行う1日当たりの仕事量は，一定であるものとする。

1　4日
2　8日
3　12日
4　16日
5　20日

数的推理では定番のテーマ

別冊模試43ページ ▶

解答のコツ

仕事の内容は具体的にわからないので，全体の仕事量を1とおいて考えます。

解説

全体の仕事量を1とおくと，1日当たりの仕事量は，Aは$\frac{1}{12}$，Bは$\frac{1}{9}$，Cは$\frac{1}{18}$となる。

Dだけで終えるのに要する日数をn日とすると，Dの1日当たりの仕事量は$\frac{1}{n}$で，「A～Dの4人が共同で行うと3日間を要」するから，4人が共同で行ったときの1日の仕事量は$\frac{1}{3}$となる。

$$\frac{1}{12}+\frac{1}{9}+\frac{1}{18}+\frac{1}{n}=\frac{1}{3}$$

これより，

$$\frac{1}{n}=\frac{1}{3}-\left(\frac{1}{12}+\frac{1}{9}+\frac{1}{18}\right)$$

$$=\frac{12-3-4-2}{36}$$

$$=\frac{3}{36}$$

$$=\frac{1}{12}$$

∴　$n=12$

となる。

よって，正答は**3**である。

正答 **3**

教養試験 特別区経験者

数的推理

No.16

整数問題

理想解答時間 **2分**

合格者正答率 **70%**

4725の正の約数は全部でいくつあるか。

1　24個
2　30個
3　36個
4　42個
5　48個

別冊模試43ページ ➡

**2通りの解のうち
やりやすいほうを**

解答のコツ

約数を求めるときは，素因数分解するやり方がよく知られています。この場合，それほど大きな数ではないのですべて数え上げるのも有力な手段です。

解説

4725を素因数分解すると，
$$4725 = 3^3 5^2 7$$
と書ける。4725の正の約数は必ず，
$$3^l 5^m 7^n \quad (0 \leqq l \leqq 3,\ 0 \leqq m \leqq 2,\ 0 \leqq n \leqq 1)$$
と表される。
（たとえば，1は$3^0 5^0 7^0$，35は$3^0 5^1 7^1$，45は$3^2 5^1 7^0$）

lは0，1，2，3の4通り，mは0，1，2の3通り，nは0，1の2通りだから，求める正の約数は全部で$4 \times 3 \times 2 = 24$〔個〕あることになる。

よって，正答は**1**である。

【別解】

実際に正の約数をすべて数え上げてみる。

そのとき，1つ約数を見つけたら，4725を割ったときの商もまた約数だからそれも書き置いておく。

1	4725
3	1575
5	945
7	675
9	525
15	315
21	225
25	189
27	175
35	135
45	105
63	75

以上，24個ある。

PART III

過去問の徹底研究

正答 **1**

No.17 数表の読み取り

教養試験 特別区経験者
資料解釈

理想解答時間 5分
合格者正答率 60%

次の表から確実にいえるのはどれか。

東京都児童相談所における相談種類別受理件数の指数の推移
(2002年度=100.0)

種　類	2002年度	2003	2004	2005	2006
養 護 相 談	100.0	106.3	97.0	102.3	116.4
保 健 相 談	100.0	95.9	72.6	66.5	45.3
障 害 相 談	100.0	105.3	110.3	82.1	78.0
非 行 相 談	100.0	98.3	86.7	117.3	129.5
育 成 相 談	100.0	91.9	90.8	93.5	94.9
その他の相談	100.0	97.5	104.0	119.2	131.0

1　2003年度において，養護相談の受理件数の対前年度増加数は，障害相談の受理件数のそれを上回っている。

2　2003年度から2006年度までの各年度のうち，保健相談の受理件数の対前年度減少率が最も大きいのは，2004年度である。

3　2006年度において，非行相談の受理件数の対前年度増加率は，養護相談の受理件数のそれより大きい。

4　2005年度の非行相談の受理件数の対前年度増加数は，2006年度のそれの2倍を上回っている。

5　2003年度から2006年度までの各年度とも，育成相談の受理件数は，養護相談の受理件数を下回っている。

> 計算をなるべく省略したい

別冊模試44ページ

この問題の特徴

指数しか与えられていないので，そこから読み取れることは何かを正確に把握しなければなりません。増減率は判断できますが，それぞれの相談の実数を比較することはできないことに着目しましょう。

解説

1×　それぞれの相談の件数が与えられていないため判断できない。

2×　2004年度：(72.6−95.9)÷95.9×100≒−24.3%
2006年度：(45.3−66.5)÷66.5×100＝−31.9%
となり，2006年度のほうが減少率が大きい。

3×　養護相談：(116.4−102.3)÷102.3
非行相談：(129.5−117.3)÷117.3
なので，カッコ内を計算しただけで養護相談のほうが多いとわかる。

4◎　2005年度：(117.3−86.7)÷86.7
2006年度：(129.5−117.3)÷117.3
とすると，2005年度は2006年度の倍以上であることは明らかである（約2.5倍となる）。

5×　それぞれの相談の件数が与えられていないため判断できない。

正答 4

No.18 数表の読み取り

教養試験 特別区経験者
資料解釈

理想解答時間 5分
合格者正答率 70%

次の表から確実にいえるのはどれか。

わが国における切り花の国別輸入額の対前年増加率の推移
(単位 %)

国　　　名	2002年	2003	2004	2005
タ　　　イ	△4.2	△1.6	0.6	△4.8
コロンビア	30.8	38.6	25.1	18.6
オ ラ ン ダ	3.5	△17.9	△27.8	△26.5
韓　　　国	41.2	16.8	△13.0	0.1
ニュージーランド	△5.0	3.1	△13.1	△3.3

（注）△は，マイナスを示す。

> 増加率の定義を確認しよう

1. 2001年のタイからの切り花の輸入額を100としたときの2005年のそれの指数は，85を下回っている。
2. 表中の各国のうち，2004年における切り花の輸入額が最も小さいのは，オランダである。
3. 2003年において，コロンビアからの切り花の輸入額の対前年増加額は，韓国からの切り花の輸入額のそれの2倍を上回っている。
4. オランダからの切り花の輸入額の2003年に対する2005年の減少率は，ニュージーランドからの切り花の輸入額のそれの2倍より小さい。
5. 2005年のコロンビアからの切り花の輸入額の対前年増加額は，2002年のそれを上回っている。

別冊模試45ページ

PART III 過去問の徹底研究

解答のコツ

小数点を含む数表で，細かい計算を必要にするかと思わせますが，実は計算せずに解くこともできます。また，国ごとの輸入額の数値が与えられていない点に気づけば，選択肢の判断がスピードアップします。

解説

1 × 100－4.2－1.6＋0.6－4.8≒90となり，85を上回っている。

2 × 国ごとの増加率が与えられているのみなので，国どうしの輸入額の比較はできない。

3 × 国ごとの増加率が与えられているのみなので，国どうしの輸入額の比較はできない。

4 × 国ごとの増加率が与えられているのみなので，国どうしの輸入額の比較はできない。

5 ◎ 正しい。消去法により正答とできるが，対前年増加率がずっとプラスであることを見れば，最後の2005年の増加額のほうが大きいことは容易にわかる。

正答 5

No.19 グラフの読み取り

教養試験 特別区経験者 資料解釈

理想解答時間 5分 / 合格者正答率 70%

次の図から確実にいえるのはどれか。

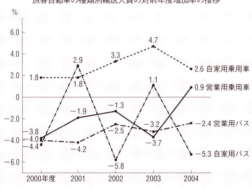

旅客自動車の種類別輸送人員の対前年度増加率の推移

1　図中の各年度のうち，自家用バスの輸送人員が最も少ないのは，2002年度である。
2　2003年度の自家用乗用車の輸送人員を100としたときの2001年度のそれの指数は，95を上回っている。
3　2001年度において，自家用バスの輸送人員の対前年度増加数は，自家用乗用車の輸送人員のそれを上回っている。
4　営業用自動車の輸送人員の2000年度に対する2003年度の減少率は，営業用バスの輸送人員のそれの2倍より大きい。
5　2001年度から2004年度までの各年度とも，営業用乗用車の輸送人員に対する自家用乗用車の輸送人員の比率は，前年度のそれを上回っている。

別冊模試46ページ

この問題の特徴

増減率の折れ線グラフです。うっかりすると，右上がりになっていたら増加，右下がりになっていたら減少と読んでしまいますが，増加率がプラスの場合は，グラフが右下がりであっても実数は増えています。逆に，増加率がマイナスの場合は，グラフが右上がりであっても実数は減っています。

解説

1 ×　自家用バスの輸送人員が最も少ないのは2004年度である。
2 ×　2001年度を100とすると，

2002年度：103.3
2003年度：103.3×1.047≒108.2
となる。したがって2003年度を基準にすると，
100×100÷108.2≒92.5
となり，95を下回っている。
3 ×　この資料からは，異なる種類どうしの増加数自体の比較はできない。
4 ×　営業用バスの減少率：4.2×2.5×3.2≒33.6
営業用乗用車の減少率：1.9×1.3×3.7≒9.2
である。これも計算式さえ立てれば，実際に計算しなくても営業用乗用車の減少率のほうが小さいことがわかる。
5 ◎　実数では比較できないが，比率の高い低いなので増加率を比べて判断することができる。

正答 5

No.20 グラフの読み取り

教養試験 特別区経験者 資料解釈

理想解答時間 5分　合格者正答率 70%

次の図から確実にいえるのはどれか。

主な地域別対外直接投資額の推移

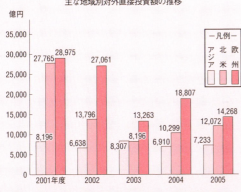

指数について押さえておきたい

1. 2001年度のアジアへの対外直接投資額を100としたときの2004年度のそれの指数は、90を上回っている。
2. 2002年度において、北米への対外直接投資額の対前年度減少額は、欧州への対外直接投資額のそれの10倍より小さい。
3. 2003年度におけるアジアへの対外直接投資額の対前年度増加率は、30%より大きい。
4. 2004年度の北米への対外直接投資額の対前年度増加額は、2005年度のそれを下回っている。
5. 欧州への対外直接投資額の2001年度に対する2005年度の減少率は、北米への対外直接投資額のそれより大きい。

別冊模試47ページ

PART III 過去問の徹底研究

解答のコツ

数値が極端なものが多いので、計算は概数ですませることが可能です。選択肢の正誤を判断できればよいわけですから、なるべく単純な計算で労力を減らしましょう。

解説

1 ×　2001年度：8200億円
これを100としたときの90は、8200×0.9＝7380となるので、
2004年度：6900億円
は指数90を下回っている。

2 ◎　北米：28000－14000＝14000
　　　　欧州：29000－27000＝2000　より、

その10倍は、20000となるので、確かに10倍より小さい。

3 ×　2002年度：6600億円から30%増加すると、6600×1.3＝8580
2003年度：8307
であるから、30%より小さい。

4 ×　2004年度：10299－8196＝2103
2005年度：12072－10299＝1773
よって、2004年度が上回っている。

5 ×　欧州：(14300－29000)÷29000≒－0.5
北米：(12000－27800)÷27800≒－0.6
欧州のほうが小さい。

正答 **2**

No.21 軌跡（空間把握）

教養試験 特別区経験者　判断推理

理想解答時間 **1分**　合格者正答率 **70%**

次の図は、台形が直線上を滑ることなく1回転したとき、その台形上の点Pが描く軌跡であるが、この軌跡を描くものはどれか。

対称性に目をつけよう

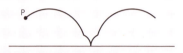

 1

 2

 3

 4

 5

別冊模試48ページ

解答のコツ

直線上を多角形が滑ることなく回転したときの多角形の1点が描く軌跡の問題です。いくつかの円弧が連続して描かれますが、その円弧の半径、中心角を見極めていけば正解は絞られていきます。

解説

与えられた軌跡が対称性を持つことから2か5であろうことは見当がつく。そこで直線と接する前後の円弧の半径の大きさから2であることが判明する。念のため、2つの軌跡の図を描けば次のようになる。

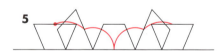

よって、正答は **2** である。

正答 **2**

No.22 立方体の展開図（空間把握）

教養試験　特別区経験者　判断推理

理想解答時間 2分　合格者正答率 70%

次の図Ⅰのような展開図のサイコロがある。このサイコロ3個を，互いに接する面が同じ目になるように，図Ⅱのとおりに並べたとき，Aの目の数とBの目の数との和はどれか。

> サイコロは典型問題

図Ⅰ 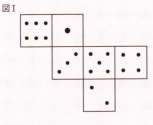　　図Ⅱ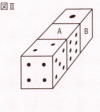

1 5　　**2** 6　　**3** 7　　**4** 8　　**5** 9

別冊模試48ページ

解答のコツ

サイコロの目の配置を読み取る問題。目の配置をいったん展開図に写し取って考えます。見えている面の隣り合う様子に合わせて展開図を変形し，ある面から隣の面へ進むとき進行方向に対して右か左かを見ればよいことになります。

解説

サイコロの目の配置は立方体の横十字の展開図で図Ⅲのようになっている。

展開図の図Ⅰを見やすくするために図Ⅲのようにする。4の面の裏は3だから，図Ⅱは図Ⅳのようになる。一番手前のサイコロと2番目のサイコロは3の面で接し，2番目と3番目のサイコロは4の面で接する。

図Ⅲ 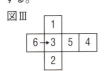　　図Ⅳ

Aの目は6の面から3の面へ進むとき，図Ⅱより，進行方向右の面だから2となる。

Bの目は1の面から4の面へ進むとき，進行方向左の面だから6となる。

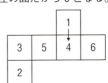

A＝2，B＝6より，2つの目の和は8となる。

よって，正答は **4** である。

PART Ⅲ 過去問の徹底研究

正答 **4**

No.23 平面図形の角度(空間把握)

教養試験 特別区経験者 判断推理

理想解答時間 3分 / 合格者正答率 50%

次の図のように，大きさの等しい3個の正方形を並べ，点Bと点C，点Bと点Dを直線で結んだとき，∠ACBと∠ADBの角度の和はどれか。

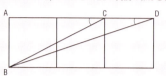

必要な線に気づけるか

1　30°
2　35°
3　40°
4　45°
5　50°

別冊模試49ページ

解答のコツ

必要な線を足せばよいことに気づくことがカギとなります。

解説

下図のようにBから対角線BEを引く。

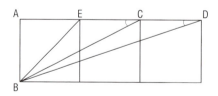

1辺の長さ1の正方形の対角線の長さは$\sqrt{2}$である。
　△BEDと△CEBにおいて，
　　BE：ED＝$\sqrt{2}$：2＝1：$\sqrt{2}$
　　CE：EB＝1：$\sqrt{2}$
　　∠BED＝∠CEB
2辺の比とはさむ角が等しいから，
　　△BED∽△CEB
すると，対応する角は等しいから，

　　∠EDB(∠ADB)＝∠EBC
△BCEにおいて∠Eの外角∠BEAは，内対角∠EBCと∠BCEの和に等しいから，
　　∠EDB(∠ADB)＋∠BCE＝∠BEA
ここで，BEは正方形の対角線だから，
　　∠BEA＝45°
　∴　∠ACB＋∠ADB＝45°
　よって，正答は **4** である。

正答 **4**

No.24 展開図

教養試験 特別区経験者　判断推理

理想解答時間 **2分**　合格者正答率 **70%**

図Ⅰは正八面体の2面だけを黒く塗ったものである。この正八面体の展開図として正しいものは次のうちどれか。

> 正八面体を押さえよう

図Ⅰ

1　　2　　3　　4　　5　

別冊模試49ページ

解答のコツ

正八面体の2つの面は辺を共有している（辺で接している）か，1つの頂点のみを共有しているか，共有点を持たない（組み上がり図では平行になる）かのいずれかになります。

解説

図Ⅰの黒く塗られた2つの面は，1つの頂点のみを共有している。したがって，選択肢の中で辺を共有しているもの，共有点を持たないものは除外し，1つの頂点のみを共有しているものを探す。

図Ⅰ

 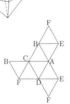

上の図のように展開図にA〜Fの6つの頂点を割り振る。**1**は共有点を持たない。**2**は辺FDを，**3**は辺BFを，**4**は辺EFを共有する。**5**は頂点Dのみを共有する。したがって，組み上がり図が図Ⅰと一致するのは**5**である。

PART Ⅲ　過去問の徹底研究

正答 5

No.25 新法・改正法

教養試験 特別区経験者
社会事情

理想解答時間 3分　合格者正答率 70%

近年，公布あるいは施行された法律に関するA～Dの記述のうち，妥当なものを選んだ組合せはどれか。

- A　2020年の高齢者雇用安定法の改正により，65歳までの雇用確保措置義務に加えて，新たに70歳まで労働者の就業機会を確保することが事業主の努力義務となった。
- B　2017年の民法の改正では，法定利率を市中金利の変動に合せて緩やかに変動させることや，取引の実態に合せて職業別の短期消滅時効を導入すること等が規定された。
- C　2020年の著作権法改正により，インターネット上で海賊版サイトへ誘導を行うリーチサイトの運営や，一定要件下における侵害コンテンツの私的目的でのダウンロードが違法となった。
- D　2018年12月に改正された水道法では，関係者の責務の明確化や広域連携の推進等が図られるとともに，地方公共団体が水道施設の所有権を維持したうえで，水道事業の認可を受けた民間事業者に運営権を設定する方式が創設された。

1　A，B
2　A，C
3　B，C
4　B，D
5　C，D

> 新法・改正法はねらわれる

別冊模試50ページ

この問題の特徴

本問は，近時に公布・施行された法律の改正点を問う問題です。社会人を対象とする公務員試験では，比較的頻繁にみかけるタイプの問題です。難易度は基礎～中程度で，受験時の正答率は70%程度とみられます。

解答のコツ

4つの選択肢についてまったく知識がない受験者であれば，きわめて難解な問題となりますが，実際にはいくつかをどこかで見聞きしたことがあるのではないでしょうか。

B，Dはやや細かな知識が必要ですが，普段からニュースに接している受験者にとっては消去法で正答を選ぶことも可能な問題です。

解説

A○　正しい。70歳までの定年引上げや定年制の廃止，また70歳までの継続的な就業確保制度の導入が努力義務となった。2021年4月施行。

B×　誤り。職業別短期消滅時効は廃止され，時効期間は権利を行使することができる時から10年，または権利を行使できることを知った時から5年のいずれか早いほうという原則に統一された。前半は正しい。2020年4月施行。

C○　正しい。併せて，ダウンロードの規制対象がすべての著作物に拡大された。2021年には放送番組のインターネット同時配信に向けた改正等も行われた。

D×　誤り。この改正では，地方公共団体が施設の所有権と水道事業の認可を維持したまま，運営権を民間事業者に設定できる方式が創設された。2019年10月施行。

正答　2

No.26 高齢社会

教養試験 特別区経験者 社会事情

理想解答時間 2分　合格者正答率 70%

高齢化は最大の社会問題

日本の高齢化に関する次の記述のうち，妥当なのはどれか。

1. わが国では2020年の総人口に占める65歳以上の高齢者人口の割合が前年より上昇し，統計を取り始めて以来，初めて30％を超えた。
2. 「日本の地域別将来推計人口（2018年推計）」では，東京都を除く道府県で2045年の総人口が2015年を下回り，すべての都道府県で高齢化率（総人口に占める65歳以上人口の割合）が3割を超えると推計されている。
3. 2021年度当初予算における社会保障関係費は約33.6兆円であり，その最大の割合を占めるのが医療給付費である。
4. 日本の高齢化の進展は他国よりもスピードが速く，倍加年数は約40年で，フランス（126年）やドイツ（85年）に比べて極端に短い。
5. 2019年現在，65歳以上の者のいる世帯は全世帯の49.4％を占めるが，その内訳は構成割合の大きい順に，単独世帯，夫婦のみの世帯，親と未婚の子のみの世帯である。

別冊模試50ページ

この問題の特徴

高齢化は日本の抱える最大の社会問題であるため，公務員試験における出題頻度が高いです。『高齢社会白書』や統計数値，ニュースなど幅広い媒体に目を通しておく必要があります。本問は基礎的・典型的な内容で，合格者の正答率は70％程度とみられます。

選択肢の難易度

1，5は基礎レベル，2，3，4が標準レベルで，いずれも難しくはありません。

解説

1× 誤り。2020年における日本の高齢化率は28.8％で，世界的にも高い水準にあるが30％には達していない。

2◎ 正しい。わが国の総人口は長期にわたって減少が続き，高齢化率は2015年現在最も高い秋田県（33.8％）で2045年には50％を超えるとともに，最も低い沖縄県（19.7％）や，東京都（22.7％）・愛知県（23.8％）・神奈川県（23.9％）を含む大都市圏においても30％を超えると推計されている。

3× 誤り。社会保障関係費は，国の一般会計予算歳出の33.6％（約35.8兆円）と最大を占める。うち年金給付費が約12.7兆円と最大であり，以下，医療給付費，生活扶助等社会福祉費，介護給付費と続く。なお，2017年度は医療給付費が最大であった。

4× 誤り。倍加年数は高齢化率が7％を超えてからその倍の14％に達するまでの所要年数をいう。日本の倍加年数は24年（1970～1994年）で，フランス（126年），スウェーデン（85年），イギリス（46年），ドイツ（40年）などと比べて短い。

5× 誤り。65歳以上の者のいる世帯（全世帯の49.4％）の構成割合は，夫婦のみの世帯（32.3％），単独世帯（28.8％），親と未婚の子のみの世帯（20.0％）である。

正答 **2**

PART Ⅲ　過去問の徹底研究

No.27 選挙

教養試験 特別区経験者
社会事情

理想解答時間 2分
合格者正答率 70%

選挙に関する次の記述のうち、妥当なのはどれか。

1. 2015年6月の公職選挙法の改正による選挙権年齢の「18歳以上」への引き下げは、翌年6月の参院選公示以降適用されたが、検察審査員および裁判員の選任についても順次適用される予定となっている。
2. 1945年、GHQの指導により、衆議院の選挙制度は、中選挙区制、20歳以上男女の普通選挙となった。
3. 一選挙区から一人の代表を選出する小選挙区制は多数代表制であり、議席につながらない死票が多くなる。
4. 「一票の格差」などの是正のため、2016年5月の公職選挙法等の改正により、衆議院小選挙区の都道府県別および比例ブロックの定数配分を、いわゆる「アダムズ方式」により行うこととなった。これは、各都道府県、各ブロックにまず1議席を割り当て、残りを人口に応じて配分するものである。
5. 衆議院の小選挙区比例代表並立制における比例代表では、11のブロックごとに、各政党名と候補者個人名の合計得票数に応じて議席が比例配分される。各政党内での当選者は個人名での得票数により決定される。

> 選挙制度は変遷についても押さえること

別冊模試51ページ

この問題の特徴

1は一般常識レベル、**2**、**5**は基礎レベル、**3**は標準レベルの知識問題。**4**は時事問題として日々のニュースなどの確認が必要でしょう。

選択肢の難易度

素直な基礎、標準レベルの知識問題ですが、初学者は意外に迷うかもしれません。歴史や用語についての正確な理解が必要です。

解説

1 × 誤り。国政・地方選挙のほか最高裁判所裁判官の国民審査、地方議会の解散請求の住民投票については「18歳以上」となったが、検察審査員や裁判員の選任については当分の間「20歳以上」のまま変更はない。

2 × 誤り。1925（大正14）年に中選挙区制、25歳以上男子の普通選挙が採用され、戦後の1945年に大選挙区制、20歳以上男女の普通選挙となった。1947年再び中選挙区制となり1994年まで続いた。

3 ◎ 正しい。多数派の代表を議会に送ろうとする選挙制度を多数代表制といい、小選挙区制がその典型である。対して、世論の分布をできるだけ議席に反映させようとする仕組みが比例代表制である。

4 × 誤り。選択肢の説明は現行の「一人別枠方式」のもの。2020年の国勢調査後より導入のアダムズ方式は人口を「一定数」で割り、商に応じて議席を配分する。端数は1に切り上げるため最低1議席は確保される。

5 × 誤り。衆議院の拘束名簿式比例代表制では、比例名簿登載順に当選が決まる。参議院の全国単位の非拘束名簿式比例代表制では、個人名での得票数により当選が決まる。

正答 3

教養試験 特別区経験者
社会事情

No.28

エネルギー

理想解答時間	合格者正答率
2分	**60%**

> エネルギーも
> 注目テーマ

エネルギーに関する次の記述のうち, 妥当なのはどれか。

1 1950年代に中東やアフリカで大油田が相次いで発見され, 主要なエネルギー源が石炭から石油へと変化するいわゆる"流体革命（エネルギー革命）"が起こった。

2 日本のエネルギー利用効率は諸外国に比べて低く, 日本のGDP当たりの一次エネルギー消費量は中国とほぼ同等, 欧米の2倍程度となっている。

3 日本の石油依存度は高く, 一次エネルギー国内供給に占める石油の割合は2018年度で約7割に達しており, エネルギー源の多様化が望まれている。

4 2018年度におけるエネルギー起源の二酸化炭素排出量は, 2005年度比で11.8%, 前年度比で4.6%の増加となった。

5 2021年1月現在の原子力発電設備容量を国際比較すると, 日本は, アメリカ, フランス, ロシアに次ぐ4位であり, 2018年度における日本の発電電力量の約2割は原子力発電によるものである。

> 別冊模試51ページ

この問題の特徴

エネルギー問題は今後出題の増加が予想される分野です。本問は『エネルギー白書』をベースに, エネルギー問題の基礎知識を問うものとなっています。初学者には難しいかもしれませんが, 合格者の正答率は6割程度と思われます。

選択肢の難易度

1は基礎知識レベルの問題。2, 3, 5は白書レベルの問題, 4はやや発展的な内容を含む問題ですが, ニュースなどにも気を配りながら最近の動向と関連づけて確認しておきましょう。

解説

1◎ 正しい。なお, 従来は困難だったシェール層における原油・ガスの開発が2006年以降米国を中心に本格化し「シェール革命」と呼ばれるに至っている。

2× 誤り。日本のエネルギー利用効率は省エネルギーが進んだ欧州諸国と同等に高い。実質GDP当たりのエネルギー消費は, 中国の4分の1程度である。米国の利用効率は日本・欧州諸国に比べやや低い。

3× 誤り。一次エネルギー国内供給に占める石油の割合は, 第一次オイルショック時に75.5%, エネルギー多様化が進んだ2010年度に40.3%であった。東日本大震災による原発の停止により一時上昇したが, 再生可能エネルギー導入や原発再稼働などにより2018年度には37.6%まで低下した。

4× 誤り。それぞれ, 11.8%, 4.6%の減少である。景気回復や東日本震災後の原発停止などによる増加を経た後は, 2014年度以降5年連続の減少となった。

5× 誤り。2021年1月現在, アメリカ, フランス, 中国, 日本, ロシアの順である。また2015年の原発再稼働を受けて発電電力量に占める原子力の割合は増加傾向にあり, 2018年は6.2%となった。

PART Ⅲ
過去問の徹底研究

正答 **1**

No.29 災害

教養試験 特別区経験者
社会事情

理想解答時間 2分
合格者正答率 60%

日本で発生した災害に関する次の記述のうち，妥当なのはどれか。

1. 平成23年に発生した東日本大震災と平成7年の阪神・淡路大震災を比較すると，地震の型はともに海溝型であった。前者は震度6弱以上の地域が8県に上ったのに対し，後者は1県にとどまった。
2. 東日本大震災では，地震発生後の大津波により沿岸部で甚大な被害が発生することとなったが，阪神・淡路大震災では津波による被害はなく建築物の倒壊や大規模火災発生による被害が中心であった。
3. 平成31年3月改訂の内閣府「避難勧告等に関するガイドライン」では，5段階の警戒レベルを明記して防災情報を提供することとされたが，市町村による避難準備・高齢者等避難開始の発令は警戒レベル4に当たる。
4. 平成26年9月，24時間体制で火山活動が常時観測・監視されていた長野・岐阜県境の御嶽山において噴火が発生した。噴火に伴う火砕流に登山者が巻き込まれ，多数の死傷者が出た。
5. 平成28年の熊本地震においては震度7に達する地震が4月14日と16日に2度発生した。14日の本震はマグニチュード7.3であり阪神・淡路大震災と同規模であった。

> 災害に関する知識も問われる

別冊模試52ページ

この問題の特徴

大きな災害については，その性質や特徴について，国や自治体の役割と合わせて新聞などで確認しておきたいものです。本問は，災害の性質・被害，市町村の役割についての基本的な知識を問うものですが，初学者の予想正答率は60％ほどでしょう。

選択肢の難易度

1は2つの震災についてのやや詳しい知識を問うものですが，**3**，**4**，**5**については日頃からニュースに気をつけていれば正誤の判断がつきやすい選択肢です。自信を持って**2**を選択できるかどうかがカギになります。

解説

1× 誤り。東日本大震災は海溝型，阪神・淡路大震災は直下型である。震度6弱以上の地域についての説明は正しい。なお，阪神・淡路大震災後の1996年に震度5と6にそれぞれ「弱」と「強」が設けられている。

2◎ 正しい。阪神・淡路大震災では数10センチの津波が報告されたものの被害はなかった。

3× 誤り。警戒レベル3が避難準備・高齢者等避難開始，警戒レベル4が避難勧告・避難指示（緊急）であり，警戒レベル5はすでに災害が発生している状況下での災害発生情報の発令である。

4× 誤り。被害のほとんどは，水蒸気爆発に伴い飛散した噴石によるものだった。御嶽山は常時観測火山（47火山）の一つであるが，明瞭な前兆がなく噴火し，死者57人・行方不明者6人（2015年3月現在）の戦後最悪の火山被害となった。

5× 誤り。熊本地震は死者273人（2019年4月現在）の人的被害をもたらしたが，気象庁は14日の地震（マグニチュード6.5）を前震，16日の地震（マグニチュード7.3）を本震としている。

正答 **2**

No.30 環境問題

教養試験 特別区経験者
社会事情

理想解答時間 2分 / 合格者正答率 75%

環境問題に関するA～Dの記述のうち,妥当なものを選んだ組合せはどれか。

A 酸性雨とは,主として工場からの煙に含まれて排出される一酸化炭素や塩素等によって引き起こされる強い酸性の雨であり,東南アジアにおける森林消失の最大の原因となっている。

B フロンは,オゾン層を破壊し,生物に有害な紫外線の量を増加させ,人の健康などに悪影響を及ぼす原因となるものであり,モントリオール議定書により,その規制措置が定められた。

C ダイオキシンは,放射性廃棄物により発生し,汚染された農作物や魚介類の摂取により人体に取り込まれることでホルモンの正常な作用を阻害し,その成長を妨げるものである。

D 温室効果ガスとは,地球温暖化の原因となる二酸化炭素などをいい,京都議定書では温室効果ガスの削減のため,その排出削減量の数値目標が定められた。

1　A,B
2　A,C
3　A,D
4　B,C
5　B,D

> 環境問題は時事では頻出テーマ

別冊模試52ページ

この問題の特徴

本問は,地球温暖化,酸性雨,オゾン層の破壊など,代表的な環境問題の基礎知識を問うものです。本試験に類似問題が出たら,必ず正答したいところです。

環境問題は近年の公務員試験で最頻出のテーマといえるかもしれません。ここ数年は京都議定書を軸に「地球温暖化」について問う問題が主流でしたが,今後の対策としてはより幅広い環境問題について確認しておいたほうがよいでしょう。

選択肢の難易度

A（酸性雨）とC（ダイオキシン問題）は最近あまり話題になっていないため,盲点になるかもしれません。とはいえ,正しいのはB（オゾン層破壊）とD（地球温暖化）なので,メジャーな環境問題の基礎知識を押さえておけば正答するのは難しくないはずです。

解説

A× 誤り。酸性雨の原因物質は,工場などから排出される硫黄化合物や窒素酸化物である。

B○ 正しい。オゾン層破壊物質を規制する「モントリオール議定書」の名をぜひ記憶しておきたい。

C× 誤り。ダイオキシンはゴミの焼却過程など,炭素・酸素・水素・塩素が熱せられる工程で生成される。汚染された食物や大気を経由して人体に取り込まれ,汚染のレベルが高いと健康被害を引き起こすといわれている。

D○ 正しい。日本には,2008年から2012年の間に,1990年比マイナス6％という排出削減目標が課されている。

BとDが正しいため,正答は**5**である。

正答 5

No.31 内閣の権限

教養試験 特別区経験者 **政治**

理想解答時間 1分　合格者正答率 60%

次のA～Dのうち，日本国憲法に規定する内閣の権限に該当するものを選んだ組合せとして，妥当なのはどれか。

- A　憲法および法律の規定を実施するために，政令を制定すること
- B　恩赦を決定すること
- C　国務大臣を罷免すること
- D　最高裁判所長官を任命すること

1　A，B
2　A，C
3　A，D
4　B，C
5　B，D

> 内閣の権限に該当するものを選ぶ問題

別冊模試53ページ

この問題の特徴

本問のように，憲法上のある事項が，どの憲法上の機関の権限に該当するのかを問う形式の問題は頻出です。日本国憲法の重要条文を細かい部分まで正確に押さえているかどうかで正否が分かれるため，正答した人とそうでない人との間で差がつきやすい問題です。このため，正答できれば合格に大きく近づける問題の一つであるといえるでしょう。

選択肢の難易度

Bはやや細かいですが，それ以外は基本的なものです。

解答のコツ

ある事項が，合議体である「内閣」の権限なのか，それとも「内閣総理大臣」の単独の権限なのかについては，細かくて覚えるのが大変ですが，差がつく部分なので明確に区別できるように記憶しておく必要があります（同様に，ある事項が，国会の権限なのか，衆議院・参議院の議院の権限なのかについても区別して覚える必要があるでしょう）。

もっとも，本問は組合せを活用して選択肢を絞り込めるので，正答に達することはそれほど難しくはないでしょう。

解説

A 該当する。命令とは，行政機関によって制定される法規のことであり，この命令のうち，政令とは，内閣が制定する命令である。

B 該当する。恩赦は，内閣が決定し，天皇が認証する。

C 該当しない。国務大臣の罷免権は内閣総理大臣が単独で有する権限である。

D 該当しない。最高裁判所の長官の指名は内閣が行うが，任命は天皇が行う。

　AとBが該当するので，正答は**1**である。

正答 **1**

教養試験 特別区経験者
政治

No.**32**

アメリカの政治制度

理想解答時間 **1**分 ／ 合格者正答率 **70%**

アメリカの政治制度に関する記述として，妥当なのはどれか。

1 大統領は，その地位について連邦議会の信任を必要とする一方，連邦議会への法案提出権や解散権を持つ。

2 連邦議会は，最高の立法機関として，非民選で任期の定めのない上院と民選の下院からなり，予算の議決などについて下院の優越が確立している。

3 大統領は，国家元首であるとともに行政府の長であり，国民の直接選挙によって選出され，連邦議会に議席を持つ。

4 大統領は，連邦議会が可決した法案に対する拒否権を行使できるが，連邦議会の上下両院が3分の2以上の多数で再度可決すれば，法律は成立する。

5 最高司法裁判所である連邦最高裁判所は，連邦議会の上院に置かれているが，違憲立法審査権は与えられていない。

> アメリカの政治制度に関する問題

別冊模試53ページ ▶

この問題の特徴

各国の政治制度を問う問題の中では，本問のようにアメリカの政治制度についての出題が最も多く，次に多いのがイギリスの政治制度となっています。本問のすべての誤りの選択肢にはイギリスの政治制度を参考にして作られたと推測できる部分があり，両国の政治制度の基礎的な理解ができていれば正答は容易でしょう。

解答のコツ

本問は，公務員試験での頻出知識であるアメリカとイギリスの政治制度の違いを理解していれば，確実に正答できる問題です。

まず，イギリスの議院内閣制は，三権分立を前提としますが，行政権を担当する政府は立法権を担当する議会に対して連帯責任を負うなど，両者が密接な関係に立っています。これに対し，アメリカの大統領制度は，同じ三権分立でも，厳格な三権分立を採用しています。よって，**1**と**3**と**5**については，誤りであると推測できます。

また，イギリスと異なり，アメリカには貴族制度が存在しないことから，**2**についても誤りと判断できるでしょう。

もっとも，正答の**4**それ自体が基礎的なものであるため，上記の内容の理解が不十分でも正答を選ぶのは難しくないといえます。

解説

1× 誤り。大統領の地位につき連邦議会の信任は不要であり，また，大統領は連邦議会への法案提出権や解散権を持たない。

2× 誤り。上院は民選で任期は6年であり，また，条約の批准承認権などは上院のみが有する権限である。

3× 誤り。大統領は，間接選挙によって選出され，また，連邦議会に議席は持たない。

4◎ 正しい。

5× 誤り。連邦最高裁判所は，連邦議会の上院とは独立した機関であり，また，違憲立法審査権を有する。

PART **III**
過去問の徹底研究

正答 **4**

No.33 選挙制度

教養試験 特別区経験者
政治

理想解答時間 2分　合格者正答率 60%

選挙制度に関するA～Dの記述のうち、妥当なものを選んだ組合せはどれか。

A 我が国の選挙の原則は、成年に達した国民すべてに選挙権を認める平等選挙の原則と、投票の秘密を守る秘密投票の原則の2つである。
B 選挙制度には、1つの選挙区から1人の議員を選出する小選挙区制、2人以上の議員を選出する大選挙区制、各政党の得票数に応じて議席を配分する比例代表制などがある。
C 小選挙区制では、相対的に多数派の政党が多くの議席を獲得し、少数派の票は死票になるため、二大政党制になりやすい。
D わが国では、現在、衆議院議員選挙では非拘束名簿式比例代表制が採用され、参議院議員選挙では、小選挙区比例代表並立制が採用されている。

1　A，B
2　A，D
3　B，C
4　B，D
5　C，D

別冊模試53ページ

この問題の特徴

選挙制度は頻出のテーマです。選挙の原則や衆議院議員・参議院議員の選挙制度、各選挙区制の長所・短所については正確に押さえておくべきでしょう。

解答のコツ

国政選挙（衆議院議員総選挙と参議院議員通常選挙）が行われた際に、それに関連するニュースを見て、そこで報道された内容が十分に理解できていれば、B～Dを判断するのは容易でしょう。このことから、本問は、受験勉強とは関係なく普段から社会で起きている出来事に関心を持っているかどうか、また、社会人として必要な知識を持っているかどうかが問われている問題であるといえます。

解説

A× 誤り。成年に達した国民すべてに選挙権を認めるのは「普通選挙」の原則である。平等選挙の原則とは、与えられた選挙権の内容である価値が平等であるとする原則である。

B○ 正しい。

C○ 正しい。小選挙区制では、一つの選挙区から最も多く得票した一人の議員しか選出されないため、中小規模の政党からの候補者は当選しにくい。

D× 誤り。衆議院議員選挙では小選挙区比例代表並立制が採用され、比例代表選挙は拘束名簿式である。参議院議員選挙では、都道府県選挙区と非拘束名簿式の比例代表制が採用されている。

よって、正答は**3**である。

正答 3

No.34 日本銀行の金融政策

教養試験　特別区経験者　経済

理想解答時間 1分　合格者正答率 90%

次の図は，日本銀行の金融政策を表したものであるが，図中の空欄A〜Fに該当する語の組合せとして，妥当なのはどれか。

図を早く読み解くのがカギ

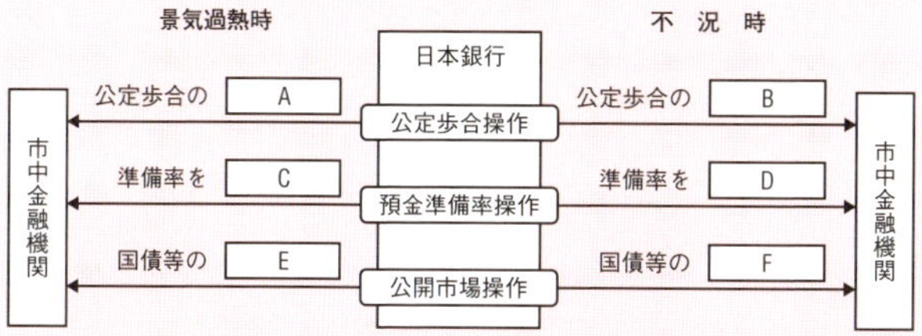

```
        景気過熱時              不況時
                   ┌─日本銀行─┐
  公定歩合の [ A ]─公定歩合操作─[ B ] 公定歩合の
市          準備率を  [ C ]─預金準備率操作─[ D ] 準備率を        市
中                                                              中
金          国債等の  [ E ]─公開市場操作──[ F ] 国債等の        金
融                                                              融
機                                                              機
関                                                              関
```

	A	B	C	D	E	F
1	引き上げ	引き下げ	上げる	下げる	買上げ	売却
2	引き上げ	引き下げ	上げる	下げる	売却	買上げ
3	引き上げ	引き下げ	下げる	上げる	買上げ	売却
4	引き下げ	引き上げ	下げる	上げる	買上げ	売却
5	引き下げ	引き上げ	下げる	上げる	売却	買上げ

別冊模試54ページ

PART III 過去問の徹底研究

この問題の特徴

本問題は公務員試験では定番の問題で，よく出題されています。

選択肢の難易度

3つの政策手段を組合せ形式で出題することで，難易度が高められています。1つの手段だけを取り上げる問題の場合，有効に働く仕組みまで問われることが予想されます。

解答のコツ

組合せ形式の問題の多くは，初め（A）から考えていくと，最後まで考えさせるように作られています。ただし，こうした受験者心理を逆手に取った問題や，途中（CやE）から考えると，このパターンに当てはまらない問題もあるので要注意です。

また，問題文から考えずに，覚えていることから考えてみる（たとえば，「公定歩合が高まると何が起こるか」を考える）のも1つの手です。

解説

不況時には，市中銀行の資金繰りを容易にして，市中銀行が人々に貸し出しやすくすればよいので，公定歩合（いわば市中銀行が日本銀行から借り入れる際の利率）や預金準備率（市中銀行が預かった預金のうち日本銀行へ預け入れなければならない割合）の引き下げや，市中銀行の国債等の買い上げを行えばよい。景気過熱時には逆に，市中銀行の資金繰りを難しくして，市中銀行が人々に貸し出しにくくすればよい。

よって，正答は**2**である。

正答 2

No.35 社会保障

教養試験 特別区経験者 社会

理想解答時間 2分 / 合格者正答率 80%

わが国の社会保障制度に関する記述として，妥当なのはどれか。

1. 社会福祉は，疾病，老齢，失業，労働災害などに直面したとき，それらの制度の加入者に対して，あらかじめ拠出された積立金から現金の給付を行うものである。
2. 公的扶助は，生活が困難な国民に対して，最低限の生活を保障するために，公費により必要な給付を行う制度である。
3. 社会保険は，社会生活を営むうえで，社会的保護や援助を必要とする児童，高齢者などに対して，サービスを提供するものである。
4. 公的年金の財源を調達する方式は，被保険者がその在職中に積み立てた保険料のみで年金を賄う積立方式だけがとられている。
5. わが国では，国民皆年金の制度は確立されているが，国民皆保険の制度は確立されていない。

> 社会保障は重要テーマ

別冊模試54ページ

この問題の特徴

社会保障は社会分野の定番といえる出題テーマです。本問は，社会福祉，公的扶助，社会保険に関する基礎知識や日本の社会保障制度の特徴を幅広く問うものですが，難易度は高くありません。知識面でもレベル的にも，受験時までには正答できるようになりたい問題といえます。

選択肢の難易度

いずれも基礎的な事項を問う選択肢です。特に1・2・3は，日頃から社会保障に関心を持っていれば，構えて受験対策していない人でも正誤の判断は難しくないでしょう。4・5は少しだけ教科書的な知識を必要とする選択肢です。

解説

1× 誤り。社会福祉は児童や高齢者，障害者，母子家庭の母親などのいわゆる「社会的弱者」に支援を行うもので，財源は公費である。

2◎ 正しい。公的扶助（生活保護）は憲法25条に根拠を持ち，国民の生活のセーフティーネットとなる制度である。厳しい経済状況を反映し，近年は生活保護者の人数，保護率がともに上昇している。

3× 誤り。これは社会福祉についての説明である。社会保険は，あらかじめ制度に加入し，保険料を納入した人が，疾病，老齢，失業，労働災害など生活上の危機に直面したときに現金やサービスの給付を行うものである。

4× 日本の公的年金は，この選択肢にあるような積立方式でスタートしたが，現在は積立金を取り崩しつつ現役世代の保険料を給付に流用する「修正積立方式」を採用している。

5× わが国には，一定年齢に達した国民がすべて公的保険制度に加入する「国民皆保険」制度が導入されている。

正答 2

No.36 四字熟語の意味

教養試験 特別区経験者
国語

理想解答時間 1分
合格者正答率 90%

次のA～Dのうち、熟語の意味の説明が正しいものを選んだ組合せとして、妥当なのはどれか。

- A 「我田引水」とは、疑いを受けるような行為は避けたほうがよいということをいう。
- B 「朝三暮四」とは、命令や法律が次々と変わって定まらないことをいう。
- C 「呉越同舟」とは、仲の悪い者同士が、同じ場所にいたり、行動をともにすることをいう。
- D 「千載一遇」とは、めったにないよい機会のことをいう。

1　A, B
2　A, C
3　B, C
4　B, D
5　C, D

> 国語の時間に習った記憶で

別冊模試55ページ

この問題の特徴

AからDの四字熟語はいずれも公務員試験の国語では最も出題されやすい代表的な四字熟語の問題となっています。小学校から高校までの国語教育の中で、どこかで学習したことがある受験者も多かったと思われます。

選択肢の難易度

Aの「我田引水」、Bの「朝三暮四」、Cの「呉越同舟」、Dの「千載一遇」の4つの四字熟語はどれも漢字から意味を考えることができるものばかりです。基本的な四字熟語ですので、確実に得点に結びつけたい問題です。

解説

Aの「我田引水」は自分の田に水を引き入れて、他人の田のことは考えないことから、自分勝手で他を気にかけないこと。「疑いを受けるような行為は避けたほうがよいということ」は「瓜田李下」(かでんりか)。

Bの「朝三暮四」は中国の故事からなる四字熟語で、狙公という人物が飼っていた猿にとちの実を朝3個夜4個あげようと言ったら猿が怒ったので、朝4個、夜に3個あげようと言い直したら猿が喜んだという話から、口先で人をだますこと。「命令や法律が次々と変わって定まらないこと」は「朝令暮改」。

Cの「呉越同舟」は正しい意味である。
Dの「千載一遇」は正しい意味である。
以上より、正答は**5**である。

正答 **5**

No.37 幕末の出来事

教養試験 特別区経験者 日本史

理想解答時間 2分　合格者正答率 70%

幕末の出来事に関する記述のうち、妥当なのはどれか。

1　安政の大獄は、幕府が朝廷の許可を得ないで日米修好通商条約を締結した後、大老の井伊直弼が、これを非難する大名や武士を処罰し、長州藩の吉田松陰や福井藩の橋本左内らを死刑とした事件である。

2　八月十八日の政変は、薩摩藩と長州藩が尊王攘夷派の公卿と協力して、朝廷内の公武合体派を京都から追放し、三条実美らの公卿が会津藩に逃げ落ちた事件である。

3　生麦事件は、江戸から帰国途上の島津久光一行の行列を横切ったイギリス人を長州藩士が殺傷した事件であり、後に起きた四国艦隊下関砲撃事件のきっかけとなった。

4　池田屋事件は、尊王攘夷派の志士が京都での勢力を回復するため、京都の旅館池田屋で会合していた京都守護職の配下の近藤勇ら新選組を襲撃した事件である。

5　桜田門外の変は、公武合体の方針をとり、孝明天皇の妹である和宮を将軍家茂の夫人に迎えた老中の安藤信正を、尊王攘夷派の水戸藩浪士が江戸城の桜田門外で襲撃した事件である。

ブームに乗って出題されることも

別冊模試55ページ

この問題の特徴

幕末の問題は以前はまったく出題されない時期もありましたが、歴史ブームの余波を受け、ここ数年公務員試験では出題頻度が非常に高い問題となっています。

幕末の出来事の内容を正確に押さえていたかどうかが問われた問題です。

選択肢の難易度

選択肢1の安政の大獄と選択肢5の桜田門の変は日本史上重要な出来事で、受験者としては年代・内容とも正確に覚えておきたい内容です。

選択肢3の生麦事件も有名な史実です。

解説

1◎　正しい。安政の大獄は1858〜59年の事件である。

2×　誤り。八月十八日の政変（1863年）は薩摩藩と会津藩の公武合体派が朝廷内の公武合体派と結んで、攘夷派の長州藩と公家の三条実美を京都から追放した事件である。

3×　誤り。生麦事件（1862年）は島津久光一行の行列を横切るという無礼な態度をとったイギリス人4名のうち、3名を薩摩藩士が殺傷した事件であり、これがきっかけとなって、翌年に薩英戦争が始まった。

4×　誤り。池田屋事件（1864年）は京都の旅館池田屋で会合していた尊王攘夷派の志士を近藤勇ら新選組が襲撃した事件である。

5×　誤り。桜田門外の変（1860年）は井伊直弼による安政の大獄に対し、水戸藩浪士を中心とする攘夷派が江戸城の桜田門外で井伊直弼を暗殺した事件である。

正答 1

No.38

教養試験 特別区経験者
世界史

第一次世界大戦後のヴェルサイユ体制

理想解答時間 **2分**　合格者正答率 **70%**

第一次世界大戦後のヴェルサイユ体制に関するA～Dの記述のうち，妥当なものを選んだ組合せはどれか。

世界史では近現代に注意

A　第一次世界大戦の講和会議がパリで開かれ，アメリカ大統領のウィルソンが発表した，民族自決や国際平和機構の設立などを含む14か条の平和原則に基づいて，戦後処理が協議された。

B　ドイツは，セーヴル条約により，軍備の制限や巨額の賠償金などが課せられたほか，すべての植民地を失ったが，ヨーロッパでの領土を失うことはなかった。

C　民族自決の原則は，ヨーロッパだけでなく，アジアやアフリカにも適用され，多くの植民地の独立が認められた。

D　ヴェルサイユ条約に従って国際連盟が成立したが，アメリカは議会の反対で参加せず，ドイツやソ連は，初めは参加を認められなかった。

1　A，B
2　A，C
3　A，D
4　B，C
5　B，D

別冊模試56ページ

PART III 過去問の徹底研究

この問題の特徴

　第一次世界大戦後のヴェルサイユ体制は，戦後処理の過程が重要です。敗戦国ドイツに対する措置だけでなく，国際連盟の成立など国際社会が向かった方向を押さえておく必要があります。

選択肢の難易度

　AからDまでの史実を確認する問題です。Aは有名なアメリカのウィルソン大統領の14か条の平和原則の基本内容となっています。

　Bはセーヴル条約が連合国（戦勝国）とオスマン帝国との条約であることが見抜けたかどうかが重要です。

　Cはウィルソン大統領の14か条の平和原則の民族自決の内容を見抜けたかどうかで，Aの内容を掘り下げたものです。

　Dは国際連盟の参加国の状況の基本を問う問題です。

解説

A○　正しい。1919年にパリで第一次世界大戦の講和会議のパリ講和会議が開かれた。

B×　誤り。ドイツと連合国の間ではヴェルサイユ条約が結ばれた。この条約で，フランスから占領したアルザス・ロレーヌをフランスに割譲し，ヨーロッパでの領地を失った。

C×　誤り。民族自決の原則はアジアやアフリカには適用されなかった。

D○　正しい。

　以上より，正答は**3**である。

正答 3

167

No.39 日本周辺の海流

教養試験 特別区経験者
地理

理想解答時間 **1分**
合格者正答率 **90%**

次の図は，日本周辺の海流を表したものであるが，図中の空欄A～Cに該当する語の組合せとして，妥当なのはどれか。

地図問題で難易度は低め

	A	B	C
1	親潮	黒潮	対馬海流
2	親潮	対馬海流	黒潮
3	対馬海流	黒潮	親潮
4	対馬海流	親潮	黒潮
5	黒潮	対馬海流	親潮

別冊模試57ページ

この問題の特徴

日本周辺の海流に関する基本問題です。日本地図と海流が流れる方向へ矢印が提示され，紛らわしい海流を正確に押さえていたかどうかを問う問題です。

選択肢の難易度

選択肢を見ると，親潮，黒潮，対馬海流しか出てきません。朝鮮半島と日本の間にある対馬を思い出せば，Bは対馬海流と考えることが可能で，**2**と**5**に絞られます。

解説

A：親潮。北海道から東北の太平洋岸を南下する寒流。
B：対馬海流。日本海を北上する暖流。
C：黒潮。日本列島の太平洋岸を北上する暖流。
　以上より，正答は**2**である。

正答 **2**

教養試験 特別区経験者

文学・芸術

No.40 わが国の近代の美術・建築

理想解答時間 **1分** 合格者正答率 **50%**

かなりの難問

わが国の近代の美術または建築に関する記述として，妥当なのはどれか。

1 東京美術学校で岡倉天心らに育てられた日本画家の高橋由一は，水墨画の作品「生々流転」を描いた。

2 フランス留学から帰国した黒田清輝の影響を受けた青木繁は，若々しくたくましい漁師たちの様子を表現した作品「海の幸」を描いた。

3 ロダンに師事した高村光雲は，洋画から彫刻に転じ，作品「女」など生命の輝きにあふれる作品を発表した。

4 アメリカ人のフェノロサに西洋の建築様式を学んだ片山東熊は日本銀行本店を，辰野金吾は旧赤坂離宮をそれぞれ設計した。

5 日本画から洋画に転じた横山大観は，身近に題材を求めた写実的な作品を描き，「鮭」は日本における西洋画の出発点になった。

別冊模試57ページ ▶

この問題の特徴

日本美術史からの出題で，近代の美術と建築に関する問題です。公務員試験では明治以降の近代絵画や建築は日本史ではなく，芸術の分野から出題されています。一方，江戸時代以前の日本美術や建築は日本文化史として日本史から出題されています。

選択肢の難易度

1は高橋由一がイギリス人画家ワーグマンに学んだ洋画家であることを思い出す必要があります。反対に5の横山大観は日本画家ですので，この2つの選択肢は消去できます。2の黒田清輝の指導を受けた青木繁は洋画家です。3の彫刻家の高村光雲の代表作は木彫りの「老猿」です。4はやや難解ですが，辰野金吾は東京駅や日本銀行本店で知られた建築界の巨人です。いずれも，出題頻度の低い人物ですから難問といえます。選択解答制では避けるのがよいでしょう。

解説

1 × 誤り。岡倉天心らに育てられた日本画家で，水墨画の「生々流転」を描いたのは，横山大観である。

2 ◎ 正しい。

3 × 誤り。ロダンの影響を受け，彫刻作品「女」を制作したのは明治時代を代表する彫刻家の荻原守衛である。

4 × 誤り。日本銀行本店は明治時代を代表する建築家の辰野金吾の代表作である。旧赤坂離宮（現在の迎賓館）は明治時代を代表する建築家の片山東熊の代表作である。

5 × 誤り。「鮭」は明治時代の洋画家の高橋由一の代表作である。

PART III
過去問の徹底研究

正答 **2**

169

No.41 仕事率

教養試験 特別区経験者 物理

理想解答時間 1分 / 合格者正答率 80%

ある物体に500Nの力を加えて，2秒間で垂直に3m持ち上げたときの仕事率はどれか。

1　250W
2　500W
3　750W
4　1,000W
5　1,250W

力学の基本問題

別冊模試58ページ

この問題の特徴

仕事と仕事率を問う計算を要する問題です。公式に代入するだけなので，決して難問ではありませんが，公式を覚えていないと落としてしまうので注意したい問題です。仕事，エネルギーやさまざまな運動の公式は押さえておきたいところです。

解答のコツ

やはり公式にカギはあります。シンプルな問題だけに数値を代入するだけです。

解説

仕事〔J〕＝加えた力〔N〕×力を加えた方向に動いた距離〔m〕

仕事率〔W〕＝仕事〔J〕÷仕事をするのにかかった時間〔S〕

この2つの公式を使って計算する。
仕事〔J〕＝500〔N〕×3〔m〕
　　　　＝1500〔J〕

今，1500〔J〕の仕事をするのに2秒かかっているので，
　仕事率〔W〕＝1500〔J〕÷2〔S〕
　　　　　　＝750〔W〕

（力の単位〔N〕＝ニュートン
　仕事の単位〔J〕＝ジュール
　仕事率の単位〔W〕＝ワット）

よって，正答は**3**である。

正答 **3**

No.42 原子構造

教養試験 特別区経験者
化学

理想解答時間 1分
合格者正答率 80%

次の文は，原子の電子配置に関する記述であるが，文中の空欄A～Cに該当する語の組合せとして，妥当なのはどれか。

> 原子核のまわりに存在する電子は，電子殻と呼ばれるいくつかの層に分かれ，原子核に近い内側の　A　から順に各電子殻をうめるように配置される。最も外側の電子殻に配置されている電子のことを最外殻電子という。最外殻電子の数が1～7個の各原子では，最外殻電子を特に　B　といい，この数が同じ原子どうしは，よく似た性質を示す。
> ヘリウム，ネオン，アルゴンなどの希ガス原子は他の原子と結びつきにくく，その最外殻電子は　C　が2個，ほかはすべて8個であり，他の原子の電子配置に比べて特に安定である。

	A	B	C
1	K殻	価電子	ヘリウム
2	K殻	価電子	アルゴン
3	K殻	中性子	ネオン
4	N殻	中性子	ヘリウム
5	N殻	中性子	ネオン

化学の基本問題

別冊模試58ページ

PART III 過去問の徹底研究

この問題の特徴

原子の電子殻，電子配置に関する問題です。化学の基礎理論に関する問題は頻出であり，覚える内容が多いので絞り込むことが難しいでしょう。ただ，本問のような原子の構造や電子配置を理解することで，化学結合の仕組みや周期表，さらにはさまざまな化学変化についても理解できるようになるので，基本といえます。

解答のコツ

空欄補充の形式のため，わかるものから選択肢を絞り込むことが可能です。化学的な用語や，周期表の頻出部分（希ガスやハロゲンなど）は，しっかりと覚えておきましょう。

解説

原子核の周りの電子は，いくつかの軌道に分かれて存在しているが，この軌道を電子殻という。原子核から近い順に，K殻，L殻，M殻，N殻…と呼び，それぞれの殻に入ることのできる電子の数は，2個，8個，18個，32個…となっている。

一番外側の電子殻に入っている電子を最外殻電子という。最外殻電子の数が8個になっているとき（K殻しか電子がないときは2個），その原子は閉殻といい，安定した原子である。

最外殻電子の数を価電子という。ただし，最外殻の電子数がヘリウムは2個，他はすべて8個で，これら，ヘリウム，アルゴン，ネオンなどのような閉殻の原子の価電子数は0とする。これらを希ガス（空気中に稀にしか存在しない）と呼び，非常に安定しており，他の原子と反応しにくい。

価電子の数は，化学結合において重要な数値である。

A＝K殻，B＝価電子，C＝ヘリウムとなるので，正答は**1**である。

正答 1

No.43 気体の性質

教養試験 特別区経験者 化学

理想解答時間 2分 / 合格者正答率 70%

図のように，気体をA～Cの三つの性質で分類した。

A 同温・同圧のもとで，空気よりも密度が大きい。
B 無色・無臭である。
C 単体の気体である。

①，②に分類される気体の組合せとして最も妥当なのは次のうちどれか。

	①	②
1	二酸化炭素	アンモニア
2	アルゴン	ヘリウム
3	塩素	アルゴン
4	ヘリウム	二酸化炭素
5	アンモニア	塩素

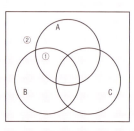

出題形式がめずらしい

別冊模試58ページ

この問題の特徴

無機化合物の気体の性質についての問題ですが，判断推理のような集合のベン図が用いられており，気体を分類しなければなりません。ポイントは気体の性質であるので，頻出の気体に関しては，その特徴をしっかりと覚えておきましょう。

解答のコツ

まず無色・無臭のものか，その逆に有色か刺激臭を有するものか（塩素，アンモニア）は覚えておきたいところです。単体か化合物かどうかは，元素記号，化学式を少しでも知っていると判断がしやすくなります。あとは選択肢から絞っていくと正答を導けるので，知っている知識を活用して決してあきらめないようにしましょう。

解説

選択肢にある気体をA，B，Cの性質で分類すると，次のようになる。

A：二酸化炭素（CO_2）
　　アルゴン（Ar），塩素（Cl_2）
B：二酸化炭素（CO_2）
　　アルゴン（Ar），ヘリウム（He）
C：アルゴン（Ar），ヘリウム（He）
　　塩素（Cl_2）

①は，AとBに属し，Cには属さないものなので，二酸化炭素。

②は，A，B，Cのいずれにも属さないものなので，アンモニア（NH_3）。

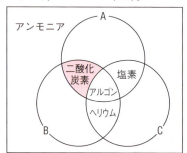

よって正答は**1**である。

正答 **1**

No.44

教養試験 特別区経験者

生物

発酵

理想解答時間 **1分**

合格者正答率 **75%**

次の文は，発酵に関する記述であるが，文中の空欄A〜Cに該当する語の組合せとして，妥当なのはどれか。

有機物が微生物によって分解される現象のうち，生成物が人間にとって有用である場合を発酵という。発酵には，　A　菌がグルコースなどの単糖類を分解してエタノールと　B　を生成するアルコール発酵のほか，　C　菌によりチーズやヨーグルトが作られる　C　発酵，酢酸菌により食酢が作られる酢酸発酵などがある。

	A	B	C
1	酵母	酸素	酪酸
2	酵母	二酸化炭素	乳酸
3	コウジ	酸素	酪酸
4	コウジ	二酸化炭素	乳酸
5	コウジ	二酸化炭素	酪酸

> **身近なものの生成方法が問われる**

別冊模試59ページ ▶

この問題の特徴

異化の分野の嫌気呼吸すなわち，酸素を必要としない呼吸の中の，発酵に関する問題です。発酵の分類と生成物を押さえる必要があります。好気呼吸（酸素を用いてエネルギーを取り出す呼吸）とともに，両者の違いについてよく問われます。また，同化（光合成）についても押さえておきましょう。

解答のコツ

空欄補充の形式のため，知っている所から絞り込むことが可能です。BとCについては比較的容易に選択できると思われるため，カギはAの語句となります。

解説

微生物の中には，酵母菌や乳酸菌など，酸素がなくてもブドウ糖などの有機物を分解してエネルギーを生産することのできる生物がいる。このように酸素を必要としない呼吸を嫌気呼吸という。嫌気呼吸は，すべて細胞質基質で行われる。

発酵は，できる物質（生成物）によって分類される。

・アルコール発酵…酵母菌によって，ブドウ糖がエタノールと二酸化炭素に分解される。酒，ビールの醸造，パンの発酵など。

・乳酸発酵…乳酸菌によって，ブドウ糖が乳酸に分解される。ヨーグルトやチーズの製造など。

・酢酸発酵…酢酸菌によって食酢が作られるなど。

また，発酵のうち，有機物が分解されて，毒性や悪臭のある物質ができるときは，腐敗という。

A＝酵母，B＝二酸化炭素，C＝乳酸となり，正答は**2**である。

PART III 過去問の徹底研究

正答 **2**

173

No.45 気象

教養試験 特別区経験者 地学

理想解答時間 1分　合格者正答率 75%

次の文は，高気圧および低気圧に関する記述であるが，文中の空欄A～Eに該当する語の組合せとして，妥当なのはどれか。

　北半球では，地上付近の風は，　A　の中心に向かって　B　に吹き込み，　C　の中心から　D　に吹き出す。
　北西太平洋または南シナ海で発達した　E　のうち，最大風速が17.2m/秒以上になったものを，わが国では台風と呼んでいる。

気象は頻出テーマ

	A	B	C	D	E
1	低気圧	時計回り	高気圧	反時計回り	熱帯低気圧
2	低気圧	時計回り	高気圧	反時計回り	温帯低気圧
3	低気圧	反時計回り	高気圧	時計回り	熱帯低気圧
4	高気圧	時計回り	低気圧	反時計回り	温帯低気圧
5	高気圧	反時計回り	低気圧	時計回り	熱帯低気圧

別冊模試59ページ

この問題の特徴

気象現象に関する問題です。高気圧と低気圧の仕組みについての文章に用語を入れていくもので，よく問われるテーマです。これに加え，前線や気団，日本の天気についても広く学んでおきましょう。

解答のコツ

AとC，BとDについては，きちんと覚えておかないと逆に選んでしまうことがあります。どうしてそうなるのかを理解しておくと一層興味が出て，忘れにくくなるでしょう。Eに関しては，正しく選べると思われるので，やはりポイントは，BとDです。

解説

　周囲に比べ，気圧が高いとき，高気圧という。高気圧の中心では風が四方に吹き出す。ただ，地球の自転によってその方向が右向きになる。すなわち，地上付近では，高気圧の中心から北半球では時計回りに（右回り）吹き出す。
　また，周囲に比べ，気圧が低いとき，低気圧という。低気圧の中心では周りから風が吹き込む。やはり地球の自転によって力がはたらき，その結果，地上付近では，風は低気圧の中心に向かって，北半球では反時計回りに吹き込む。

　熱帯低気圧の中心付近で水蒸気を多量に含んだ大気が上昇し，上空で雲が発生する。そのとき多量の潜熱を放出して発達した熱帯低気圧のうち，最大風速が17.2m/秒以上のものを，日本では台風と呼ぶ。
　A＝低気圧，B＝反時計回り，C＝高気圧，D＝時計回り，E＝熱帯低気圧となり，正答は**3**である。

正答 **3**

今の実力と
やるべきことがわかる！

PART Ⅳ

これで受かる？
実力判定 & 学習法
アドバイス

「過去問模試」を解き終わったら採点をして，
今の実力をしっかりと認識しましょう。
学習を始めたばかりでは良い点は取れませんが，
あまり気にする必要はありません。
それよりも，自分の得意分野・不得意分野を自覚して
対策を立てるほうが大事です。
ここでは，「過去問模試」の結果から今の実力を判定し，
どの分野が弱点なのかを明らかにします。
そして，得意・不得意の内容に応じた学習法を伝授します。

実力判定&学習法アドバイス

教養試験（国家）を採点してみよう！

「過去問模試」で正答できた問題について，表中の欄にチェックをし，正答数を数えてみましょう。どの科目も1問につき1点になります。

問題番号	科目	正答	1回目	2回目	3回目	分野
No.1	政治	3				
No.2	政治	1				
No.3	経済	4				※①に加算する
No.4	経済	4				
No.5	社会	1				
No.6	思想（倫理）	1				
No.7	世界史	5				
No.8	世界史	3				
No.9	日本史	2				
No.10	日本史	2				
No.11	地理	4				
No.12	地理	1				
No.13	文学・芸術	4				
No.14	国語	1				184ページ
No.15	数学	2				
No.16	物理	3				
No.17	化学	5				
No.18	生物	2				
No.19	生物	3				
No.20	地学	4				185ページ

結果判定の生かし方

　模擬試験は，採点して結果を確認し，その後の勉強に生かすことが大事です。また，2回，3回と繰り返すことも重要です。繰り返すことで実力がついていることが確認できますし，1回目に正答しても2回目に間違えたのであれば，その問題については復習が必要なことがわかります。

問題番号	科目	正答	1回目	2回目	3回目	分野
No.21	判断推理	1				
No.22	判断推理	3				
No.23	判断推理	4				
No.24	判断推理	2				❹ 判断推理 ＋ 数的推理
No.25	判断推理	2				
No.26	判断推理	3				1回目 /11
No.27	数的推理	4				2回目 /11
No.28	数的推理	5				3回目 /11
No.29	数的推理	3				
No.30	数的推理	3				
No.31	数的推理	5				181ページ
No.32	資料解釈	4				
No.33	資料解釈	5				
No.34	文章理解	5				❺ 文章理解 ＋ 資料解釈
No.35	文章理解	4				1回目 /9
No.36	文章理解	1				2回目 /9
No.37	文章理解	3				3回目 /9
No.38	文章理解	4				
No.39	文章理解	5				
No.40	文章理解	3				182ページ

❹＋❺ 一般知能分野

1回目 　/20
2回目 　/20
3回目 　/20

❶〜❺ 総合得点

1回目 　/40
2回目 　/40
3回目 　/40

180ページ

実力判定&学習法アドバイス

教養試験(特別区経験者)を採点してみよう！

「過去問模試」で正答できた問題について，表中の欄にチェックをし，正答数を数えてみましょう。どの科目も1問につき1点になります。

問題番号	科目	正答	1回目	2回目	3回目	分野
No.1	文章理解	5				
No.2	文章理解	5				
No.3	文章理解	5				
No.4	文章理解	2				※④に加算する
No.5	文章理解	2				
No.6	文章理解	4				
No.7	文章理解	4				
No.8	英語	4				※②に加算する
No.9	判断推理	3				
No.10	判断推理	3				
No.11	判断推理	5				判断推理 + 数的推理
No.12	判断推理	2				
No.13	数的推理	4				
No.14	数的推理	5				
No.15	数的推理	3				
No.16	数的推理	1				181ページ
No.17	資料解釈	4				
No.18	資料解釈	5				※④に加算する
No.19	資料解釈	5				
No.20	資料解釈	2				
No.21	判断推理	2				
No.22	判断推理	4				※⑤に加算する
No.23	判断推理	4				
No.24	判断推理	5				

結 果 判 定 の 生 か し 方

　模擬試験は，採点して結果を確認し，その後の勉強に生かすことが大事です。また，2回，3回と繰り返すことも重要です。繰り返すことで実力がついていることが確認できますし，1回目に正答しても2回目に間違えたのであれば，その問題については復習が必要なことがわかります。

問題番号	科目	正答	1回目	2回目	3回目	分野
No.25	社会事情	2				
No.26	社会事情	2				❶ 社会科学
No.27	社会事情	3				
No.28	社会事情	1				1回目 /11
No.29	社会事情	2				2回目 /11
No.30	社会事情	5				3回目 /11
No.31	政治	1				183ページ
No.32	政治	4				
No.33	政治	3				
No.34	経済	2				
No.35	社会	2				
No.36	国語	5				❷ 人文科学
No.37	日本史	1				1回目 /5
No.38	世界史	3				2回目 /5
No.39	地理	2				3回目 /5
No.40	文学・芸術	2				184ページ
No.41	物理	3				❸ 自然科学
No.42	化学	1				1回目 /5
No.43	化学	1				2回目 /5
No.44	生物	2				3回目 /5
No.45	地学	3				185ページ

❶+❷+❸ 一般知識分野

1回目 /22
2回目 /22
3回目 /22

❶〜❺ 総合得点

1回目 /45
2回目 /45
3回目 /45

180ページ

PART IV 実力判定＆学習法アドバイス

実力判定&学習法アドバイス

教養試験の総合得点 診断結果発表

177・179ページの「総合得点」の結果から，あなたの今の実力と，今後とるべき対策が見えてきます。では，さっそく見てみましょう！

国家 30点以上／特別区経験者 29点以上
合格圏内です！　教養以外の対策も進めましょう

　教養試験でこれだけ得点できれば，自信を持てます。「新・初級スーパー過去問ゼミ」などの問題集に取り組んで，力を維持しましょう。過去問の学習ではカバーできない時事問題対策も忘れずに。

　論文試験や面接で失敗しないように，それらの対策も考えていきましょう。

オススメ本
『公務員試験　速攻の時事』（毎年2月に刊行）

国家 22点以上／特別区経験者 21点以上
合格ラインです！　確実な得点力を身につけましょう

　合格ラインには達しています。しかし，いつでも，どんな問題でも同じ得点を取れますか？　その点では安心できません。
　安定的に高得点が取れるように，さらに問題演習を重ねていきましょう。
　なお，特別区経験者の場合は，本番では45問中35問を選択解答すればよいわけですから，ここでは合格ラインを緩めに設定しています。

オススメ本
「らくらく総まとめ」シリーズ
「初級スーパー過去問ゼミ」シリーズ

国家 22点未満／特別区経験者 21点未満
まだまだこれから！　学習次第で実力をつけることは十分可能

　このままでは合格は難しいでしょう。
　しかし，学習を始めたばかりの人は，ほとんどがこのカテゴリに属しているはずです。公務員試験には知識もコツも必要なので，合格者でも最初から高得点が取れたわけではありません。
　落ち込む必要はありません。次ページ以降で各分野・科目の得意・不得意を確認して，あなたに向いた学習方針を探りましょう。

1 判断推理・数的推理の学習法

得点別に判定!

教養試験の最重要科目である判断推理と数的推理について，177・178ページの「⑤判断推理＋数的推理」の結果から，今後の対策を考えましょう。

10点以上 実力十分です！他の科目で足元をすくわれないように

判断推理・数的推理の得点力はかなりあります。あとは他の科目で得点を稼げば教養試験の合格ラインに近づきます。

ただし，理想をいえば満点が欲しいところです。「過去問模試」は過去問から定番の問題をピックアップしているので，難解な問題や意地悪な問題は含まれていないからです。時間をおいて再挑戦してみましょう。

オススメ本
『らくらく総まとめ　判断・数的推理』
『初級スーパー過去問ゼミ　判断推理』
『初級スーパー過去問ゼミ　数的推理』

6点以上 基礎力はあります！問題演習で得点力アップをめざそう

基礎的な問題を解く力はありますが，この点数では物足りません。

原因としては，①少しひねった問題だと対応できない，②時間がかかりすぎる，などが考えられます。どちらにしても，問題を解く筋道をパターン化して，「この問題ならこの解法！」と即座に反応できるようになることです。そのためには問題集で数多くの問題に取り組むことが有効です。

オススメ本
『らくらく総まとめ　判断・数的推理』
『初級スーパー過去問ゼミ　判断推理』
『初級スーパー過去問ゼミ　数的推理』

6点未満 基本から勉強！コツをつかめば得点はすぐ伸びます

判断推理や数的推理は公務員試験に特有のものなので，学習を始めたばかりの人は戸惑います。まずは初学者にやさしいテキストで基本から学習しましょう。きっかけさえつかめれば得点はグングン伸びていきます。

オススメ本
『初級公務員試験　よくわかる判断推理』
『初級公務員試験　よくわかる数的推理』

※本文中に挙げた書籍については，巻末「公務員受験BOOKS」を参照

2 得点別に判定！ 文章理解・資料解釈の学習法

文章理解と資料解釈について，177・178ページの「④文章理解＋資料解釈」の結果から，今後の対策を考えましょう。

7点以上　言うことなし！あとは解答時間の短縮だけ

　文章理解・資料解釈の得点力はかなりあります。ただし，解答時間はどのくらいかかりましたか？　他の科目の問題に割くべき時間を文章理解・資料解釈に使っていませんか？
　教養試験は時間との戦いです。文章理解・資料解釈についても，より短い時間で解答することを心掛けましょう。

オススメ本
『初級スーパー過去問ゼミ　文章理解・資料解釈』

3点以上　もう少し得点したい！地道に実力アップをめざそう

　教養試験は時間が足りないので，文章理解や資料解釈のような時間がかかりそうな問題はパスしたくなります。
　これに対する対策は，「この問題なら解けそうだ」と思える問題を増やすことです。文章理解や資料解釈の得点力は急激に伸ばすことは難しいので，問題演習を重ねてコツコツと実力をつけるしかありません。

オススメ本
『初級スーパー過去問ゼミ　文章理解・資料解釈』

3点未満　この得点では苦しい！でも，コツをつかめば伸びしろは大きい

　文章理解や資料解釈は，得点源にしやすい科目ではありません。しかし，知識を問われるわけではなく，じっくり考えれば正答することのできる科目なので半分は正答したいところです。問題集が難しいようなら，基礎的な解法を学べるテキストを見てみるのもよいでしょう。

オススメ本
『初級スーパー過去問ゼミ　文章理解・資料解釈』

③ 社会科学の学習法

得点別に判定！

社会科学について，176・179ページの「①社会科学」の結果から，今後の対策を考えましょう。

国家 4点以上／特別区経験者 6点以上 実力十分です！ただし時事問題の動向に注意

　社会科学は時事的な内容が多く出題されるので，年度によって，出題内容が変化します。そのため，社会情勢に左右されない政治学や憲法，経済学の基礎的な理論・知識については確実に正答したいところです。

　時事的な内容については，毎年の新しい話題に注意を払う必要があります。とはいえ「どこに注目すべきか」のコツをつかむのは容易ではないため，公務員試験用の時事対策本を活用するのが早道です。

　なお，特別区経験者の場合は，社会事情の6問は必須，それ以外の5問は選択解答となっています。選択解答分は解答しないことも可能ですから，自分の得意不得意で考えればよいのです。ただし，いずれにせよ，必須科目の社会事情の対策はしなければなりませんので，それと合わせて社会科学全体の対策をしたほうが効率よいでしょう。

オススメ本
『らくらく総まとめ　社会科学』
『初級公務員　一般知識らくらくマスター』
『公務員試験　速攻の時事』（毎年2月に刊行）
『公務員試験　速攻の時事　実戦トレーニング編』（毎年2月に刊行）

国家 4点未満／特別区経験者 6点未満 得意なのは特定科目だけ？全般的な得点力アップをめざそう

　社会科学は「政治」「経済」「社会」などの科目で構成されますが，そのうちのどれかが苦手という人は多くいます。その場合，社会科学全体で見ると半分そこそこの得点にとどまってしまいます。

　数多くの問題を解くことで，社会科学全体の得点力を引き上げることが可能です。

　なお，特別区経験者の場合は，社会事情の6問は必須，それ以外の5問は選択解答となっています。選択解答分は解答しないことも可能ですから，不得意ならば捨て科目にすることもできます。しかし，必須科目の社会事情は落とすわけにはいきませんので，しっかり対策しておきましょう。

オススメ本
『らくらく総まとめ　社会科学』
『初級公務員　一般知識らくらくマスター』
『初級スーパー過去問ゼミ　社会科学』

PART IV　実力判定＆学習法アドバイス

4 人文科学の学習法

得点別に判定！

人文科学について、176・179ページの「②人文科学」の結果から、今後の対策を考えましょう。

国家 6点以上 ／ 特別区経験者 3点以上
実力があります！だからこそ深入りは禁物

人文科学はとても広い範囲から出題されます。たとえば世界史だけで考えても、古代から現代までとても広い範囲から出題の可能性があります。ですから、人文科学の学習は「キリがない」ともいえるのです。

ときどき、マニアックに細かく勉強している人がいますが、それでは非効率的です。「過去問模試」で高得点を取れるような人が、さらに人文科学を極めても、これ以上得点は伸びません。満点をめざしてもあまり意味はないので、他の苦手科目・分野に目を向けましょう。

なお、特別区経験者の場合は、人文科学は選択解答となっています。現時点で3点以上取れるようでしたら、十分に得点科目とすることができるでしょうから、さらに磨きをかけておきましょう。

オススメ本
『らくらく総まとめ 人文科学』
『初級公務員 一般知識らくらくマスター』
『初級スーパー過去問ゼミ 人文科学』

国家 6点未満 ／ 特別区経験者 3点未満
向上の余地あり！得点力アップをめざそう

人文科学に深入りは禁物ですが、半分程度の正答率という人は、もう少し得点力を伸ばせるでしょう。毎年どこかの試験で出題される最頻出テーマはもちろん、より長い間隔で出題されるテーマについても、問題演習の中で知識を確認しておきたいところです。

なお、特別区経験者の場合は、人文科学は選択解答となっています。解答しないことも可能ですから、不得意ならば捨て科目にすることもできます。

オススメ本
『らくらく総まとめ 人文科学』
『初級公務員 一般知識らくらくマスター』
『初級スーパー過去問ゼミ 人文科学』

5 自然科学の学習法

得点別に判定！

自然科学について，176・179ページの「③自然科学」の結果から，今後の対策を考えましょう。

国家 3点以上 ／ 特別区経験者 3点以上
実力があります！他の科目・分野にも目を向けよう

　公務員試験の受験生は，文系出身者が多いということもあって，自然科学に苦手意識を持つ人が多くなっています。そのため，自然科学が得意であれば他の受験生に差をつけることができます。

　すでに「過去問模試」で高得点を取れるのであれば，他の受験生に対してリードを奪っているということなので，ここはむしろ他の苦手科目・分野に目を向けるほうが得策でしょう。

　なお，特別区経験者の場合は，自然科学は選択解答となっています。現時点で3点以上取れるようでしたら，十分に得点科目とすることができるでしょうから，さらに磨きをかけておきましょう。

オススメ本
『らくらく総まとめ　自然科学』
『初級公務員　一般知識らくらくマスター』
『初級スーパー過去問ゼミ　自然科学』
『公務員試験　速攻の自然科学』

国家 3点未満 ／ 特別区経験者 3点未満
得点力は伸びる！解法のパターンを習得しよう

　自然科学は，高校で数学や理科をあまり学ばなかった初学者には難しく感じられます。しかし，自然科学には特定の頻出テーマがあり，特定の知識（公式など）さえ知っていれば，パターン化された解法で解ける問題も多いのです。そのため，問題演習を繰り返していくことで得点力を上げることが可能です。

　なお，特別区経験者の場合は，自然科学は選択解答となっています。解答しないことも可能ですから，不得意ならば捨て科目にすることもできます。

オススメ本
『らくらく総まとめ　自然科学』
『初級公務員　一般知識らくらくマスター』
『初級スーパー過去問ゼミ　自然科学』
『公務員試験　速攻の自然科学』

適性試験

事務適性検査とも呼ばれる「適性試験」は，
受験者の事務処理能力をみる試験です。
簡単な作業を繰り返すだけなので，だれにでもできますが，
きちんとした対策した人とそうでない人とでは，
数十点の差がつくともいわれます。
合格を確実なものとするためには，
適性試験を穴にするわけにはいきません。
賢く対策を立てておきましょう。

自分が受ける試験に適性試験があるかどうかわからない

適性試験のない試験もたくさんあります。ムダな準備をしなくていいように事前に調べておきましょう

◘ 全員に必要なものではありません

　適性試験は，**国家一般職（社会人）**や，**市役所**の採用試験で課されます。市役所の場合は，市によって実施の有無が異なるので，あらかじめ情報収集をして（過去に適性試験の出題があったか）おくのがよいでしょう。市役所のウェブサイトなどの情報や，直近の受験案内（募集要項）で調べられますが，なかには「適性試験」なのか，「適性検査」（性格検査）なのか，はっきりとしない記述のところもあります。そんなときは公務員受験情報誌『受験ジャーナル』の市役所特集などに目を通すのがおすすめです。

　過去に出題実績がなければ対策に時間をかける必要はありません。どうしても過去の実績が不明な場合は念のため対策をしておくのがよいでしょう。

適性試験と適性検査の違いは32〜33ページを見てね！

■ 適性試験の対策が必要な人

① 国家一般職（社会人）事務を受験する人 → かなり難しい問題が出るので心して取り組むべし

ウエート大！

② 適性試験が出るとわかっている市役所やその他の試験を受験する人 → 一次試験突破のカギとなるので必ず対策をしておくこと

上級～初級の区分のない市役所や専門試験のない試験区分に多いよ

ウエート中！

③ 適性試験が出るのかよくわからない市役所を受験する人 → いざというときのために，ひととおりやっておくこと

「適性検査」って書いてあるけどどうかなぁというときなど

ウエート小！

　上記以外の人は適性試験の対策は不要です。そのぶん，教養試験をはじめほかの試験の対策を充実させておきましょう。

適性試験ってどんなもの？

まずは，「別冊 過去問模試」を見てみましょう

論より証拠，習うより慣れよ

　まずは「別冊　過去問模試」に掲載されている適性試験をその目で確認してみましょう。問題を見ると，なんだかややこしいパズルのような気がしませんか？　これを，順番にこつこつと試験時間内に解くのです。試験時間は15分です。

　論より証拠といいますのでやってみてください。**たいていの人は半分も行かないうちに時間になることでしょう**。本試験での平均点も45点（120点満点中）ほどですから，適性試験の中でも難しい部類といってもいいでしょう。**市役所などで課されている適性試験はここまで難しくはないです**。

　ちなみに，国家一般職の基準点は42点（満点の35％）ですから，適性試験の点数が足りなくて基準点落ちした人も多いと推測されます。

　やる気を失いましたか？　しかし，この**適性試験を攻略できれば，基準点におびえる必要はないわけですし，それどころか周りの受験者を引き離すことだって可能**です。

　もちろん，攻略法だってあるのです。次ページ以降をどうぞ。

適性試験攻略のカギはなに？

「減点法」という特殊な採点法に要注意です

◘ 知らないと大変なことになる「減点法」

　私たちの身の回りの試験の世界では，正答した分だけが得点となるのが一般的です。しかし，減点法では，「得点＝正答数－誤答数」となります。このとき，誤答数の中には，間違えたものはもちろんのこと，無答（解答を飛ばしたもの）や答えを2つ以上マークしたものも含まれます。

> 例　No.87まで解答し，6問間違え，8問飛ばしてしまった場合
> 　　　正答数＝87－6－8＝73
> 　　　得点＝73－6－8＝59
> したがって，得点は59点となります。

　極端な場合を考えますと，No.1～No.60をていねいにパーフェクトに解いていたとしても，最後のNo.61で解答欄を間違えて，No.120の欄にマークをしてしまったら，得点＝60－60＝0点です。最後にマークしたところまでが解答範囲と見なされますからこうなってしまうのです。もしNo.60で終えていたら，60点となったところです。減点法は誤答分が大きく影響しますので注意しましょう。

基準点については34ページを見てね！

　なお，理論上では得点がマイナスになることもありますが，そのときはどうなるんだ，などと心配するには及びません。すでに基準点を下回っているのは明白ですので，挽回の余地はないのです。

◘ 「減点法」への対処は，「慎重に，正確に」

　減点法の仕組みを知らなければうっかりミスをやってしまうでしょうが，あらかじめ知っていれば，「慎重に，正確に」解くことがいかに大切かがわかります。したがって，日頃の練習でも，「慎重に，正確に」を心がけましょう。高得点を上げるためにはもちろんスピードだって必要なのですが，まずは「慎重に，正確に」なのです。慣れるうちにスピードは身についてきます。

ズバリおすすめの攻略法は?

毎日コツコツが一番効きます!

適性試験の練習は毎日コツコツが確実に効く

　毎日コツコツやるなんて，芸がない。攻略法とも言えない，なんて思っていませんか？

　しかし，これが一番苦労とムダの少ない方法なんです。なぜか？　適性試験は何かを一生懸命覚えたりする教養試験とは異なり，いわば運動神経を鍛えるのと同じように「慣れ」が成長のカギなのです。したがって，継続して練習することが一番の近道です。

　継続するといっても，大げさに考える必要はありません。1日10題とか，1日10分とか，そんな**少しずつの継続でよい**のです。たまにまとまった時間を取って，本試験さながらに時間を計って解答し，ていねいに答え合わせをする日をつくれば本試験までに十分な力がつきます。

　この適性試験は，高校卒業程度の公務員試験でよく課されるのですが，練習熱心な高校生では，時間内に全問解き終えたとか，1問しか間違えなかった，という強者たちもいたりします。適性試験だけできてもダメなのですが，逆に，人との差をつけにくい教養試験よりも，お得だったりもします。教養試験の勉強前に10分間適性をやってペースメーカーにするとか，昼食前の10分だけ適性の練習にあてるとか，工夫次第で負担を感じずに攻略できますよ。

目標スピードは…

　ちなみに，本試験を楽に受けられる目標解答スピードは，**10題で1分〜1分30秒**といわれます。受験勉強の終盤にこのスピードが身についていればいうことありません。

適性試験

形式別傾向と対策

付録　適性試験の攻略法

計算

　四則計算（＋，－，×，÷）です。ケタ数も1ケタ〜2ケタが主流で，1問1問は難しいものではありませんが，そんなことは出題者だってお見通しです。数字を文字に置き換えて出題する，答えの一の位を答えさせる，答えを分類表から探させてその分類表の数字を答えさせる，など，ヒネリは必須だと思っておいてください。

置換

　数字をアルファベットに置き換える，アルファベットをひらがなに置き換える，などを置換といいます。これも，一つずつ見れば難しくはありません。しかし，同じような形などトラップは至る所に仕掛けられます。引っかからないようにしましょう。

分類

　文字，数字を「手引」によって分類するものです。単純なことですが，なめてかかると引っかけにはまります。また，計算結果を分類させるといった工夫で難易度を上げることがよくあります。

照合

　単純にいえば，左右の文（文字列）が同じか違うか，を見極めるものです。それだけなら簡単そうですが，左の文を指示どおりに直したものが右にあり，直し間違えた箇所を答えさせるといった小ワザを使ってきます。

図形把握

　受験者の中では「一番苦手」という人の多いのが図形把握です。攻略のポイントはずばり「目のつけどころ」です。それは，→（矢印）の向きであったり，黒塗りのマスであったりします。どこが引っかけになりやすいのか，練習を積むうちにつかめてきます。そうしたら，正答が浮き上がって見えてくる，という合格者の体験談もありますよ。

これらの複合問題

　適性試験は，練習すればしただけ得点に結びつくお得な試験種目です。したがって，練習を熱心にする受験者が多い試験（高校卒業程度の国家一般職など）では得点に差がつかない場合が出てきます。これでは，試験を実施する側としてはまずいのです。点差をつけてもらわないと振り落しがうまくできませんから。そこで，いろいろな形式を組み合わせてとにかく手間のかかる問題を作ろうとします。それが「複合問題」です。その攻略法も，結局は「練習で慣れること」以外にありません。逆に言えば，練習さえすれば速く正確に解けるのですから，練習時間は惜しまないようにしましょう。

オススメ本
『初級スーパー過去問ゼミ　適性試験』

カバーデザイン	サイクルデザイン
本文デザイン	サイクルデザイン
イラスト	アキワシンヤ

●本書の内容に関するお問合せについて

本書の内容に誤りと思われるところがありましたら，まずは小社ブックスサイト（jitsumu.hondana.jp）中の本書ページ内にある正誤表・訂正表をご確認ください。正誤表・訂正表がない場合や，正誤表・訂正表に該当箇所が掲載されていない場合は，書名，発行年月日，お客様のお名前・連絡先，該当箇所のページ番号と具体的な誤りの内容・理由等をご記入のうえ，郵便，FAX，メールにてお問合せください。

〒163-8671　東京都新宿区新宿1-1-12　実務教育出版　第二編集部問合せ窓口
FAX：03-5369-2237　　　E-mail：jitsumu_2hen@jitsumu.co.jp

【ご注意】

※電話でのお問合せは，一切受け付けておりません。

※内容の正誤以外のお問合せ（詳しい解説・受験指導のご要望等）には対応できません。

2023年度版
社会人が受けられる公務員試験　早わかりブック

2021年11月10日　初版第1刷発行　　　　　　　　　　　　　〈検印省略〉

編　者	資格試験研究会
発行者	小山隆之

発行所	株式会社　実務教育出版
	〒163-8671　東京都新宿区新宿1-1-12
	☎編集　03-3355-1812　　販売　03-3355-1951
	振替　00160-0-78270
組　版	明昌堂
印　刷	文化カラー印刷
製　本	東京美術紙工

©JITSUMUKYOIKU-SHUPPAN　2021　　　本書掲載の試験問題等は無断転載を禁じます。
ISBN 978-4-7889-7488-3 C0030　Printed in Japan
乱丁，落丁本は本社にておとりかえいたします。

［公務員受験BOOKS］

実務教育出版では、公務員試験の基礎固めから実戦演習にまで役に立つさまざまな入門書や問題集をご用意しています。過去問を徹底分析して出題ポイントをピックアップし、すばやく正確に解くテクニックを伝授します。あなたの学習計画に適した書籍を、ぜひご活用ください。

なお、各書籍の詳細については、弊社のブックスサイトをご覧ください。

https://www.jitsumu.co.jp

人気試験の入門書

何から始めたらよいのかわからない人でも、どんな試験が行われるのか、どんな問題が出るのか、どんな学習が有効なのかが1冊でわかる入門ガイドです。「過去問模試」は実際に出題された過去問でつくられているので、時間を計って解けば公務員試験をリアルに体験できます。

★「**公務員試験早わかりブック**」シリーズ ［年度版］＊ ●資格試験研究会編

地方上級試験 早わかりブック	**市役所試験** 早わかりブック
警察官試験 早わかりブック	**消防官試験** 早わかりブック
社会人 が受けられる **公務員試験** 早わかりブック	**高校卒** で受けられる **公務員試験** 早わかりブック ［国家一般職（高卒）・地方初級・市役所初級等］
社会人基礎試験 早わかり問題集	**市役所新教養試験** Light & Logical 早わかり問題集

公務員試験で出る **SPI・SCOA** 早わかり問題集 ※本書のみ非年度版 ●定価1430円

過去問正文化問題集

問題にダイレクトに書き込みを加え、誤りの部分を赤字で直して正しい文にする「正文化」という勉強法をサポートする問題集です。完全な見開き展開で書き込みスペースも豊富なので、学習の能率アップが図れます。さらに赤字が消えるセルシートを使えば、問題演習もバッチリ！

★上・中級公務員試験「**過去問ダイレクトナビ**」シリーズ ［年度版］●資格試験研究会編

過去問ダイレクトナビ **政治・経済**	過去問ダイレクトナビ **日本史**
過去問ダイレクトナビ **世界史**	過去問ダイレクトナビ **地理**
過去問ダイレクトナビ **物理・化学**	過去問ダイレクトナビ **生物・地学**

一般知能分野を学ぶ

一般知能分野の問題は一見複雑に見えますが、実際にはいくつかの出題パターンがあり、それに対する解法パターンが存在しています。基礎から学べるテキスト、解説が詳しい初学者向けの問題集、実戦的なテクニック集などで、さまざまな問題に取り組んでみましょう。

標準 判断推理 ［改訂版］ 田辺 勉著 ●定価2310円	**標準 数的推理** ［改訂版］ 田辺 勉著 ●定価2200円
判断推理 がみるみるわかる **解法の玉手箱** ［改訂第2版］ 資格試験研究会編 ●定価1540円	**数的推理** がみるみるわかる **解法の玉手箱** ［改訂第2版］ 資格試験研究会編 ●定価1540円
判断推理 必殺の解法パターン ［改訂第2版］ 鈴木清士著 ●定価1320円	**数的推理** 光速の解法テクニック ［改訂版］ 鈴木清士著 ●定価1175円
空間把握 伝説の解法プログラム 鈴木清士著 ●定価1210円	**資料解釈** 天空の解法パラダイム 鈴木清士著 ●定価1760円
文章理解 すぐ解ける〈直感ルール〉ブック ［改訂版］　瀧口雅仁著 ●定価1980円	公務員試験 **無敵の文章理解メソッド** 鈴木鋭智著 ●定価1540円

年度版の書籍については、当社ホームページで価格をご確認ください。https://www.jitsumu.co.jp/

公務員試験に出る専門科目について、初学者でもわかりやすく解説した基本書の各シリーズ。
「はじめて学ぶシリーズ」は、豊富な図解で、難解な専門科目もすっきりマスターできます。

はじめて学ぶ **政治学**
加藤秀治郎著●定価1175円

はじめて学ぶ **国際関係** [改訂版]
高瀬淳一著●定価1320円

はじめて学ぶ **ミクロ経済学** [第2版]
幸村千佳良著●定価1430円

はじめて学ぶ **マクロ経済学** [第2版]
幸村千佳良著●定価1540円

どちらも公務員試験の最重要科目である経済学と行政法を、基礎から応用まで詳しく学べる本格的な
基本書です。大学での教科書採用も多くなっています。

経済学ベーシックゼミナール
西村和雄・八木尚志共著●定価3080円

経済学ゼミナール 上級編
西村和雄・友田康信共著●定価3520円

新プロゼミ行政法
石川敏行著●定価2970円

苦手意識を持っている受験生が多い科目をピックアップして、初学者が挫折しがちなところを徹底的
にフォロー！やさしい解説で実力を養成する入門書です。

最初でつまずかない経済学 [ミクロ編]
村尾英俊著●定価1980円

最初でつまずかない経済学 [マクロ編]
村尾英俊著●定価1980円

最初でつまずかない民法Ⅰ [総則／物権 担保物権]
鶴田秀樹著●定価1870円

最初でつまずかない民法Ⅱ [債権総論・各論 家族法]
鶴田秀樹著●定価1870円

最初でつまずかない行政法
吉田としひろ著●定価1870円

最初でつまずかない数的推理
佐々木淳著●定価1870円

ライト感覚で学べ、すぐに実戦的な力が身につく過去問トレーニングシリーズ。地方上級・市役所・
国家一般職［大卒］レベルに合わせて、試験によく出る基本問題を厳選。素早く正答を見抜くポイン
トを伝授し、サラッとこなせて何度も復習できるので、短期間での攻略も可能です。

★公務員試験「スピード解説」シリーズ 資格試験研究会編●定価1650円

スピード解説 **判断推理**
資格試験研究会編 結城順平執筆

スピード解説 **数的推理**
資格試験研究会編 永野龍彦執筆

スピード解説 **図形・空間把握**
資格試験研究会編 永野龍彦執筆

スピード解説 **資料解釈**
資格試験研究会編 結城順平執筆

スピード解説 **文章理解**
資格試験研究会編 饗庭悟執筆

スピード解説 **憲法**
資格試験研究会編 鶴田秀樹執筆

スピード解説 **行政法**
資格試験研究会編 吉田としひろ執筆

スピード解説 **民法Ⅰ** [総則／物権 担保物権] [改訂版]
資格試験研究会編 鶴田秀樹執筆

スピード解説 **民法Ⅱ** [債権総論・各論 家族法] [改訂版]
資格試験研究会編 鶴田秀樹執筆

スピード解説 **政治学・行政学**
資格試験研究会編 近裕一執筆

スピード解説 **国際関係**
資格試験研究会編 高瀬淳一執筆

スピード解説 **ミクロ経済学**
資格試験研究会編 村尾英俊執筆

スピード解説 **マクロ経済学**
資格試験研究会編 村尾英俊執筆

選択肢ごとに問題を分解し、テーマ別にまとめた過去問演習書です。見開き2ページ完結で読みや
すく、選択肢問題の「引っかけ方」が一目でわかります。「暗記用赤シート」付き。

一問一答 **スピード攻略 社会科学**
資格試験研究会編●定価1430円

一問一答 **スピード攻略 人文科学**
資格試験研究会編●定価1430円

地方上級/国家総合職・一般職・専門職試験に対応した過去問演習書の決定版が、さらにパワーアップ！　最新の出題傾向に沿った問題を多数収録し、選択肢の一つひとつまで検証して正誤のポイントを解説。強化したい科目に合わせて徹底的に演習できる問題集シリーズです。

過去問演習を通して実戦力を養成

★公務員試験「新スーパー過去問ゼミ6」シリーズ

◎教養分野
資格試験研究会編●定価：本体1800円＋税

新スーパー過去問ゼミ6 **社会科学** [政治/経済/社会]

新スーパー過去問ゼミ6 **人文科学** [日本史/世界史/地理/思想/文学・芸術]

新スーパー過去問ゼミ6 **自然科学** [物理/化学/生物/地学/数学]

新スーパー過去問ゼミ6 **判断推理**

新スーパー過去問ゼミ6 **数的推理**

新スーパー過去問ゼミ6 **文章理解・資料解釈**

◎専門分野
資格試験研究会編●定価：本体1800円＋税

新スーパー過去問ゼミ6 **憲法**

新スーパー過去問ゼミ6 **行政法**

新スーパー過去問ゼミ6 **民法Ⅰ** [総則/物権/担保物権]

新スーパー過去問ゼミ6 **民法Ⅱ** [債権総論・各論/家族法]

新スーパー過去問ゼミ6 **刑法**

新スーパー過去問ゼミ6 **労働法**

新スーパー過去問ゼミ6 **政治学**

新スーパー過去問ゼミ6 **行政学**

新スーパー過去問ゼミ6 **社会学**

新スーパー過去問ゼミ6 **国際関係**

新スーパー過去問ゼミ6 **ミクロ経済学**

新スーパー過去問ゼミ6 **マクロ経済学**

新スーパー過去問ゼミ6 **財政学**

新スーパー過去問ゼミ6 **経営学**

新スーパー過去問ゼミ6 **会計学** [択一式/記述式]

新スーパー過去問ゼミ6 **教育学・心理学**

受験生の定番「新スーパー過去問ゼミ」シリーズの警察官・消防官（消防士）試験版です。大学卒業程度の警察官・消防官試験と問題のレベルが近い市役所（上級）・地方中級試験対策としても役に立ちます。

★大卒程度「警察官・消防官 新スーパー過去問ゼミ」シリーズ

資格試験研究会編●定価：本体1300円＋税

警察官・消防官 新スーパー過去問ゼミ **社会科学** [改訂第2版] [政治/経済/社会・時事]

警察官・消防官 新スーパー過去問ゼミ **人文科学** [改訂第2版] [日本史/世界史/地理/思想/文学・芸術/国語]

警察官・消防官 新スーパー過去問ゼミ **自然科学** [改訂第2版] [数学/物理/化学/生物/地学]

警察官・消防官 新スーパー過去問ゼミ **判断推理** [改訂第2版]

警察官・消防官 新スーパー過去問ゼミ **数的推理** [改訂第2版]

警察官・消防官 新スーパー過去問ゼミ **文章理解・資料解釈** [改訂第2版]

要点整理＋理解度チェック

一般知識分野の要点整理集のシリーズです。覚えるべき項目は、付録の「暗記用赤シート」で隠すことができるので、効率よく学習できます。「新スーパー過去問ゼミ」シリーズに準拠したテーマ構成になっているので、「スー過去」との相性もバッチリです。

★上・中級公務員試験「新・光速マスター」シリーズ

資格試験研究会編●定価：本体1200円＋税

新・光速マスター **社会科学** [改訂版] [政治/経済/社会]

新・光速マスター **人文科学** [改訂版] [日本史/世界史/地理/思想/文学・芸術]

新・光速マスター **自然科学** [改訂版] [物理/化学/生物/地学/数学]

近年の過去問の中から500題（大卒警察官は350題）を精選。実力試しや試験別の出題傾向、レベル、出題範囲を知るために最適の「過去問＆解説」集です。最新の出題例も収録しています。

試験別に過去問チェック

★公務員試験 「合格の500」シリーズ［年度版］　●資格試験研究会編

国家総合職 教養試験過去問500	**地方上級** 教養試験過去問500
国家総合職 専門試験過去問500	**地方上級** 専門試験過去問500
国家一般職［大卒］教養試験過去問500	**東京都・特別区**［Ⅰ類］教養・専門試験過去問500
国家一般職［大卒］専門試験過去問500	**市役所上・中級** 教養・専門試験過去問500
国家専門職［大卒］教養・専門試験過去問500	**大卒警察官** 教養試験過去問350
大卒・高卒消防官 教養試験過去問350	

短期間で効率のよい受験対策をするために、実際の試験で問われる「必須知識」の習得と「過去問演習」の両方を20日間で終了できるよう構成した「テキスト＋演習書」の基本シリーズです。20日間の各テーマには、基礎事項確認の「理解度チェック」も付いています。

「テキスト＋問題演習」で実力を養う

★上・中級公務員試験 「20日間で学ぶ」シリーズ

◎教養分野
資格試験研究会編●定価：本体1300円＋税

20日間で学ぶ **政治・経済の基礎**［改訂版］	20日間で学ぶ **日本史・世界史**［文学・芸術］の基礎［改訂版］
20日間で学ぶ **物理・化学**［数学］の基礎［改訂版］	20日間で学ぶ **生物・地学の基礎**［改訂版］

◎専門分野
資格試験研究会編●定価：本体1400円＋税

20日間で学ぶ **憲法の基礎**［改訂版］ 長尾一紘 編著	20日間で学ぶ **国際関係の基礎**［改訂版］ 高瀬淳一 編著

国家一般職［大卒］・総合職、地方上級などの技術系区分に対応。「技術系スーパー過去問ゼミ」は頻出テーマ別の構成で、問題・解説に加えてポイント整理もあり体系的理解が深まります。「技術系〈最新〉過去問」は近年の問題をNo.順に全問掲載し、すべてに詳しい解説を付けています。

技術系区分対策の問題集

★上・中級公務員「技術系スーパー過去問ゼミ」シリーズ

技術系スーパー過去問ゼミ **工学に関する基礎**（数学／物理） 資格試験研究会編●定価：本体2800円＋税	技術系新スーパー過去問ゼミ **土木** 資格試験研究会編●定価：本体3000円＋税
技術系新スーパー過去問ゼミ **化学** 資格試験研究会編●定価：本体3000円＋税	技術系スーパー過去問ゼミ **電気・電子・情報** 資格試験研究会編●定価：本体2800円＋税
技術系スーパー過去問ゼミ **機械** 資格試験研究会編●定価：本体2800円＋税	技術系新スーパー過去問ゼミ **農学・農業** 資格試験研究会編●定価：本体3000円＋税

★技術系〈最新〉過去問シリーズ［隔年発行］

技術系〈最新〉過去問 **工学に関する基礎**（数学／物理） 資格試験研究会編	技術系〈最新〉過去問 **土木** 資格試験研究会編

年度版の書籍については、当社ホームページで価格をご確認ください。https://www.jitsumu.co.jp/

[公務員受験BOOKS]

高卒程度・社会人試験向け

実務教育出版では、高校卒業程度の公務員試験、社会人試験向けのラインナップも充実させています。あなたの学習計画に適した書籍を、ぜひご活用ください。

人気試験の入門書

何から始めたらよいのかわからない人でも、どんな試験が行われるのか、どんな問題が出るのか、どんな学習が有効なのかが1冊でわかる入門ガイドです。

★「公務員試験早わかりブック」シリーズ［年度版］●資格試験研究会編

高校卒で受けられる**公務員試験** 早わかりブック
［国家一般職（高卒）・地方初級・市役所初級等］

社会人が受けられる**公務員試験** 早わかりブック

市役所新教養試験 Light & Logical 早わかり問題集

社会人基礎試験 早わかり問題集

過去問演習で実力アップ

近年の出題傾向を徹底的に分析し、よく出る問題を厳選した過去問演習シリーズ。国家一般職［高卒・社会人］・地方初級を中心に高卒程度警察官・消防官などの初級公務員試験に対応しています。

★[高卒程度・社会人] 初級スーパー過去問ゼミ シリーズ　資格試験研究会編●定価1650円

初級スーパー過去問ゼミ **社会科学**［政治／経済／社会］

初級スーパー過去問ゼミ **人文科学**［日本史／世界史／地理／倫理／文学・芸術／国語］

初級スーパー過去問ゼミ **自然科学**［物理／化学／生物／地学／数学］

初級スーパー過去問ゼミ **判断推理**

初級スーパー過去問ゼミ **数的推理**

初級スーパー過去問ゼミ **適性試験**

初級スーパー過去問ゼミ **文章理解・資料解釈**

要点整理集

近年の出題傾向を徹底的に分析し、よく出るポイントを厳選してコンパクトにまとめた要点整理シリーズ。「初級スーパー過去問ゼミ」と併用して、すき間時間に知識の定着を図りましょう。

★[高卒程度・社会人] らくらく総まとめシリーズ　資格試験研究会編●定価1430円

らくらく総まとめ **社会科学**［政治／経済／社会］

らくらく総まとめ **人文科学**［日本史／世界史／地理／倫理／文学・芸術／国語］

らくらく総まとめ **自然科学**［物理／化学／生物／地学／数学］

らくらく総まとめ **判断・数的推理**

らくらく総まとめ **面接・作文**

試験別過去問集

近年の出題傾向を示す過去問を選りすぐり、試験別に350題を収録。全問に詳しい解説を掲載していますので、繰り返しチャレンジすることで理解度が深まります。

★公務員試験　合格の350シリーズ［年度版］●資格試験研究会編

国家一般職［高卒・社会人］教養試験 過去問350

地方初級 教養試験 過去問350

高卒警察官 教養試験 過去問350

大卒・高卒 消防官 教養試験 過去問350

基本書／短期攻略本

初級公務員試験 **よくわかる判断推理** 田辺 勉著●定価1320円

初級公務員試験 **よくわかる数的推理** 田辺 勉著●定価1320円

初級公務員 **一般知識らくらくマスター** 資格試験研究会編●定価1320円

高卒程度公務員 **完全攻略問題集**［年度版］麻生キャリアサポート監修 資格試験研究会編

★国家一般職［高卒］・地方初級 速習ワークシリーズ　資格試験研究会編●定価968円

教養試験 **知識問題30日間速習ワーク**

教養試験 **知能問題30日間速習ワーク**

適性試験20日間速習ワーク

別冊受験ジャーナル**高卒程度公務員　直前必勝ゼミ**［年度版］
時事問題の総まとめ、頻出項目の直前チェック、予想問題、作文・面接対策など、試験会場まで必携の最終アイテム！

年度版の書籍については、当社ホームページで価格をご確認ください。https://www.jitsumu.co.jp/

公務員への転職をお考えの方へ
短期間で効率良く学べる通信講座

教養 + 論文 + 面接対策
経験者採用試験コース

論文 + 面接対策
経験者採用試験
[論文・面接試験対策] コース

- ●8回の添削指導で論文力をレベルアップ！
- ●面接試験は、回答例を参考に本番を想定した準備が可能！

論文対策

提出課題1
- 職務経験論文添削1回
- 総合評価 A、B判定
- 一般課題論文 添削3回
- 総合評価 C〜E判定

テキスト&ワーク 論文試験編

提出課題2
- 発展課題添削4回
- どちらか一方の課題に取り組む
- 書き直し添削4回

面接対策
- 面接試験対策ブック
- 面接カード（添削2回）

時間のない社会人でも効果的な学習を積み重ねれば、
キャリアを活かして公務員になれる！

通信講座案内と最新データブック無料進呈！下記宛ご請求ください。
本書に入っている『愛読者カード（はがき）』でも資料請求できます。

0120-226133 ※月〜金 9:00〜17:00

LINE公式アカウント 「実務教育出版 公務員」
公務員試験に関する情報を配信中！ お友だち追加をお願いします♪

公務員受験生を応援する実務教育出版webサイト
www.jitsumu.co.jp

公務員試験のブレーン **実務教育出版**
〒163-8671 東京都新宿区新宿1-1-12

公務員合格講座　TEL：03-3355-1822
書籍（販売部）　TEL：03-3355-1951

試験問題を
完全再現!

実際の問題に挑戦!
過去問模試

過去問から定番の問題をピックアップして
構成したのがこの「過去問模試」です。
まずは所定の時間を計りながら解いてみましょう。
難しいと思っても, まずは1回やり通してみることに価値があります。
別冊巻末の答案用紙を切り取って,
そこにマークしながら解きましょう。
終わったらPART Ⅲで復習したり, PART Ⅳで採点をすることで,
これからの学習方針が明らかになります。

※この冊子は取り外せます※

国　家

教養試験問題

注意事項

※この模擬試験は自習用です。小社では採点いたしません。

1　問題は40問，解答時間は1時間30分です。
2　解答にはＨＢの鉛筆を使ってください。
3　解答方法は次のとおりです。
　なお，正しい答えは一つだけです。マークを二つ以上付けた解答は誤りとします。

解答例

No.1　次の都道府県のうち，最も面積が大きいのはどれか。
1　北海道　　**2**　東京都　　**3**　愛知県
4　大阪府　　**5**　福岡県

正しい答えは「**1**　北海道」であるから，解答用紙の

4　解答は必ず解答用紙にマークしてください。
5　解答変更のためにマークを修正する場合は，**消し跡が残らないように**プラスチック製の消しゴムで完全に消してください。
6　計算を要する場合は，問題集の余白を利用してください。**解答用紙は絶対に使ってはいけません**。
7　試験時間中に計算機を使用する，携帯電話を操作する等の行為は，**一切禁止します**。

※以上の「注意事項」は実際の問題冊子の記載内容を再現したものです。

No.1 次のA～Eの記述のうち，わが国において実施するに当たって憲法改正が必要とされるもののみを挙げているのはどれか。

A：衆議院議員を選出する選挙権を18歳以上の国民に与えること。
B：国会を一院制にすること。
C：国民が内閣総理大臣を直接選挙により指名すること。
D：国会議員でない文民を国務大臣として内閣総理大臣が任命すること。
E：環境税を新設すること。

1 A，D
2 A，E
3 B，C
4 B，E
5 C，D

No.2 国際連合に関する記述として最も妥当なのはどれか。

1 1944年のダンバートン=オークス会議で，米・英・ソ・中4か国の代表により，平和維持機構設立の構想が固められ，翌年のサンフランシスコ会議で国連憲章が採択され国際連合が成立した。

2 ニューヨークの本部に総会，経済社会理事会，信託統治理事会を置いている。また，ジュネーブには安全保障理事会，国際司法裁判所のほか，多数の専門機関を置いている。

3 経済社会理事会は，常任理事国5か国と任期2年の非常任理事国10か国で構成され，紛争の原因となる社会的不平等や貧困を取り除く活動をしている。

4 国連憲章は，国際平和及び安全を維持・回復する手段として軍事措置を採ることができると規定している。この規定により湾岸戦争では国連事務総長を最高司令官とする国連軍が派遣された。

5 安全保障理事会の常任理事国は，分担金の負担比率が国連予算全体の5％と一律に定められている。日本も経済大国であることから，例外的に常任理事国と同じ分担率が割り当てられている。

— 4 —

国　　家
教養試験

No. 3　経済の仕組みに関する記述として最も妥当なのはどれか。

1　完全競争市場では，需要と供給が自然に調整されて均衡に向かい，均衡需給量と均衡価格が定まる。この市場の自動調整作用をイギリスの経済学者ケインズは，「神の見えざる手」のはたらきと呼んだ。

2　財政政策は，資源配分，所得の再分配，景気変動の調整の三つの機能で経済に影響を与える。そのうち景気変動の調整機能とは，財政支出によって供給された公共財・サービスが経常収支を自動的に調整することである。

3　寡占市場では，生産性の低い中小企業がプライスリーダーとなり，また，公害などの外部不（負）経済が生じることから，価格の下方硬直性が起きやすい。このような市場では価格の自動調整作用が阻害され，デフレーションが起きやすい。

4　国民所得は一国の経済の規模を表すもので，各産業が新たに生産した付加価値の合計，生産した付加価値を給与などの形で分配した合計，家計・企業・政府が支出した消費・投資の合計の三つの面からとらえられ，これらの額は理論的には等しくなる。

5　日本銀行は経済の成長と安定をはかるために，金融政策として公定歩合操作，公開市場操作，預金準備率操作を行う。そのうち公定歩合操作とは，市中金融機関の預金を一定の割合で預かり，その資金量を増減させることである。

No. 4　わが国の株式会社制度に関する記述として妥当なもののみをすべて挙げているのはどれか。

　　A：株式会社は，会社の運営に携わる経営者のみによって所有される。

　　B：株式会社が負った債務を会社財産では弁済しきれなかった場合，株主は，自己の固有財産を追加的に出資してその債務を弁済する責任を持つ。

　　C：株式会社は，株式の発行を通じて多くの人から資金を集め，大きな規模の経済活動をすることができる。

　　D：株主は，株主総会において，剰余金の配当や残余財産分配の決定に関する事項についての議決権を持つが，株主の側から議案を提出することはできない。

1　A，B

2　A，C

3　B，D

4　C

5　D

No.5 次は世界の人口問題に関する記述であるが，A～Dに入るものの組合せとして最も妥当なのはどれか。

長い間，ほとんど変化のなかった世界の人口は，産業革命以降の経済の発展や医学の進歩により急激に増加しはじめた。1970年代に約40億であった世界の人口は，2000年には約　A　となり，今後さらに増加していくことが予想されている。このように，人口が加速度的に増え続ける様子を人口爆発という。

人口増加率は，特に先進国と発展途上国とでは大きく異なっている。先進国であるヨーロッパやアングロアメリカなどでは，すでに18～19世紀の人口急増期を経て少産少死型を示し，静止人口に近い国もある。一方，世界の人口の60％を占めるアジアやラテンアメリカなどの発展途上国では　B　を示す国が多く，今後の世界の人口増加の大部分を占めることになる。

　C　は，ある一定期間の出生数と死亡数の差を表すものである。これに対し，地域間の人口の移動によって生じる人口増加を　D　という。これは，ある地域への流入人口と流出人口の差によって求められ，アメリカへの移民のような国際間移動によるものと，農村から都市への人口流入のような国内移動によるものとがある。

	A	B	C	D
1	61億	多産少死型	自然増加	社会増加
2	61億	多産多死型	社会増加	自然増加
3	61億	少産少死型	社会増加	自然増加
4	51億	多産少死型	自然増加	社会増加
5	51億	少産少死型	社会増加	自然増加

No.6 わが国の仏教思想家に関する記述として最も妥当なのはどれか。

1 道元は，人はみな仏法を悟るべき能力を備えてはいるが，悟りはおのずから明らかになるものではないので，正しい修行を積むことが必要だとした。そして，正しい修行の在り方は，ただひたすら坐禅に打ち込むことであるとする「只管打坐」を唱えた。

2 最澄は，仏の教えを理解し，悟りに達して救済されるためには一定の教養を身につけ，山中で秘伝の修行を積むことが必要であるとした。このため，彼が創始した宗派は，限られた人間しか悟りに達することができないという意味で，真言密教と呼ばれる。

3 空海は，一般の庶民が仏の教えに接することができなければ意味がないと考え，都を離れた山の上に寺院を構えがちであった当時の山岳仏教を批判した。そして，念仏を唱えて阿弥陀仏との一体化を図ることが救済につながるとしたため，彼の創始した宗派は浄土教と呼ばれる。

4 親鸞は，人はみな本性は悪人であるため，仏の救済を受けるためには自らを厳しく律し続けることが必要であるとした。そして，修行を積んで悪人たる自分を正しい存在へ高めていくことを「悪人正機」と呼び，自力で救済を勝ち取る努力をすることが重要だと説いた。

5 日蓮は，他の宗派との相互理解と融合を通じて社会の安定を図る「立正安国論」を唱え，当時頻発した宗派どうしの論争の仲裁を行った。また，法華経に偏重していた当時の仏教界に対し，多くの経典に通じることが重要だと説いた。

No.7　第二次世界大戦後の東西対立（冷戦）の動きに関する記述として最も妥当なのはどれか。

1　アメリカ合衆国は，飛躍的に工業生産力を高め，フランスに代わって資本主義圏を主導する超大国になった。ソ連は，ベネルクス三国を併合し，東欧に共産党独裁の社会主義諸国を成立させて資本主義圏に対抗した。

2　アメリカ合衆国大統領ローズヴェルトは，ソ連を経済的に封じ込めるニューディール政策を発表し，ヨーロッパ経済復興資金援助計画（マーシャル・プラン）によって西欧諸国を支援した。ソ連も東欧経済復興計画を打ち出し，ヨーロッパは経済的に分断された。

3　アメリカ合衆国が西側諸国と北大西洋条約機構（NATO）を，ソ連が東側諸国と独立国家共同体（CIS）を結成して軍事的に対立した。フランスのド=ゴール大統領が「鉄のカーテンがヨーロッパ大陸を分けている」と演説し，東西対立の構造が浮き彫りになった。

4　ドイツは，アメリカ合衆国・イギリス・フランスの西側諸国とソ連によって占領されたが，西側諸国がミュンヘンへの首都移転を計画したことを契機にソ連が東ベルリンを封鎖した。その後，西側管理地区にドイツ民主共和国，ソ連の管理地区にドイツ連邦共和国が成立した。

5　朝鮮半島は，アメリカ合衆国とソ連が分割占領し，アメリカ合衆国の保護下で大韓民国が，ソ連・中国の保護下で朝鮮民主主義人民共和国が成立したが，その後も緊張が続いて朝鮮戦争が勃発した。戦線は膠着し，ほぼ北緯38度線を境界とする休戦協定が結ばれた。

— 8 —

No. 8　古代ローマに関する記述として最も妥当なのはどれか。

1　ローマは，紀元前7世紀頃に都市国家として建設された。騎乗に優れていたローマ人は軽装騎兵部隊による機動戦に長じていたことから，建国からわずか半世紀ほどでイタリア半島の統一に成功した。

2　元老院を重視する閥族派と，平民会を重視する民衆派の対立の過程で，閥族派出身のカエサル，ポンペイウス，クラッススの3名が政治を取り仕切る第1回三頭政治が成立した。この三頭政治は，カエサルが民衆派に暗殺されるまで存続した。

3　カエサルの死後，オクタヴィアヌス，アントニウス，レピドゥスの3名による第2回三頭政治が実現したが，オクタヴィアヌスとアントニウスが対立するようになり，オクタヴィアヌスはエジプトと結んだアントニウスをアクティウムの海戦で破って，元首政を開始した。

4　五賢帝の一人であるネルヴァ帝の時代に，ローマはイベリア半島を征服するなどしてその領域は最大となった。しかし，ブリテン島（現在の英国）はドーバー海峡に阻まれて進攻ができず，小アジア地方（現在のトルコ）もイスラム勢力の抵抗にあって征服できなかった。

5　ヨーロッパ北部に居住していたゲルマン民族が南方へ大移動を開始したため，ローマ領への侵入を阻止しようとするローマとの間でポエニ戦争が起こった。この戦争に敗れたローマは，東西に分裂することを余儀なくされた。

No. 9　江戸時代の幕政改革に関する記述A～Eを，古いものから順に並べたものとして最も妥当なのはどれか。

A　新井白石は，生類憐れみの令を廃止したり，長崎貿易での金銀の海外流出を防ぐため海舶互市新例を出して，中国船やオランダ船との貿易を制限した。

B　田沼意次は，都市の問屋商人や農村の在郷商人に株仲間を公認し，独占的に営業させる代わりに運上金・冥加金を上納させた。

C　徳川吉宗は，足高の制を定めて有能な人材を登用し，また，民意を聞くために目安箱を設けた。

D　松平定信は，湯島の聖堂学問所での朱子学以外の学問の講義を禁じて幕臣の意識を引き締めたり，また，無宿人を石川島の人足寄場に収容し職業訓練を行った。

E　水野忠邦は，幕府の財政安定と権力強化を図るために上知令を出し，江戸・大坂周辺を幕府の直轄領としようとしたが，大名・旗本らの反対に遭い失脚した。

1　A→B→C→E→D
2　A→C→B→D→E
3　D→A→B→C→E
4　D→B→A→E→C
5　D→C→E→A→B

No.10 平安時代に関する記述として最も妥当なのはどれか。

1 桓武天皇の律令政治再建策を継承した光仁天皇は，政争を避けるため，寺院勢力の強い長岡京から平城京へ，さらに平城京から平安京へと都を移した。

2 征夷大将軍に任じられた坂上田村麻呂は，東北における蝦夷勢力の攻略に成功し，鎮守府を多賀城から胆沢城に移して東北経営を進めた。

3 清和天皇の治世に，藤原道長が臣下で最初の摂政の任について以来，藤原北家は勢力をのばし，藤原冬嗣・良房父子の時代には摂関政治の最盛期を迎えた。

4 下総を本拠地としていた藤原純友は，常陸，下野，上野の国府を襲撃して独立政府樹立の意志を示し，瀬戸内海においては，平将門が海賊の首領として蜂起し，大宰府を占領した。

5 浄土信仰の広まりとともに，藤原頼通によって建てられた宇治の正倉院に代表されるような阿弥陀堂の建立が流行し，彫刻では，源信によって寄木造の阿弥陀如来像が制作された。

No.11 世界の河川に関する記述として最も妥当なのはどれか。

1 ナイル川は，ナイジェリア中央部の山地に源を発し，アフリカ北東部を貫流して紅海に流入する世界最長，かつ世界最大の流域面積を持つ大河である。

2 アマゾン川は，アンデス山脈に源を発し，ブラジル中央部のブラジル高原を東流して大西洋に注ぐ，ナイル川に次ぐ世界第2の長さと流域面積を持つ大河である。

3 長江は，別名揚子江ともいい，天山山脈に源を発し，華北地区の西安を東流して東シナ海に注ぐ，中国では黄河に次ぐ長さを持つ大河である。

4 ミシシッピ川は，アメリカ合衆国ミネソタ州北西部に源を発し，同国中部を南北に貫流してメキシコ湾に注ぐ，ミズーリ川などの支流を持つ同国最長の大河である。

5 ヴォルガ川は，スイス南東部のアルプス山脈に源を発し，ルーマニア平原を東流してカスピ海に注ぐ，ヨーロッパではライン川に次ぐ長さを持つ大河である。

国　家
教養試験

No.12　次は世界の食料問題に関する記述であるが，A〜Cに入るものの組合せとして最も妥当なのはどれか。

　　現在，世界人口の9人に1人は飢えた状態にあるといわれる。発展途上国では食料は増産されてはいるが，人口増加が著しいため，一般に食料不足に悩んでいる国が多い。

　　1960年代後半以降，食料の増産をめざして実行された　A　は，　B　などの多収量品種が開発され，食料増産に成果をもたらした。しかしその品種を栽培するには，灌漑設備，大量の肥料や農薬を必要とするため，零細農民や小作農はとり入れることができず，貧富の格差はむしろ増大した。また，地力の劣化を招くなどの問題も生じている。

　　食料増産を上回る人口増加は，農地の拡大を進め，過耕作・過放牧を招く。サハラ砂漠の南に広がる地帯は　C　と呼ばれているが，気候の変化のほか，過度の耕作や放牧による植生の破壊などの人為的な要因も加わり，砂漠化が進んでいる。

	A	B	C
1	緑の革命	コメ，トウモロコシ	サヘル
2	緑の革命	コメ，トウモロコシ	タイガ
3	緑の革命	バナナ，カカオ	タイガ
4	農業革命	コメ，トウモロコシ	タイガ
5	農業革命	バナナ，カカオ	サヘル

No.13　西洋の建築様式に関する記述として，妥当なのはどれか。

　1　ロマネスク様式は，高い尖塔と大きな窓に飾られたステンドグラスが特徴であり，代表的な建築物として，ローマのサン・ピエトロ大聖堂がある。

　2　ゴシック様式は，外観は鈍重であり，壁面は重厚で，窓は小さく造られており，代表的な建築物として，ポツダムのサン・スーシ宮殿がある。

　3　ルネサンス様式は，ギリシアやローマの様式を復興したものであり，代表的な建築物として，イタリアのピサの大聖堂がある。

　4　バロック様式は，豪壮華麗な建築様式であり，代表的な建築物として，フランスのヴェルサイユ宮殿がある。

　5　ロココ様式は，繊細優美な建築様式であり，代表的な建築物として，フランスのアミアン大聖堂がある。

No.14 次のうち,類義語の組合せのみを挙げたものとして最も妥当なのはどれか。
　　A:奮闘努力　　獅子奮迅
　　B:杓子定規　　四角四面
　　C:侃々諤々　　喧々囂々
　　D:一日千秋　　十年一日
　　E:勇猛果敢　　虎視眈々
 1 A, B
 2 A, E
 3 B, D
 4 C, D
 5 C, E

No.15 図のように,ある建物から10m離れた地点で,高さ1.6mの位置から建物の上端の仰角を測ったところ30°であった。このとき,この建物の高さはおよそいくらか。
　　ただし,$\sqrt{3}=1.732$とする。

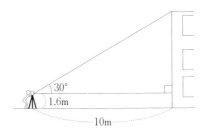

 1 7.1m
 2 7.4m
 3 7.7m
 4 8.0m
 5 8.3m

No.16 自然の長さが20cmの同じばねア，イ，ウとおもりA，Bを，図のように天井からつり下げた。このとき，ばねア，イ，ウとも2cmずつ伸びて長さは22cmになった。次におもりBを2倍の質量のおもりに交換した。このときのばねア，イ，ウの自然の長さ（20cm）からの伸びを正しく組み合わせているのはどれか。

ただし，ばねの質量は無視できるものとし，ばねの伸びはおもりの質量に比例するものとする。

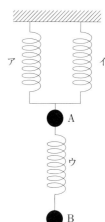

	アとイ	ウ
1	2 cm	4 cm
2	3 cm	2 cm
3	3 cm	4 cm
4	4 cm	2 cm
5	4 cm	4 cm

No.17 金属に関する記述として最も妥当なのはどれか。

1 鉛は，柔らかく，曲げたり伸ばしたりするのがたやすく，加工しやすい。乾電池の負極に使われている。体内に一定以上蓄積されると中毒症状を起こし，イタイイタイ病の原因物質でもある。

2 チタンは，すべての元素単体のなかで最も融点が高い金属であることから，白熱電球のフィラメントや電極，合金の材料として用いられる。

3 タングステンは，軽量で，極めて丈夫で熱にも強い。そのため合金として，航空機の機体や，眼鏡のフレーム，スポーツ用品などに使われる。

4 ナトリウムは，原子番号12のアルカリ土類金属元素である。炎色反応により青色を示すが，みそ汁がふきこぼれたとき，ガスの火が青色を呈するのもナトリウムのためである。

5 リチウムは，原子番号3のアルカリ金属元素である。リチウムを電極に用いたリチウム電池は，軽量で起電力が高いことから，腕時計，電卓，その他の電子機器に用いられている。

No.18 次の文は遺伝に関する記述であるが，ア，イに当てはまるものの組合せとして最も妥当なのはどれか。

　マメ科のスイートピーの花の色には，2組の遺伝子が関与している。遺伝子Cは色素原をつくる遺伝子で，cは色素原をつくらない遺伝子，また，遺伝子Pは色素原を発色させる遺伝子で，pは発色作用のない遺伝子である。

　いま，異なる2種類の白色の花がある。この純系どうし〔CCppとccPP〕を交配すると，F_1はすべて紫色の花となり，次にF_1どうしを自家受精させると，F_2では紫色の花と白色の花が　　ア　　の比に分離して現れる。

　F_2の分離比が3：1でないことから，花の色は色素のもとになる物質（色素原）と，それに働いて色素に変える物質の2つがそろったときに紫色が現れ，どちらか1つが欠けると白色になると考えられている。

　このように，2つの遺伝子が働きあって1つの形質をつくる場合，遺伝子CとPをともに　　イ　　遺伝子という。

	ア	イ
1	9：7	優性
2	9：7	補足
3	9：7	劣性
4	13：3	優性
5	13：3	補足

No.19 動物における刺激の伝達や反応に関する記述として最も妥当なのはどれか。

1 刺激の伝達は，神経細胞の内部では，細胞膜の内部と外部の浸透圧の逆転から生じた興奮によって伝わっていく。その伝達速度は，髄鞘のない無髄神経のほうが速く，髄鞘のある有髄神経のほうが遅い。

2 刺激の伝達は，神経細胞の間では，興奮が神経細胞の軸索の末端まで伝わるとボーマン嚢に神経伝達物質が分泌され，隣接する神経細胞にうつっていく。交感神経の場合はインスリン，副交感神経や運動神経の場合はアセチルコリンが神経伝達物質である。

3 動物が刺激に反応して一定の方向に向かう行動を走性といい，刺激に近づく行動を正の走性，遠ざかる行動を負の走性という。このような反応を引き起こす刺激源には，光，重力，化学物質などがある。

4 動物がくり返して刺激を経験することにより，意識せずに刺激に適合した反応を示すことを反射という。反射を引き起こす中枢は大脳や小脳で，関係する神経の経路を反射弓という。

5 動物は特定の刺激に反応して行動のパターンを変えることがあるが，これを本能行動という。このように，行動を変化させる刺激を信号刺激（鍵刺激）といい，アヒルの雛は，最初に出会った動くものを親と認識して行動する。

— 15 —

No.20　地震が起こったとき，震源で同時にP波とS波が発生し各地に伝わっていくが，観測点では最初にP波が観測点に届くことにより初期微動が発生し，その後にS波が届き，大きなゆれ，主要動が発生する。初期微動が発生してから主要動が発生するまでの時間を初期微動継続時間といい，これにより観測点から震源までの距離を推測することができる。初期微動継続時間が20秒であったとき，震源までの距離として最も妥当なのはどれか。

　　　ただし，P波の速さを5.0km/s，S波の速さを3.0km/sとする。

1　　40km

2　　80km

3　　120km

4　　150km

5　　200km

No.21　ある集団について，次のことがわかっているとき，確実にいえるのはどれか。

　　　○スペイン語を話す人は，全員英語を話せない。

　　　○イタリア語を話す人は，全員英語を話す。

　　　○中国語を話せない人は．全員英語を話す。

　　　○英語を話せない人は，全員，ロシア語を話す。

1　スペイン語を話す人は，全員，中国語を話す。

2　スペイン語を話せない人は，全員英語を話す。

3　中国語を話す人は，全員，スペイン語を話す。

4　英語を話す人は，全員，ロシア語を話せない。

5　イタリア語を話す人は，全員，中国語を話す。

No.22　A～Fの6チームがサッカーの総当たり戦をしている。現在，Aはすべてのチームと，Bは4チームと，Cは3チームと，Dは2チームと，Eは1チームとの対戦を終えている。このとき，Fは何チームとの対戦を終えているか。

1　1チーム

2　2チーム

3　3チーム

4　4チーム

5　5チーム

— 16 —

No.23　A～Eの5人である寺院の見学に行った。見学する建物は大講堂，金堂，五重塔の3か所で，配置は図のようになっている。5人は同時に中門から入り，各建物を1回ずつ見学した後，同時に中門から出た。見学する順序は6通り考えられるが，全員異なった順序で見学した。次の各人の発言にもとづき，確実にいえるのはどれか。

　　ただし，各建物を見学する時間配分は各人で異なる。また，寺院内の移動時間については，無視できるものとする。

　A：「最初に五重塔を見学した。」
　B：「大講堂を見学中，Eも入ってきたので一緒に見学し，そのまま一緒に金堂へ行った。」
　C：「連続して見学した2つの建物で，Eと顔を合わせた。Eもこの2つの建物を，連続して見学していた。」
　D：「2番目に見学したのは，大講堂ではなかった。」

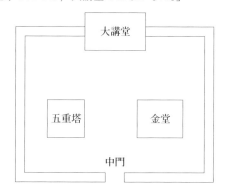

1　Aは，五重塔→大講堂→金堂の順に見学した。
2　Bは，五重塔→大講堂→金堂の順に見学した。
3　Cは，金堂→大講堂→五重塔の順に見学した。
4　Dは，大講堂→五重塔→金堂の順に見学した。
5　Eは，大講堂→金堂→五重塔の順に見学した。

No.24　ある人が，セーター2枚と，ハンカチ，シャツ，スカーフをそれぞれ1枚ずつ持っている。これらの色は赤，青，黄いずれかであり，また次のことがわかっているとき，確実にいえるのはどれか。
　　○赤色のセーターは持っているが，黄色のセーターは持っていない。
　　○セーターと同色のスカーフを持っている。
　　○シャツと同じ色のものは，ほかにも1枚だけある。
　　○黄色のものは1枚だけである。
1　ハンカチは青色である。
2　ハンカチは黄色である。
3　ハンカチと同じ色のセーターを持っている。
4　セーターは2枚とも赤色である。
5　シャツは赤色である。

No.25

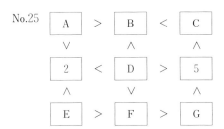

　図の各マスには1～9の数字が1つずつ入っている。2と5の位置は分かっているが，A～Gには，他の7つの数字が入る。
　各マスの数字の間には，不等号で示す大小関係が成り立っている。
　たとえば　場合は，2＜Aの関係を表すものとする。
　このとき，A～G間で常に成り立つ関係として最も妥当なのは次のうちどれか。
1　A＋B＝C
2　A＋C＝F
3　A＋D＝G
4　A＋E＝F
5　A＋F＝D

— 18 —

No.26 図のような32×33の長方形を，大きさの異なる正方形のカードを使って埋めつくすこととした。すでに図のとおり，18×18と15×15の正方形のカードを置いてある。残りの部分に大きさの異なる8枚の正方形のカード（14×14，10×10，9×9，8×8，7×7，5×5，4×4，1×1）のうちの7枚のカードを使って，すき間なく，かつ，重ねることなく全部埋めつくすと，1枚が不要となるが，そのカードはどれか。

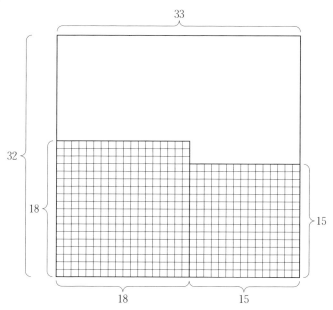

1 1×1
2 4×4
3 5×5
4 9×9
5 10×10

No.27　濃度5.0％の食塩水が250g入ったビーカーAと，濃度9.0％の食塩水200gが入ったビーカーBがある。AからBへ，一定量の食塩水を移しよくかき混ぜた後に，再び同じ重量の食塩水をBからAに戻すと，Aの濃度は6.6％になった。移した食塩水の重量はいくらか。

1　110g

2　140g

3　170g

4　200g

5　230g

No.28　45名の生徒からなるクラスで，夏休みの過ごし方についてアンケートをとったところ「旅行」と回答した者は28名で，そのうちの$\frac{3}{7}$が女子であった。また女子の中で「旅行」と回答した者は女子全体の$\frac{4}{5}$を占めていた。このときこのクラスに占める男子の割合はいくらか。

1　$\frac{1}{3}$

2　$\frac{2}{5}$

3　$\frac{4}{7}$

4　$\frac{3}{5}$

5　$\frac{2}{3}$

No.29 図のような八角形 ABCDEFGH の対角線は何本あるか。

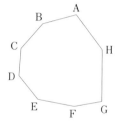

1 16本
2 18本
3 20本
4 28本
5 40本

No.30 高さ25cm，底面の直径が10cmの円すいがある。これを頂点から下に10cm，底面から上に5cmの高さの部分を残し，それ以外の部分の側面を赤色に塗った。赤色に塗られた部分の面積は，円すいの側面積全体のどれだけの割合を占めるか。

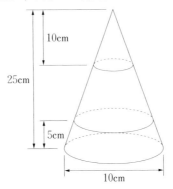

1 　$\dfrac{9}{25}$

2 　$\dfrac{2}{5}$

3 　$\dfrac{12}{25}$

4 　$\dfrac{13}{25}$

5 　$\dfrac{3}{5}$

No.31 袋の中にキャンディーが 4 個，チョコレートが 3 個，ガムが 2 個の合計 9 個
のお菓子が入っている。袋の中を見ないで，お菓子を 2 個取り出したとき，それら
が異なる種類のお菓子である確率はいくらか。

1 $\dfrac{1}{2}$

2 $\dfrac{5}{9}$

3 $\dfrac{11}{18}$

4 $\dfrac{2}{3}$

5 $\dfrac{13}{18}$

No.32 次の表は，A～Dの四つの町について，固定電話機の普及率及び利用度を示したものである。ア，イ，ウの記述のうち，この表だけからわかることのみをすべて挙げているのはどれか。

ただし，「普及率」とは，住民100人当たりの固定電話機の台数を示し，「利用度」とは，固定電話機1台当たりの年間利用回数を示す。

固定電話機普及率及び利用度

町名	普及率（台）	利用度（回）
A町	36.8	1,238
B町	14.2	549
C町	8.8	755
D町	4.2	2,761

ア：各町の固定電話機1台当たりの住民の数

イ：固定電話機の台数が最も多い町

ウ：各町の住民の1人1日当たりの固定電話機の平均利用回数

1 ア

2 ア，イ

3 ア，イ，ウ

4 ア，ウ

5 イ，ウ

No.33 図は、わが国の事業所数および従業者数の推移を、昭和56年から5年おきに平成18年まで示したものである。これから確実にいえるのはどれか。

なお、図中の増減率（年率）とは、前調査年から5年間での増減を1年当たりの年率に換算したものである。

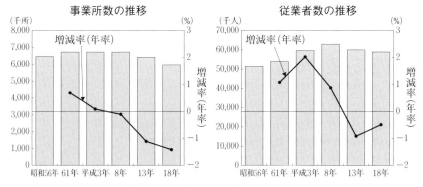

1　事業所数は、昭和61年から調査年ごとに減少している。
2　従業者数は、平成3年から平成8年の間に減少した年がある。
3　平成8年の1事業所当たりの従業者数は、約12人である。
4　平成13年の従業者数は、平成8年に比べて約2％減少している。
5　平成18年の1事業所当たりの従業者数は、平成13年よりも多い。

No.34　次の文は，世阿弥が『風姿花伝』において，24〜25歳の頃の芸の修養のあり
ようについて述べたものであるが，この内容と合致するものとして最も妥当なのは
どれか。

　このころ，一期の芸能のさだまる初めなり。さるほどに，稽古のさかひなり。声
もすでになほり，体もさだまる時分なり。されば，この道に二つの果報あり。声と
身形なり。これ二つは，この時分に定まるなり。歳盛りに向ふ芸能の生ずるところ
なり。さるほどに，よそめにも，すは上手で来りとて，人も目に立つるなり。も
と名人などなれども，当座の花にめづらしくして，立合勝負にも，一旦勝つとき
は，人も思ひあげ，主も上手と思ひ初むるなり。これ，かへすがへす主のため仇な
り。これも真の花にはあらず。年の盛りと，みる人の，一旦の心の珍しき花なり。
真の目利は見分くべし。このころの花こそ，初心と申すころなるを，極めたる様に
主の思ひて，はや申楽にそばみたる輪説とし，いたりたる風体をすること，あさま
しきことなり。たとひ，人もほめ，名人などに勝つとも，これは，一旦めづらしき
花なりと思ひさとりて，いよいよものまねをも直にしさだめ，名を得たらん人に，
ことをこまかに問ひて，稽古をいやましにすべし。

　されば，時分の花を，真の花と知る心が，真実の花に，なほ遠ざかる心なり。た
だ人ごとに，この時分の花におきて，やがて花の失するをも知らず。初心と申す
は，このころのことなり。一公案して思ふべし。わが位のほどほどよくよく心得ぬ
れば，そのほどの花は一期失せず。位より上の上手と思へば，もとありつる位の花
も失するなり。よくよく心得べし。

1　この頃の芸には花があることから，名人と呼ばれるような人にも能の立会勝負
　で勝ってしまうことがあるが，そういうことは，名人にとってははなはだ不名誉
　なことだ。

2　この頃の芸能の魅力は，ようやく個性が出始めたところであるので，名人のま
　ねをするのではなく，独自の境地を目指して修業に励むべきである。

3　この頃には，自分の芸の実力の程度が自覚できるようになってくるので，無理
　に上の芸を目指すようなことはせず，自分の程度にあった芸に満足するべきであ
　る。

4　この頃になってやっと賞賛を浴びるようになったとしても，一時的な珍しさが
　評判を呼んだからに過ぎず，大成することは期待できない。

5　この頃の芸を評価されたとしても，かりそめのものと理解して，既に定評のあ
　るような人にあれこれ細かなところまで教えを請い，稽古にますます励むべきで
　ある。

No.35 次の文で述べられた，シェーンベルクの教育理念に合致するものとして最も
妥当なのはどれか。

　アルノルト・シェーンベルクは自伝的エッセーの一つを，自分は人生の90パーセ
ント以上を音楽に捧げた，という誇らしげな言葉で書き出しているが，彼の音楽へ
の奉仕のやり方は決して一様でない。作曲家としての創作活動と並んで，あるいは
それ以上に人生の時間的スペースを割いたのは明らかに教育者としての活動であっ
た。…《中略》…

　まず彼の教育観について考えてみたい。実は，その為に大変便利な資料がある。
1929年の日付をもつ，教育問題に関するアンケートに寄せた，彼の回答である。ア
ンケートとはいえ，彼の発言は常の如くきわめて真摯であり，その意見は考察に値
しよう。アンケートは，六つの質問からなっているが，簡便にまとめてみよう。即
ち，「現在のドイツの教育の実体に満足しているか。否定的であるなら，その欠陥
中最悪の面を指摘した上で，貴方自身の教育理念と方法を記してほしい。」

　1929年といえば，シェーンベルクが最も教育活動を実験的に改革運動として推し
進めていた第二期に属する。そこで当然，現実の教育の状況には「否」を彼は唱え
る。そして，以下の回答の要旨を訳出すれば次のようである。

　「〈否〉の理由は，現在の教育が既成の知識と具体的な能力の詰め込みでしかない
からで，もっとも重要な教育上の理念は，若い世代が自ずから見，観察し，比較
し，規定し，描写し，考量し，試験し，結果をだし，さらに適用することを，鼓舞
し，案内することだと考えるからである。若い世代が今日，求めようと努めるべき
理想（教養上の）は，認識という意味での知識と，認識である知識の深淵から清
新，敷衍され続ける能力である。そして教師は，このことを指導の中で若者に影響
できるし，せねばならないのである。方法はいうなれば精神修行である。生徒を
（その精神形成の程度に見あった）題材によって困難，問題，制約などに直面させ，
生徒自身にそれらを認識させる。つまり教師は，生徒が自分自身にたよることを強
制し，彼が自分で自分の過ちを訂正していくことでそれらの解決を見出すよう，助
手をつとめるのである。」

　質問が，芸術教育や作曲教育ではなく，広く教育一般に関するものであるだけ
に，シェーンベルクの回答は，原則的できわめて簡潔である。この内容はおよそ次
のように読みとれよう。即ち，彼の教育思想（教育観）は，教育の基礎を完全に自
己陶冶に置くものであり，精神修行という言葉から，知識を伝えようといういわゆ
る実質的陶冶でなく，形式的陶冶に教授上の目的を置いている。実質的陶冶は，彼
には諸悪の根源と映っているともいえよう。

1　形式的な机上の学問ではなく，実際に役立つ，具体的な能力を身につけること。

2　まず基礎的な教養をしっかりと身につけ，そのうえで適用力を身につけること。

3　実験を通じて，科学的思考法や実証的思考法を身につけること。

4　自分で問題を認識し，自分で問題を解決できる能力を身につけること。

5　雑念にとらわれず，ひたすら禁欲的に修行すること。

No.36 次の文の内容と合致するものとして最も妥当なのはどれか。

　ヴェブレン*は、好奇心はすべて無用の好奇心なのだということをあらためて考えさせる。利害得失のためにする知識欲を、ヴェブレンは好奇心とよばない。無用の好奇心に対して、有用の好奇心はない。ただ、ひたすらに知りたいという欲求にかられて知ることによって、その結果としての知識が、なにかの目的に役立つであろうことをヴェブレンは否定しない。しかし、はじめから目的をはっきり意識し、設定して、その目的達成にむかって知識を探究するのは、合理主義的行動であって、それは理性的認識の側面である。これに対して、好奇心は、情動の側面をあらわす。はっきりした目的の自覚と、それを達成する手段の選択とが欠如しているからこそ、それを無用の好奇心というのである。「無用の」というのは、ヴェブレンによれば、「目的のない」、「遊びの」というのと同義である。

　もちろん、この二つの側面——理性的認識としての合理主義と、情動としての好奇心——とは、一つの行動のなかで一致する場合もありうる。しかしこれらの二つの側面は、きりはなして考えなければならない。ヴェブレン自身は、体制順応のための、体制内立身出世の目的のための、合理主義的知識追求行為に対置するものとして、無用の好奇心という情動を、概念化したのである。体制順応の目的をはっきり自覚しておこなう知識の獲得も、体制反対の目的を意識しておこなう知識の獲得も、ともに合理主義であり、理性的認識をともなうものであるとすれば、無用の好奇心とは、はっきりした目的の意識なしに、ただ知りたい一心に獲得した知識が、結果として、体制をつくりかえてゆく働きをもつ、そのような意味をこめて、ヴェブレンは無用の好奇心を提唱したのではないか。

　＊　ヴェブレン：アメリカの社会学者

1 はっきりした目的なしに知りたい一心で知識を獲得しようとするのが好奇心なのであり、有用性を意識した好奇心というものはありえない。

2 無用の好奇心とは、抽象的で高遠な対象に向けられるもので、実践や技術から切り離された知識のための知識の追求をすることである。

3 不合理な世界に憧れ、知識を求めようとせず、情動のままにまかせるのが、好奇心を持つということである。

4 無用の好奇心とは、目的がなく、いわば「遊び」の範囲に属するものであるから、あくせく暮らす庶民のものというよりも、貴族のものであるといえる。

5 何らかの目的に役立つような結果が出た場合には、無用の好奇心が働いたものとはいえない。

No.37 次の[＿＿＿＿]の文の後に，A～Eを並べ替えて続けると意味の通った文章になるが，その順序として最も妥当なのはどれか。

> 身の回りの些細なことで気になることがある。

A 「失礼」とか「ごめんなさい」とか言われれば，しかたないとも思う。ところが，一言のわびもないことが多い。

B 礼儀作法を教える人や場がこのごろなくなってしまった。それも一つの原因であろう。しつけの問題である。

C ひさしぶりに外国から帰ってきた人が驚いていたのは，電車のなかの風景である。席を詰めようとしない，席を譲ろうとしない。以前はこれほどではなかったはずだが，と嘆く。

D 人込みのなかで，他人がぶつかってくる。かばんで引っかけられる。足を踏まれる。

E バスの入り口に学生の集団がかたまって乗っていて，他の人が乗るのに苦労する。そんな情景もよく見かける。

1 B→A→D→E→C

2 B→D→A→E→C

3 D→A→C→E→B

4 D→B→A→C→E

5 D→E→C→B→A

— 29 —

No.38 次の文の後に，A〜Eを並べ替えてつなげると意味の通った文章になるが，その順序として最も妥当なのはどれか。

> 携帯電話やインターネットのメールにより，若者の人づき合いは決定的に変わった。たとえば携帯電話のメールなら，すべてのコミュニケーションは掌におさまるほどの小さな箱と親指だけですんでしまう。電話での実際の会話のように電話機を顔のところに持ってきて，口や耳を使う必要さえない。

A：「何の話をしていたのかわからないんだけど，もしかしたら恋人とケンカして仲直りして，最後にはプロポーズでもされたのかもしれないなぁ」。

B：そのように，携帯やインターネットのメールがあれば，若者は手もとのちょっとした操作で，そこに目の前の現実よりも重要でリアルな世界を出現させて，文字通りそこに"行ってしまう"ことができる。

C：それだけならめずらしくもないのだが，彼女はそのときの一連のメールで何か重要なやり取りをしていたらしく，はじめは真剣な顔をしていたのが途中で泣きそうになり，そのあとで輝くような笑顔に変わっていったという。

D：知人のひとりが電車に乗っていたところ，目の前に座っていた若い女性がメールを打ったり受け取ったりするのに夢中になっていた。

E：それほどの人生のドラマが彼女の掌の中で進行していくのを，目の前にいる自分はただ見守るしかない，という状況がとても興味深かった，と知人は話していた。しかも，その若い女性は席についたまま，一歩も動かずに，ものすごい感情の揺れを経験していたわけだ。

1　A→C→E→D→B

2　A→D→B→C→E

3　D→A→E→B→C

4　D→C→A→E→B

5　D→E→B→A→C

— 30 —

No.39 次は気候変動の予測に関する報告書からの抜粋であるが，内容と合致するものとして最も妥当なのはどれか。

Annual mean temperatures in Europe are likely to increase more than the global mean. Seasonally, the largest warming is likely to be in northern Europe in winter and in the Mediterranean area in summer. Minimum winter temperatures are likely to increase more than the average in northern Europe. Maximum summer temperatures are likely to increase more than the average in southern and central Europe. Annual precipitation* is very likely to increase in most of northern Europe and decrease in most of the Mediterranean area. In central Europe, precipitation is likely to increase in winter but decrease in summer. Extremes of daily precipitation are very likely to increase in northern Europe. The annual number of precipitation days is very likely to decrease in the Mediterranean area. Risk of summer drought is likely to increase in central Europe and in the Mediterranean area. The duration of the snow season is very likely to shorten, and snow depth is likely to decrease in most of Europe.

＊ precipitation：降水量

1 ヨーロッパの年平均気温の上昇は，地球全体の平均と同程度となる可能性が高い。

2 気温の上昇が進む可能性は，夏季の地中海地域より冬季のヨーロッパ北部の方が高い。

3 年降水量は，ヨーロッパ全域で増加する可能性がかなり高い。

4 ヨーロッパ中部では，降水量は夏季に増加する可能性が高い。

5 ヨーロッパのほとんどの地域で，降雪期間が短くなる可能性がかなり高い。

No.40 次の文の内容と合致するものとして最も妥当なのはどれか。

In the eyes of non-Japanese, especially Westerners, the primary feature of Japanese culture appears to be its preservation of ancient traditions. This is the point that the Japanese themselves make when they explain Japanese culture. The things that are mentioned are inevitably connected with tradition, such as Noh, Kabuki, tea ceremony, Horyuji Temple in Nara (which is the world's oldest extant wooden structure), and the stone garden of Ryoanji Temple in Kyoto.

This does not mean, however, that the Japanese are a culturally conservative nation. Actually they have a liking for new things and avidly absorb cultural imports. The preservation of traditional culture and the liking for new things seem to be contradictory, but it must be remembered that Japan is an island country. The development of a nation's culture depends to a large extent on the interaction of different cultures. In an island country like Japan, however, there are few cultural differences, so the Japanese naturally want to take in things and ideas from the outside.

The enthusiasm with which the Japanese have tried to adopt foreign cultures is clearly shown in the way they accepted rice-paddy culture. Rice-paddy culture was introduced from Korea into northern Kyushu in southern Japan in about 300 B.C., but within three centuries it had spread to the northern part of Japan.

1 日本人は, 異文化との交流で日本文化は絶えず変化してきたと主張するが, 西洋人には古代の伝統の姿が維持されているように見えている。

2 奈良や京都には日本を代表する文化財があるが, これらは日本人が外国から学んだ技術で作ったものである。

3 日本人は伝統的な文化を保存していると同時に, 外国から伝わった文化の吸収にも熱心である。

4 日本は島国であるため, 外国の文化を入れるのに困難があったので, 伝統文化を保存する習慣が生まれた。

5 水田による稲作は, 3世紀頃に中国から九州の南部に伝来したが, 日本の北部まで普及するのに約300年かかっている。

特別区経験者

教養試験問題

注意事項

※この模擬試験は自習用です。小社では採点いたしません。

1　解答時間は1時間45分です。
2　問題は全部で45問あり，必須解答と選択解答とに分かれています。
　⑴　No.1～30の30問は，必須解答の問題です。
　⑵　No.31～45の15問は，選択解答の問題で，このうち5問を任意に選択して解答してください。
3　解答にはHBの鉛筆を使ってください。
4　解答方法は次のとおりです。
　　なお，正しい答えは一つだけです。マークを二つ以上付けた解答は誤りとします。

　解答例

> No.1　次の都道府県のうち，最も面積が大きいのはどれか。
> 　1　北海道　　2　東京都　　3　愛知県
> 　4　大阪府　　5　福岡県

正しい答えは「1　北海道」であるから，解答用紙の

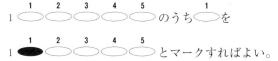

5　解答は必ず解答用紙にマークしてください。
6　解答変更のためにマークを修正する場合は，**消し跡が残らないようにプラスチック製の消しゴムで完全に消してください。**
7　計算を要する場合は，問題集の余白を利用してください。**解答用紙は絶対に使ってはいけません。**
8　試験時間中に計算機を使用する，携帯電話を操作する等の行為は，**一切禁止します。**

※以上の「注意事項」は実際の問題冊子の記載内容に準じています。

No. 1 次の文の要旨として，最も妥当なのはどれか。

　　日本人は，自己の確立のために安定的な役割構造を希求する傾向が強い。しかし現実には，固定的役割構造では外部環境の変化に十分に対応できない場合が多い。日本人は環境の変化に，基本的役割構造の変更を意味する「制度の変更」で対応するのではなく，既存の役割構造を維持しつつ変化に対応する「柔軟な運用」を志向する傾向が強い。運用の幅が役割構造を維持する緩衝材になるのである。

　　それゆえ組織における日本人の働き方は，欧米人と大きく異なっている。仕事（業務，職務）を四角であらわすと，決められた（いわれた）こと以外はしないという勤務態度は，その内接円で仕事をすることと表現できる。いわれたこと以外もする（そもそも決められた業務自体が曖昧）という勤務態度は外接円で仕事をすることと表現できる。欧米や中国は，明らかに内接円で仕事をする社会である。一方，いわれたことしかしないと怒られる日本は明らかに外接円で仕事をする社会である。「いわれたらなんでもするのか？　死ねといわれればおまえは死ぬのか？少しは，自分で考えろ」である。

　　外接円の場合は内接円と異なり，他の人との重複が出るので柔軟な運用が必要になる。一方で内接円に重複はないが，円と円をつなげる取り決めが必要になるので明確なルールが必要になる。この違いが，運用社会と制度社会の違いの根幹にあることは，十分に理解しておく必要がある。運用の柔軟性こそが日本の強さであり，最近脚光を浴びている「擦り合わせ」を可能としていることを忘れてはならない。

1　日本人は，安定的な役割構造を希求する傾向が強いが，現実には，外部環境の変化に十分に対応できない場合が多い。

2　日本人は環境の変化に，既存の役割構造を維持しつつ変化に対応する「柔軟な運用」を志向する傾向が強い。

3　仕事を四角であらわすと，欧米や中国は内接円で仕事をする社会であり，日本は外接円で仕事をする社会である。

4　外接円の場合は，柔軟な運用が必要になり，内接円の場合は，明確なルールが必要になる。

5　運用の柔軟性こそが日本の強さであり，「擦り合わせ」を可能としていることを忘れてはならない。

No. 2　次の文の要旨として，最も妥当なのはどれか。

　資源のほとんどない日本に住む我々は，原料資源を海外から輸入して加工製品として輸出し，差額を生活の糧としている。つまり輸入した原料の一部を残して国内消費を賄っている。原料資源を持っている国より大きな負い目を持って，生計を立ててゆくべく運命づけられている。つまり本来余計に働かなければならないということである。より積極的に新しい科学技術を活用して，他所にない，買って貰える商品を作らなければならないようになっている。

　石油が自分のところにあれば，心配なく火力発電所を作って電気を配って工業生産させ，生活にも利用して貰える。ところが，わが国は石油を他所から買わなければならないから，価格変動に何時も一喜一憂し，安い電気の作り方を考えなければならなくなる。理由もなく危険の多い原子力発電などに活路を探す馬鹿はいない。

　電気代が高くなれば，それはそのまま製品製造の原価に反映する。せっかくの月給も，直接電気料金が値上がりするだけでなく諸物価も値上がりするから，実質的に相当目減りする。だから担当者は必死になって安い電気を確保しようと努力する。

　もし何かを見落して，結果的に手抜きをしたことになれば，大変なことになる。しかし，あまりにも心配性になったら使えない。あるいは安全係数を大きくとりすぎれば，高価になり効率は低下する。高い電気を使わなければならなくなる。

　だから日本ほど危険と効率との間の細い道を歩まなければならぬように運命づけられた国はないのである。

1　資源のほとんどない日本に住む我々は，原料資源を持っている国より大きな負い目を持って，生計を立ててゆくべく運命づけられている。

2　我々は，より積極的に新しい科学技術を活用して，他所にない，買って貰える商品を作らなければならない。

3　わが国は石油を他所から買わなければならないから，価格変動に何時も一喜一憂し，安い電気の作り方を考えなければならない。

4　電気代が高くなれば，せっかくの月給も実質的に相当目減りするから，担当者は必死になって安い電気を確保しようと努力する。

5　日本ほど危険と効率との間の細い道を歩まなければならぬように運命づけられた国はない。

— 35 —

No. 3　次の短文A～Eの配列順序として，最も妥当なのはどれか。

A　会社は全体として社会の中の穴を埋めているのです。

B　若い人が「仕事がつまらない」「会社が面白くない」というのはなぜか。

C　でも会社が自分にあった仕事をくれるわけではありません。

D　その中で本気で働けば目の前に自分が埋めるべき穴は見つかるのです。

E　それは要するに，自分のやることを人が与えてくれると思っているからです。

1　A－C－B－D－E

2　A－D－B－C－E

3　B－A－C－E－D

4　B－A－E－C－D

5　B－E－C－A－D

No. 4　次の文の空欄ＡおよびＢに該当する語または語句の組合せとして，最も妥当なのはどれか。

　　誰の胸にも「忘れ得ぬ風景」がしまってある。

　　それは華やかな大都市の広場であったり，大海に沈む夕陽であったりする。たとえば，大仁の富士山やブルターニュのモン・サンミシェルの砂浜に沈む夕陽は，なるほど忘れがたい名風景である。

　　しかし，ここで私が語りたいのは，もっと＿＿Ａ＿＿風景だ。それは，普段は心の奥にしまわれていて，滅多に人に語られることもない。別に秘密にしているわけではないが，面白くもないから話さないだけである。面白くはないが，ふとしたはずみに意識の上へ浮かんできては，またいつのまにか心の闇へ沈んで行く。

　　誰でも胸の奥にしまってあるこういう不思議な風景を私もいくつか持っている。

　　あれはいつのことであったか，冬のはじめであったと思う。パリのプレイエル劇場でピエール・ピエルロのオーボエを楽しんだ私は，雨に濡れた夜更けの街を川の方へ少し歩いてからメトロの階段を降りていった。ひと気のないプラットフォームは黴臭かったが，昼間の雑踏の名残りのように葉巻と香水の香りがかすかにトンネルの闇の方へ流れて行くようだった。

　　線路の向かい側のプラットフォームだけが，ちょうど芝居の舞台のように白く浮かんでいる。そのうす明かりのなかに，黒っぽいレインコートに身を包んだ栗毛の中年婦人が書き割りのような洗剤の広告を背に，行儀よくベンチに腰をかけ，ややうつむき加減に視線を固定したまま電車を待っていた。

　　それだけのことである。この光景がなぜ＿＿Ｂ＿＿のか，私には分からない。それがどういう意味を持つのかも知らない。

　　パリの地下鉄と言えば，あの，都会の澱のような香りとともに必ずこの光景が想い出される。

	A	B
1	小さな	面白い
2	小さな	忘れられない
3	華やかな	面白い
4	華やかな	忘れられない
5	不思議な	面白い

No. 5　次の英文中に述べられていることと一致するものとして，妥当なのはどれか。

Should we use slang* when speaking a second language? Some Japanese say they feel strange when foreigners use Japanese slang. Is the same true for Americans hearing English slang used by non-native speakers? Of course, I can only speak for myself, but my answer is not a simple "yes" or "no." Whether or not we use slang should depend on who we're talking to and how comfortable we are speaking the language.

Slang is for informal situations with "safe" people. The very safest person is ... you! Seriously, practicing with yourself is a great place to start. There may even be some expressions you're dying to try out but will never use in public. I practice Japanese at home alone all the time and am especially attracted to male language. For example, I would never say "*itee !!*" in public when I hurt myself, but I have fun saying it at home. You can also experiment safely with good friends. Just listen carefully to how they use certain slang expressions, and then try them out yourself. Complete strangers are also pretty safe to practice around —— people you probably won't see again, like those you meet in a bar or club.

　　＊　slang………スラング

1　会話を楽しめるかどうかは，スラングを使うかどうかにかかっている。

2　自分自身を相手にスラングの練習をするのは，良いスタート地点である。

3　人前で使うと，死にそうな思いをするスラングまであるかもしれない。

4　自分を傷つけることになるので，私は，家にいるときでも「いてえ!!」とは言わない。

5　自分がスラングをどのように使っているか，仲の良い友人に注意深く聞いてもらおう。

— 38 —

No. 6 次の英文中に述べられていることと一致するものとして，妥当なのはどれか。

One unusual feature of expensive Japanese restaurants is that the guests normally do not select what they wish to eat but leave this to the chef*. He knows better than the customers what fish or what vegetable is at its peak. There is of course a seasonal factor in other cuisines too. The first strawberries, the first asparagus, or the wild game in autumn are prized in Europe; but most dishes are served without reference to the season. I have never been told, for example, that a particular month is good for steak or that another month is bad for potatoes, yet this is precisely the kind of information that Japanese chefs possess. They know when each kind of food should be eaten and need no help from the customers.

The atmosphere in which a meal is served contributes greatly to one's enjoyment of the occasion, but of course the ultimate test of a restaurant is the food. Compared to most Western meals, a Japanese meal is noteworthy* for the attention given to variety of tastes and textures, and the appearance of each dish is carefully considered. I was told once that at a famous restaurant in Kyoto it sometimes happened that out of a whole box of mushrooms only two or three would have the desired shape, and the rest would be thrown away. This is probably an exaggeration, but it suggests how much of an artistic experience a Japanese meal can be.

 * chef………板前 * noteworthy………注目すべき

1 和食の店で，外国では見られない特徴は，客が食べたいものを選んで直接板前に注文するところである。

2 ヨーロッパでも，イチゴやアスパラガスの初物や，秋の野鳥や獣肉等は，大いに珍重され，たいていの料理は季節感を重視して出される。

3 ステーキやジャガイモの食べ頃がいつかについて，日本の板前は人に話せるほどの情報を持っていない。

4 おおかたの洋食に比べると，和食には味と歯応えの多様性が重視されるという特色があり，それぞれの料理の見栄えに細心の注意が払われる。

5 京都の有名な料亭では，一箱の椎茸に板前の気に入った形が，二つか三つほどしかないときは，その箱のすべてを投げ捨ててしまうことがときどきある。

No. 7　次の英文の空欄Aに該当する英文として，最も妥当なのはどれか。

　　Some stores station a clerk at the front door to greet customers.　If the greeter* says, "Welcome to Macy's*," it is polite to answer, "Thank you."　If the greeter says, "How are you folks today ?" it is polite to respond, "Fine, thank you."

　　Once in a store, you may discover lots of clerks waiting to be of service.　If you are browsing* and one asks you, "Can I help you ?" you can just reply, "＿＿A＿＿. I'm just looking."　You are just as likely to discover that there is no clerk around when you need one.　The store has obviously decided that their customers do not want clerks hovering over them.　In that case, you may have to hunt for a clerk to ask, "May I try this on ?" or "Where can I pay for this ?"

　　＊　greeter………あいさつする人
　　＊　Macy's………メイシーズ（店の名）
　　＊　browse………漫然と商品を見る

　1　Excuse me
　2　Yes, of course
　3　Yes, why not
　4　No, thank you
　5　No, I can't

No. 8　次の英文ア～エと同様の意味となる日本語のことわざまたは慣用句A～Dの組合せとして，妥当なのはどれか。

　　ア　Better the foot slip than the tongue.
　　イ　Seeing is believing.
　　ウ　Everything comes to him who waits.
　　エ　Two heads are better than one, even if the one's a sheep's.

　　A　待てば海路の日和あり
　　B　三人寄れば文殊の知恵
　　C　口は禍の門
　　D　百聞は一見に如かず

	ア	イ	ウ	エ
1	A	B	C	D
2	A	D	C	B
3	C	A	B	D
4	C	D	A	B
5	D	B	A	C

No.9　A～Dの4人は部長，課長，係長又は主任のいずれか異なる役職に就いている。ある日の4人の行動について次のア～エのことがわかっているとき，確実にいえるのはどれか。

ア　Aは，係長に会わなかった。
イ　Bは，部長に会ったがDに会わなかった。
ウ　Cは，課長と係長に会った。
エ　Dは，課長に会った。

1　Aは部長である。
2　Aは主任である。
3　Bは係長である。
4　Cは主任である。
5　Dは係長である。

No.10　ある事件の容疑者A～Eの5人が，次のような2つの発言をした。5人の発言は，いずれも1つが真実で，もう1つがうそであるとき，犯人はだれか。ただし，犯人は5人のうちの1人である。

A「私は犯人ではない」「だれが犯人かは知らない」
B「私は犯人ではない」「Aが犯人である」
C「私は犯人ではない」「Bは犯人ではない」
D「私は犯人ではない」「Cは犯人ではない」
E「私は犯人ではない」「Dが犯人である」

1　A　　　2　B　　　3　C　　　4　D　　　5　E

No.11　A～Hの8人が，図書館で待ち合わせをした。今，図書館に到着した順番について次のア～オのことがわかっているとき，確実にいえるのはどれか。ただし，同時に到着した者はいなかったものとする。

ア　CとDは，4番目か6番目のいずれかに到着した。
イ　Bは，5番目か8番目のいずれかに到着した。
ウ　Gは，Aより遅く到着した。
エ　DはFの次に到着し，また，EはCの次に到着した。
オ　Aが到着してからBが到着するまでの間に，2人が到着した。

1　Hは，2番目に到着した。
2　Aは，5番目に到着した。
3　Cは，5番目に到着した。
4　Bは，8番目に到着した。
5　Gは，8番目に到着した。

— 41 —

No.12　A～Eの5人からなるグループ内でメールのやりとりを行った結果について、次のア～オのことがわかった。
　　ア　5人が出したメールの合計は11通で、同じ人に2通以上のメールを出した人や自分あてにメールを出した人はなく、出したメールはすべて相手に届いた。
　　イ　Aはメールを3通出し、2通受け取った。
　　ウ　Bはメールを1通出し、3通受け取った。
　　エ　Dはメールを2通出したが、1通も受け取らなかった。
　　オ　Eは出したメールより1通多くメールを受け取り、Cにはメールを出さなかった。
　　以上から判断して、確実にいえるのはどれか。
　1　AはDからメールを受け取った。
　2　BはCにメールを出した。
　3　CはAからメールを受け取らなかった。
　4　DはBにメールを出した。
　5　EはAにメールを出さなかった。

No.13　ある高校の生徒70人に、国語、数学、英語のそれぞれについて得意か得意でないかを質問したところ、次のA～Eのことがわかった。
　　A　国語を得意と答えた生徒の人数は35人であり、数学を得意と答えた生徒の人数は24人で、英語を得意と答えた生徒の人数は36人であった。
　　B　国語と英語の両方を得意と答えた生徒の人数は、数学と英語の両方を得意と答えた生徒の人数の2倍であった。
　　C　国語のみを得意と答えた生徒の人数は11人であり、国語と数学の両方を得意と答えた生徒の人数と同数であった。
　　D　国語、数学、英語のすべてを得意と答えた生徒の人数は7人であった。
　　E　質問をした生徒の全員が国語、数学、英語のそれぞれについて、得意または得意でないのいずれかを答えた。
　　以上から判断して、国語、数学、英語のすべてを得意でないと答えた生徒の人数として、正しいのはどれか。
　1　6人
　2　7人
　3　8人
　4　9人
　5　10人

No.14 オレンジキャンディー4個，レモンキャンディー6個の合計10個のキャンディーが入っている袋の中から，同時に3個のキャンディーを取り出したとき，そのうち少なくとも1個がオレンジキャンディーである確率はどれか。

1 $\dfrac{1}{6}$

2 $\dfrac{2}{5}$

3 $\dfrac{3}{5}$

4 $\dfrac{2}{3}$

5 $\dfrac{5}{6}$

No.15 あるりんご園でりんごの収穫を終えるのに，A〜Dの4人が共同で行うと3日間を要し，Aだけで行うと12日間を要し，Bだけで行うと9日間を要し，Cだけで行うと18日間を要する。この収穫を，Dだけで終えるのに要する日数はどれか。ただし，A〜Dのそれぞれが行う1日当たりの仕事量は，一定であるものとする。

1 4日
2 8日
3 12日
4 16日
5 20日

No.16 4725の正の約数は全部でいくつあるか。

1 24個
2 30個
3 36個
4 42個
5 48個

— 43 —

No.17　次の表から確実にいえるのはどれか。

東京都児童相談所における相談種類別受理件数の指数の推移

(2002年度＝100.0)

種　　類	2002年度	2003	2004	2005	2006
養 護 相 談	100.0	106.3	97.0	102.3	116.4
保 健 相 談	100.0	95.9	72.6	66.5	45.3
障 害 相 談	100.0	105.3	110.3	82.1	78.0
非 行 相 談	100.0	98.3	86.7	117.3	129.5
育 成 相 談	100.0	91.9	90.8	93.5	94.9
その他の相談	100.0	97.5	104.0	119.2	131.0

1　2003年度において，養護相談の受理件数の対前年度増加数は，障害相談の受理件数のそれを上回っている。

2　2003年度から2006年度までの各年度のうち，保健相談の受理件数の対前年度減少率が最も大きいのは，2004年度である。

3　2006年度において，非行相談の受理件数の対前年度増加率は，養護相談の受理件数のそれより大きい。

4　2005年度の非行相談の受理件数の対前年度増加数は，2006年度のそれの２倍を上回っている。

5　2003年度から2006年度までの各年度とも，育成相談の受理件数は，養護相談の受理件数を下回っている。

特別区経験者
教養試験

No.18　次の表から確実にいえるのはどれか。

わが国における切り花の国別輸入額の対前年増加率の推移

(単位　％)

国　　名	2002年	2003	2004	2005
タイ	△4.2	△1.6	0.6	△4.8
コロンビア	30.8	38.6	25.1	18.6
オランダ	3.5	△17.9	△27.8	△26.5
韓国	41.2	16.8	△13.0	0.1
ニュージーランド	△5.0	3.1	△13.1	△3.3

(注)　△は，マイナスを示す。

1　2001年のタイからの切り花の輸入額を100としたときの2005年のそれの指数は，85を下回っている。

2　表中の各国のうち，2004年における切り花の輸入額が最も小さいのは，オランダである。

3　2003年において，コロンビアからの切り花の輸入額の対前年増加額は，韓国からの切り花の輸入額のそれの2倍を上回っている。

4　オランダからの切り花の輸入額の2003年に対する2005年の減少率は，ニュージーランドからの切り花の輸入額のそれの2倍より小さい。

5　2005年のコロンビアからの切り花の輸入額の対前年増加額は，2002年のそれを上回っている。

― 45 ―

No.19 次の図から確実にいえるのはどれか。

旅客自動車の種類別輸送人員の対前年度増加率の推移

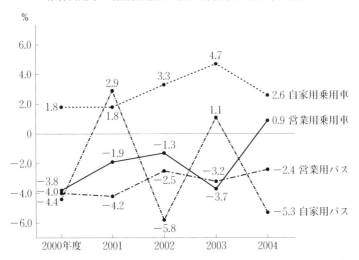

1 　図中の各年度のうち，自家用バスの輸送人員が最も少ないのは，2002年度である。
2 　2003年度の自家用乗用車の輸送人員を100としたときの2001年度のそれの指数は，95を上回っている。
3 　2001年度において，自家用バスの輸送人員の対前年度増加数は，自家用乗用車の輸送人員のそれを上回っている。
4 　営業用乗用車の輸送人員の2000年度に対する2003年度の減少率は，営業用バスの輸送人員のそれの2倍より大きい。
5 　2001年度から2004年度までの各年度とも，営業用乗用車の輸送人員に対する自家用乗用車の輸送人員の比率は，前年度のそれを上回っている。

No.20 次の図から確実にいえるのはどれか。

主な地域別対外直接投資額の推移

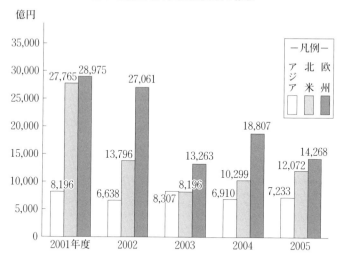

1 2001年度のアジアへの対外直接投資額を100としたときの2004年度のそれの指数は，90を上回っている。
2 2002年度において，北米への対外直接投資額の対前年度減少額は，欧州への対外直接投資額のそれの10倍より小さい。
3 2003年度におけるアジアへの対外直接投資額の対前年度増加率は，30％より大きい。
4 2004年度の北米への対外直接投資額の対前年度増加額は，2005年度のそれを下回っている。
5 欧州への対外直接投資額の2001年度に対する2005年度の減少率は，北米への対外直接投資額のそれより大きい。

No.21 次の図は，台形が直線上を滑ることなく1回転したとき，その台形上の点Pが描く軌跡であるが，この軌跡を描くものはどれか。

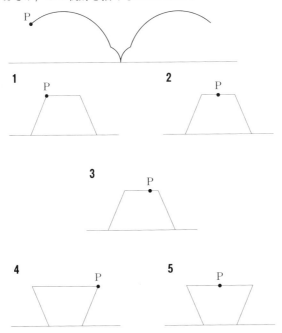

No.22 次の図Ⅰのような展開図のサイコロがある。このサイコロ3個を，互いに接する面が同じ目になるように，図Ⅱのとおりに並べたとき，Aの目の数とBの目の数との和はどれか。

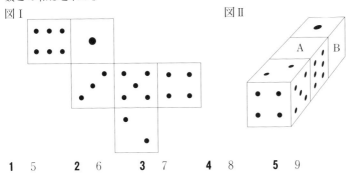

1 5　　**2** 6　　**3** 7　　**4** 8　　**5** 9

No.23 次の図のように，大きさの等しい3個の正方形を並べ，点Bと点C，点Bと点Dを直線で結んだとき，∠ACBと∠ADBの角度の和はどれか。

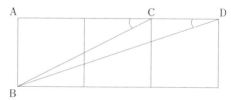

1 30°
2 35°
3 40°
4 45°
5 50°

No.24 図Ⅰは正八面体の2面だけを黒く塗ったものである。この正八面体の展開図として正しいものは次のうちどれか。

図Ⅰ

1
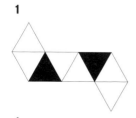

2
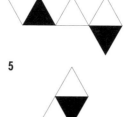

3
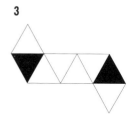

4

5

No.25　近年，公布あるいは施行された法律に関するA〜Dの記述のうち，妥当なものを選んだ組合せはどれか。

A　2020年の高齢者雇用安定法の改正により，65歳までの雇用確保措置義務に加えて，新たに70歳まで労働者の就業機会を確保することが事業主の努力義務となった。

B　2017年の民法の改正では，法定利率を市中金利の変動に合せて緩やかに変動させることや，取引の実態に合せて職業別の短期消滅時効を導入すること等が規定された。

C　2020年の著作権法改正により，インターネット上で海賊版サイトへ誘導を行うリーチサイトの運営や，一定要件下における侵害コンテンツの私用目的でのダウンロードが違法となった。

D　2018年12月に改正された水道法では，関係者の責務の明確化や広域連携の推進等が図られるとともに，地方公共団体が水道施設の所有権を維持したうえで，水道事業の認可を受けた民間事業者に運営権を設定する方式が創設された。

1　A，B
2　A，C
3　B，C
4　B，D
5　C，D

No.26　日本の高齢化に関する次の記述のうち，妥当なのはどれか。

1　わが国では2020年の総人口に占める65歳以上の高齢者人口の割合が前年より上昇し，統計を取り始めて以来，初めて30%を超えた。

2　「日本の地域別将来推計人口（2018年推計）」では，東京都を除く道府県で2045年の総人口が2015年を下回り，すべての都道府県で高齢化率（総人口に占める65歳以上人口の割合）が3割を超えると推計されている。

3　2021年度当初予算における社会保障関係費は約33.6兆円であり，その最大の割合を占めるのが医療給付費である。

4　日本の高齢化の進展は他国よりもスピードが速く，倍加年数は約40年で，フランス（126年）やドイツ（85年）に比べて極端に短い。

5　2019年現在，65歳以上の者のいる世帯は全世帯の49.4%を占めるが，その内訳は構成割合の大きい順に，単独世帯，夫婦のみの世帯，親と未婚の子のみの世帯である。

特別区経験者
教養試験

No.27 選挙に関する次の記述のうち，妥当なのはどれか。
1 2015年6月の公職選挙法の改正による選挙権年齢の「18歳以上」への引き下げは，翌年6月の参院選公示以降適用されたが，検察審査員および裁判員の選任についても順次適用される予定となっている。
2 1945年，GHQの指導により，衆議院の選挙制度は，中選挙区制，20歳以上男女の普通選挙となった。
3 一選挙区から一人の代表を選出する小選挙区制は多数代表制であり，議席につながらない死票が多くなる。
4 「一票の格差」などの是正のため，2016年5月の公職選挙法等の改正により，衆議院小選挙区の都道府県別および比例ブロックの定数配分を，いわゆる「アダムズ方式」により行うこととなった。これは，各都道府県，各ブロックにまず1議席を割り当て，残りを人口に応じて配分するものである。
5 衆議院の小選挙区比例代表並立制における比例代表では，11のブロックごとに，各政党名と候補者個人名の合計得票数に応じて議席が比例配分される。各政党内での当選者は個人名での得票数により決定される。

No.28 エネルギーに関する次の記述のうち，妥当なのはどれか。
1 1950年代に中東やアフリカで大油田が相次いで発見され，主要なエネルギー源が石炭から石油へと変化するいわゆる"流体革命（エネルギー革命）"が起こった。
2 日本のエネルギー利用効率は諸外国に比べて低く，日本のGDP当たりの一次エネルギー消費量は中国とほぼ同等，欧米の2倍程度となっている。
3 日本の石油依存度は高く，一次エネルギー国内供給に占める石油の割合は2018年度で約7割に達しており，エネルギー源の多様化が望まれている。
4 2018年度におけるエネルギー起源の二酸化炭素排出量は，2005年度比で11.8％，前年度比で4.6％の増加となった。
5 2021年1月現在の原子力発電設備容量を国際比較すると，日本は，アメリカ，フランス，ロシアに次ぐ4位であり，2018年度における日本の発電電力量の約2割は原子力発電によるものである。

― 51 ―

No.29 日本で発生した災害に関する次の記述のうち，妥当なのはどれか。

1 平成23年に発生した東日本大震災と平成7年の阪神・淡路大震災を比較すると，地震の型はともに海溝型であった。前者は震度6弱以上の地域が8県に上ったのに対し，後者は1県にとどまった。

2 東日本大震災では，地震発生後の大津波により沿岸部で甚大な被害が発生することとなったが，阪神・淡路大震災では津波による被害はなく建築物の倒壊や大規模火災発生による被害が中心であった。

3 平成31年3月改訂の内閣府「避難勧告等に関するガイドライン」では，5段階の警戒レベルを明記して防災情報を提供することとされたが，市町村による避難準備・高齢者等避難開始の発令は警戒レベル4に当たる。

4 平成26年9月，24時間体制で火山活動が常時観測・監視されていた長野・岐阜県境の御嶽山において噴火が発生した。噴火に伴う火砕流に登山者が巻き込まれ，多数の死傷者が出た。

5 平成28年の熊本地震においては震度7に達する地震が4月14日と16日に2度発生した。14日の本震はマグニチュード7.3であり阪神・淡路大震災と同規模であった。

No.30 環境問題に関するA〜Dの記述のうち，妥当なものを選んだ組合せはどれか。

A 酸性雨とは，主として工場からの煙に含まれて排出される一酸化炭素や塩素等によって引き起こされる強い酸性の雨であり，東南アジアにおける森林消失の最大の原因となっている。

B フロンは，オゾン層を破壊し，生物に有害な紫外線の量を増加させ，人の健康などに悪影響を及ぼす原因となるものであり，モントリオール議定書により，その規制措置が定められた。

C ダイオキシンは，放射性廃棄物により発生し，汚染された農作物や魚介類の摂取により人体に取り込まれることでホルモンの正常な作用を阻害し，その成長を妨げるものである。

D 温室効果ガスとは，地球温暖化の原因となる二酸化炭素などをいい，京都議定書では温室効果ガスの削減のため，その排出削減量の数値目標が定められた。

1 A，B
2 A，C
3 A，D
4 B，C
5 B，D

No.31 次のA～Dのうち，日本国憲法に規定する内閣の権限に該当するものを選んだ組合せとして，妥当なのはどれか。
　　A　憲法および法律の規定を実施するために，政令を制定すること
　　B　恩赦を決定すること
　　C　国務大臣を罷免すること
　　D　最高裁判所長官を任命すること
　1　A，B
　2　A，C
　3　A，D
　4　B，C
　5　B，D

No.32　アメリカの政治制度に関する記述として，妥当なのはどれか。
　1　大統領は，その地位について連邦議会の信任を必要とする一方，連邦議会への法案提出権や解散権を持つ。
　2　連邦議会は，最高の立法機関として，非民選で任期の定めのない上院と民選の下院からなり，予算の議決などについて下院の優越が確立している。
　3　大統領は，国家元首であるとともに行政府の長であり，国民の直接選挙によって選出され，連邦議会に議席を持つ。
　4　大統領は，連邦議会が可決した法案に対する拒否権を行使できるが，連邦議会の上下両院が3分の2以上の多数で再度可決すれば，法律は成立する。
　5　最高司法裁判所である連邦最高裁判所は，連邦議会の上院に置かれているが，違憲立法審査権は与えられていない。

No.33　選挙制度に関するA～Dの記述のうち，妥当なものを選んだ組合せはどれか。
　　A　わが国の選挙の原則は，成年に達した国民すべてに選挙権を認める平等選挙の原則と，投票の秘密を守る秘密投票の原則の2つである。
　　B　選挙制度には，1つの選挙区から1人の議員を選出する小選挙区制，2人以上の議員を選出する大選挙区制，各政党の得票数に応じて議席を配分する比例代表制などがある。
　　C　小選挙区制では，相対的に多数派の政党が多くの議席を獲得し，少数派の票は死票になるため，二大政党制になりやすい。
　　D　わが国では，現在，衆議院議員選挙では非拘束名簿式比例代表制が採用され，参議院議員選挙では，小選挙区比例代表並立制が採用されている。
　1　A，B
　2　A，D
　3　B，C
　4　B，D
　5　C，D

― 53 ―

No.34 次の図は，日本銀行の金融政策を表したものであるが，図中の空欄A～Fに該当する語の組合せとして，妥当なのはどれか。

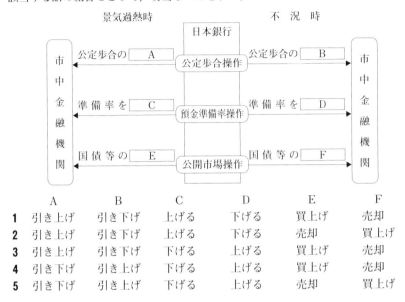

	A	B	C	D	E	F
1	引き上げ	引き下げ	上げる	下げる	買上げ	売却
2	引き上げ	引き下げ	上げる	下げる	売却	買上げ
3	引き上げ	引き下げ	下げる	上げる	買上げ	売却
4	引き下げ	引き上げ	下げる	上げる	買上げ	売却
5	引き下げ	引き上げ	下げる	上げる	売却	買上げ

No.35 わが国の社会保障制度に関する記述として，妥当なのはどれか。
1 社会福祉は，疾病，老齢，失業，労働災害などに直面したとき，それらの制度の加入者に対して，あらかじめ拠出された積立金から現金の給付を行うものである。
2 公的扶助は，生活が困難な国民に対して，最低限の生活を保障するために，公費により必要な給付を行う制度である。
3 社会保険は，社会生活を営むうえで，社会的保護や援助を必要とする児童，高齢者などに対して，サービスを提供するものである。
4 公的年金の財源を調達する方式は，被保険者がその在職中に積み立てた保険料のみで年金を賄う積立方式だけがとられている。
5 わが国では，国民皆年金の制度は確立されているが，国民皆保険の制度は確立されていない。

No.36 次のA～Dのうち，熟語の意味の説明が正しいものを選んだ組合せとして，妥当なのはどれか。

A 「我田引水」とは，疑いを受けるような行為は避けたほうがよいということをいう。

B 「朝三暮四」とは，命令や法律が次々と変わって定まらないことをいう。

C 「呉越同舟」とは，仲の悪い者同士が，同じ場所にいたり，行動をともにすることをいう。

D 「千載一遇」とは，めったにないよい機会のことをいう。

1 A，B

2 A，C

3 B，C

4 B，D

5 C，D

No.37 幕末の出来事に関する記述のうち，妥当なのはどれか。

1 安政の大獄は，幕府が朝廷の許可を得ないで日米修好通商条約を締結した後，大老の井伊直弼が，これを非難する大名や武士を処罰し，長州藩の吉田松陰や福井藩の橋本左内らを死刑とした事件である。

2 八月十八日の政変は，薩摩藩と長州藩が尊王攘夷派の公卿と協力して，朝廷内の公武合体派を京都から追放し，三条実美らの公卿が会津藩に逃げ落ちた事件である。

3 生麦事件は，江戸から帰国途上の島津久光一行の行列を横切ったイギリス人を長州藩士が殺傷した事件であり，後に起きた四国艦隊下関砲撃事件のきっかけとなった。

4 池田屋事件は，尊王攘夷派の志士が京都での勢力を回復するため，京都の旅館池田屋で会合していた京都守護職の配下の近藤勇ら新選組を襲撃した事件である。

5 桜田門外の変は，公武合体の方針をとり，孝明天皇の妹である和宮を将軍家茂の夫人に迎えた老中の安藤信正を，尊王攘夷派の水戸藩浪士が江戸城の桜田門外で襲撃した事件である。

No.38 第一次世界大戦後のヴェルサイユ体制に関するA～Dの記述のうち, 妥当なものを選んだ組合せはどれか。

A 第一次世界大戦の講話会議がパリで開かれ, アメリカ大統領のウィルソンが発表した, 民族自決や国際平和機構の設立などを含む14か条の平和原則に基づいて, 戦後処理が協議された。

B ドイツは, セーヴル条約により, 軍備の制限や巨額の賠償金などが課せられたほか, すべての植民地を失ったが, ヨーロッパでの領土を失うことはなかった。

C 民族自決の原則は, ヨーロッパだけでなく, アジアやアフリカにも適用され, 多くの植民地の独立が認められた。

D ヴェルサイユ条約に従って国際連盟が成立したが, アメリカは議会の反対で参加せず, ドイツやソ連は, 初めは参加を認められなかった。

1 A, B
2 A, C
3 A, D
4 B, C
5 B, D

No.39 次の図は，日本周辺の海流を表したものであるが，図中の空欄A～Cに該当する語の組合せとして，妥当なのはどれか。

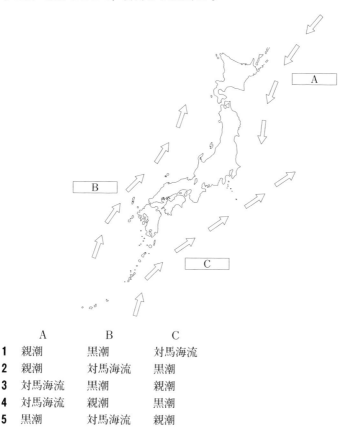

	A	B	C
1	親潮	黒潮	対馬海流
2	親潮	対馬海流	黒潮
3	対馬海流	黒潮	親潮
4	対馬海流	親潮	黒潮
5	黒潮	対馬海流	親潮

No.40 わが国の近代の美術または建築に関する記述として，妥当なのはどれか。
1 東京美術学校で岡倉天心らに育てられた日本画家の高橋由一は，水墨画の作品「生々流転」を描いた。
2 フランス留学から帰国した黒田清輝の影響を受けた青木繁は，若々しくたくましい漁師たちの様子を表現した作品「海の幸」を描いた。
3 ロダンに師事した高村光雲は，洋画から彫刻に転じ，作品「女」など生命の輝きにあふれる作品を発表した。
4 アメリカ人のフェノロサに西洋の建築様式を学んだ片山東熊は日本銀行本店を，辰野金吾は旧赤坂離宮をそれぞれ設計した。
5 日本画から洋画に転じた横山大観は，身近に題材を求めた写実的な作品を描き，「鮭」は日本における西洋画の出発点になった。

— 57 —

No.41 ある物体に500Nの力を加えて、2秒間で垂直に3m持ち上げたときの仕事率はどれか。
1 250W
2 500W
3 750W
4 1,000W
5 1,250W

No.42 次の文は、原子の電子配置に関する記述であるが、文中の空欄A〜Cに該当する語の組合せとして、妥当なのはどれか。

　原子核のまわりに存在する電子は、電子殻と呼ばれるいくつかの層に分かれ、原子核に近い内側の　A　から順に各電子殻をうめるように配置される。最も外側の電子殻に配置されている電子のことを最外殻電子という。最外殻電子の数が1〜7個の各原子では、最外殻電子を特に　B　といい、この数が同じ原子どうしは、よく似た性質を示す。

　ヘリウム、ネオン、アルゴンなどの希ガス原子は他の原子と結びつきにくく、その最外殻電子は　C　が2個、ほかはすべて8個であり、他の原子の電子配置に比べて特に安定である。

	A	B	C
1	K殻	価電子	ヘリウム
2	K殻	価電子	アルゴン
3	K殻	中性子	ネオン
4	N殻	中性子	ヘリウム
5	N殻	中性子	ネオン

No.43 図のように、気体をA〜Cの三つの性質で分類した。
　A　同温・同圧のもとで、空気よりも密度が大きい。
　B　無色・無臭である。
　C　単体の気体である。
　①、②に分類される気体の組合せとして最も妥当なのは次のうちどれか。

	①	②
1	二酸化炭素	アンモニア
2	アルゴン	ヘリウム
3	塩素	アルゴン
4	ヘリウム	二酸化炭素
5	アンモニア	塩素

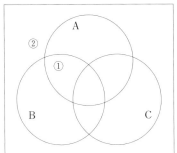

No.44 次の文は，発酵に関する記述であるが，文中の空欄A～Cに該当する語の組合せとして，妥当なのはどれか。

有機物が微生物によって分解される現象のうち，生成物が人間にとって有用である場合を発酵という。発酵には，　A　菌がグルコースなどの単糖類を分解してエタノールと　B　を生成するアルコール発酵のほか，　C　菌によりチーズやヨーグルトが作られる　C　発酵，酢酸菌により食酢が作られる酢酸発酵などがある。

	A	B	C
1	酵母	酸素	酪酸
2	酵母	二酸化炭素	乳酸
3	コウジ	酸素	酪酸
4	コウジ	二酸化炭素	乳酸
5	コウジ	二酸化炭素	酪酸

No.45 次の文は，高気圧および低気圧に関する記述であるが，文中の空欄A～Eに該当する語の組合せとして，妥当なのはどれか。

北半球では，地上付近の風は，　A　の中心に向かって　B　に吹き込み，　C　の中心から　D　に吹き出す。

北西太平洋または南シナ海で発達した　E　のうち，最大風速が17.2m/秒以上になったものを，わが国では台風と呼んでいる。

	A	B	C	D	E
1	低気圧	時計回り	高気圧	反時計回り	熱帯低気圧
2	低気圧	時計回り	高気圧	反時計回り	温帯低気圧
3	低気圧	反時計回り	高気圧	時計回り	熱帯低気圧
4	高気圧	時計回り	低気圧	反時計回り	温帯低気圧
5	高気圧	反時計回り	低気圧	時計回り	熱帯低気圧

国家（社会人）

適性試験問題

1. この試験問題は3種類の検査から成り立っており、**検査1，2，3**がそれぞれ**10題**ずつ繰り返し出題され、**合計120題**です。各検査の解答方法については検査の説明を読んで理解してください。
2. 解答時間は**15分間**です。答案用紙へのマークは必ず解答時間内にしてください。
3. 問題番号と答案用紙の番号がずれないように注意し、番号順に飛ばさないで解答してください。誤答，二つ以上マークした解答及び解答を飛ばしたものがあるとその数だけ正解数から減点します。

─── 検 査 の 説 明 ───

検査 1 この検査は，隣り合う数を，左の枠内に指定された演算記号に従って計算し，さらに，その答えの一の位の数字だけを使用して計算することを繰り返し，最後に出た答えを選択枝から選んでマークをするものです。

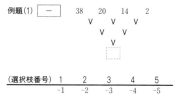

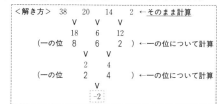

指定された演算記号は「－（マイナス）」ですから，＜解き方＞にあるように，隣り合う数同士について，左にある数から右にある数を引きます。具体的には，まず，38－20＝18，20－14＝6，14－2＝12の計算を行い，次に，それぞれの答えの一の位である「8 6 2」について同様に引き算を行うと，8－6＝2，6－2＝4となり，さらに，これらの答えの一の位である「2 4」について同様に引き算を行うと，答えは「-2」となり，これは選択枝番号「2」の位置にありますから，マークは次のようになります。

検査 2 この検査は，与えられたアルファベットの文字列三組を，手引を用いて仮名に置き換え，その結果を選択枝から選んでマークをするものです。

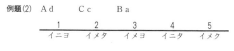

例題では，最初の文字列「Ad」は，手引中の「A」の行と「d」の列が交差する欄にある「イ」に置き換えられます。同様に，「Cc」は「メ」に，「Ba」は「ヨ」に置き換えられますから，答えは「イメヨ」であり，これは選択枝番号「3」の位置にありますから，マークは次のようになります。

検査 3 この検査は，原文と複写文とを照合して，複写文の1～5のどの箇所に誤りがあるかを探し，その誤りが含まれている箇所の番号にマークをするものです。

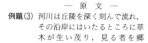

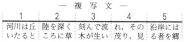

例題では，原文1行目の「陵」が，複写文では「陸」となっており，この誤りは複写文の「2」の箇所にありますから，マークは次のようになります。

		1	2	3	4	5

(1) | + | 5   7   4   2

     V   V   V
        V   V
           V
          [ ]

9   10   11   12   13

(2) | + | 6   10   5   7

     V   V   V
        V   V
           V
          [ ]

10   9   8   7   6

(3) | × | 2   4   4   2

     V   V   V
        V   V
           V
          [ ]

6   12   24   48   64

(4) | − | 19   10   5   1

     V   V   V
        V   V
           V
          [ ]

1   2   3   4   5

(5) | + | 9   5   8   9

     V   V   V
        V   V
           V
          [ ]

9   8   7   6   5

(6) | × | 9   7   4   3

     V   V   V
        V   V
           V
          [ ]

12   16   24   36   48

(7) | + | 3   8   6   7

     V   V   V
        V   V
           V
          [ ]

11   12   13   14   15

(8) | + | 4   9   6   8

     V   V   V
        V   V
           V
          [ ]

21   20   19   18   17

(9) | − | 23   8   4   3

     V   V   V
        V   V
           V
          [ ]

−1   −2   −3   −4   −5

(10) | − | 28   19   15   5

      V   V   V
         V   V
            V
           [ ]

1   2   3   4   5

— 62 —

国家（社会人）
適性試験

（手引）

	a	b	c	d
A	ヒ	テ	ダ	ク
B	ギ	サ	モ	ロ
C	パ	タ	フ	ニ

				1	2	3	4	5
(11)	B b	A c	C a	サダギ	サダパ	サダヒ	サテパ	テダパ
(12)	C d	A b	B c	ニテモ	ニテサ	ニテダ	フテモ	ニダモ
(13)	A d	B a	C b	クヒタ	クギサ	クパタ	クギタ	クギパ
(14)	B d	C c	A a	ロフヒ	ロフギ	モフト	ロタヒ	ロモヒ
(15)	B c	A d	C d	モクロ	モクニ	モダニ	モダロ	モクフ
(16)	C a	B b	A c	パテダ	パギダ	パサク	パサテ	パサダ
(17)	A a	C d	B a	ヒニパ	ヒフギ	ヒロギ	ヒニギ	ヒフパ
(18)	C b	B c	A d	サモク	タサク	タモロ	タモダ	タモク
(19)	B a	A a	C c	ギヒフ	ギヒモ	ギヒタ	ギテフ	ヒテフ
(20)	A c	C b	B d	ダパロ	ダサロ	ダタモ	ダタロ	ダタク

— 原 文 —

(21) 加熱水蒸気が脂を溶かし，表面に付着する凝縮水が塩分を吸収し，塩分を落とす効果がある

(22) 薄ら寒い海が開けた。と同時に良平の頭には余り遠く来過ぎた事が，急にはっきりと感

(23) 明治以後は水道端町一丁目二丁目に分かれましたが，江戸時代には併せて水道端と呼ん

(24) もしもこの天の川がほんとうに川だと考えるなら，その一つ一つの小さな星はみんなその川

(25) 恒星や銀河が発する光が地球に届くまでの経路で，大きな重力を示す天体のそばを通る

(26) 博士の固化法では，病巣の第一層を，或る有機物から成る新発明の材料でもって，強靱で

(27) 彼は自分に向って次ぎ次ぎに来る苦痛の波を避けようと思ったことはまだなかった。このそれ

(28) 屋根へ上って平たいシャベルで雪をおろすと窓の前に雪の小山ができる。わたしはいつも

(29) 拡張され，新しい種類の楽器の導入や，家畜の鈴，ハンマーなどの特殊な音響体の利用の

(30) 食事も子供のために，器械的に世話をするだけで，自分はほとんど何も食わずに，しきり

— 複 写 文 —

	1	2	3	4	5
(21)	加熱水蒸 / 縮水が塩	気が脂を / 分を吸収	溶かし， / し，塩分	表面に付 / を落す効	着する凝 / 果がある
(22)	薄ら寒い / 余り遠く	海が開け / 来過ぎた	た。と同 / ことが，	時に良平 / 急にはっ	の頭には / きりと感
(23)	明治以後 / ましたが，	は水道端 / 江戸時	町一丁目 / 代には併	と二丁目 / せて水道	に分かれ / 端と呼ん
(24)	もしもこ / なら，そ	の天の川 / の一つ一	がほんと / つの小さ	うに川だ / な星みん	と考える / なその川
(25)	恒星や銀 / 路上で，	河が発す / 大きな重	光が地 / 力を示す	球に届く / 天体のそ	までの経 / ばを通る
(26)	博士の固 / 機物から	化法では， / なる新発	病巣の / 明の材料	第一層を， / でもって，	或る有 / 強靱で
(27)	彼は自分 / 避けよう	に向って / と思った	次ぎ次ぎ / ことはな	に来る苦 / かった。	痛の波を / このそれ
(28)	屋根へ上 / 窓の前に	って平た / 雪の小山	いシャベル / ができる	で雪を / 。わたし	下ろすと / はいつも
(29)	拡張され， / の鈴，ハ	新しい / ンマーな	種類の楽 / どの特殊	器の導入 / な音響体	や，家畜 / の利用の
(30)	食事も子 / けで，自	供のために / 分はほと	，器械 / んど何も	的に世話 / 食えずに	をするだ / ，しきり

— 63 —

	1	2	3	4	5

(31) ┃ + ┃   11   3   4   13   1   2   3   4   5
       V   V   V
         V   V
           V
          ☐

(32) ┃ × ┃   4   8   2   3   6   12   18   24   30
       V   V   V
         V   V
           V
          ☐

(33) ┃ ÷ ┃   48   8   4   1   2   3   4   5
       V   V
         V
        ☐

(34) ┃ + ┃   19   4   8   7   15   14   13   12   11
       V   V   V
         V   V
           V
          ☐

(35) ┃ − ┃   34   25   10   7   0   2   4   6   8
       V   V   V
         V   V
           V
          ☐

(36) ┃ ÷ ┃   57   3   1   1   2   3   4   5
       V   V
         V
        ☐

(37) ┃ + ┃   13   15   22   10   17   16   15   14   13
       V   V   V
         V   V
           V
          ☐

(38) ┃ × ┃   9   3   2   12   16   12   8   6   4
       V   V   V
         V   V
           V
          ☐

(39) ┃ + ┃   8   14   29   4   11   12   13   14   15
       V   V   V
         V   V
           V
          ☐

(40) ┃ − ┃   43   24   16   5   −8   −7   −6   −5   −4
       V   V   V
         V   V
           V
          ☐

国家（社会人）
適性試験

（手引）

	a	b	c	d
A	ほ	ま	に	け
B	ど	ぎ	わ	あ
C	た	し	く	ぴ

				1	2	3	4	5
(41)	A b	B d	C c	まあわ	まあし	まあく	まわく	まくし
(42)	C a	A d	B a	たけど	たけほ	たにど	たにほ	たあど
(43)	B b	C c	A c	ぎしに	ぎわに	ぎくわ	ぎくに	ぎくま
(44)	C d	A a	B c	ぴほま	ぴほわ	ぴどわ	ぴほぎ	ぴほに
(45)	A c	B a	C b	にどし	にどた	にどぎ	にほし	にほた
(46)	C c	A b	B d	くほわ	くほあ	くまけ	くまわ	くまあ
(47)	B a	C d	A a	どぴま	どまほ	どくま	どぴほ	どくま
(48)	A d	B c	C a	けぎた	けわた	けわど	けにた	けにど
(49)	C d	A c	B b	ぴわぎ	ぴまぎ	ぴにま	ぴにぎ	ぴにど
(50)	B c	C a	A d	わたけ	わたに	わどけ	わどに	わたあ

― 原 文 ―

(51) 見るものと見えるもの，触れるものと触れられるものなどは原理的に相互に入れ替わる構造

(52) 向岸も見渡すかぎり建物は崩れ，電柱の残っているほか，もう火の手が廻っていた。私は

(53) 人と水と戦って，この里の滅びようとした時，越の大徳泰澄が行力で，竜神をその夜叉ヶ池

(54) 線路はもう一度急勾配になった。其処には両側の蜜柑畑に，黄色い実がいくつも日を受け

(55) 利用者の個別性を重視し，利用者の問題解決能力を最大限に活用すること，向上させる

(56) 米政権はその合意の一翼を担い，京都議定書第１期が12年に終わった後の枠組みづくりでは

(57) 究明しながら，自己省察をさらに哲学的思考の領域に分け入って実践すること，その点が

(58) 各個人の効用の総和を経済厚生とする操作の背後にある，個人間の効用を比較できるという

(59) ネット上にあふれる違法情報は，プロバイダーの判断で削除できるが，業界団体に加盟

(60) 森は森閑として，もう薄暗く，突き飛ばされる毎にバッタのように驚いてハードル跳びを

― 複 写 文 ―

	1	2	3	4	5
(51)	見るもの	と見える	もの，触	れるもの	と触られ
	るものな	どは原理	的に相互	に入れ替	わる構造
(52)	向岸も見	渡すかぎ	り建物は	崩れ，電	柱の残っ
	ているほ	か，もう	火の手が	回ってい	た。私は
(53)	人と水と	戦って，	この里滅	びようと	した時，
	越の大徳	泰澄が行	力で，竜	神をその	夜叉ヶ池
(54)	線路はも	う一度急	勾配にな	った。其	処には両
	側の蜜柑	畑に，黄	色い実が	いくつか	日を受け
(55)	利用者の	個別性を	重視し，	利用者の	問題解決
	能力を最	大限に活	用化する	こと，向	上させる
(56)	米政権は	その合意	の一翼を	担い，京	都議定書
	第１期が	12年に終	わった後	の枠組づ	くりでは
(57)	究明しな	がら，自	己省察を	さらに哲	学的思索
	の領域に	分け入っ	て実践す	ること，	その点が
(58)	各個人の	効用の総	和を経済	厚生とす	る操作の
	背後にあ	る，個人	間の効用	を比較き	るという
(59)	ネット上	にあふれ	る違法情	報は，プロバイダ	ー
	―の判断	で削除が	できるが，	業界団	体に加盟
(60)	森は森閑	として，	もう薄暗	く，突き	飛ばされ
	る毎にバッタのよ	うに驚い	てハード	ル飛びを	

	1	2	3	4	5

(61) $+$　14　8　4　19　　9　8　7　6　5
　　　　 V　 V　V
　　　　　V　 V
　　　　　　V
　　　　　[ ]

(62) $\times$　7　2　9　9　　8　16　24　28　32
　　　　 V　 V　V
　　　　　V　 V
　　　　　　V
　　　　　[ ]

(63) $\div$　96　12　6　　1　2　3　4　5
　　　　　V　 V
　　　　　　V
　　　　　[ ]

(64) $+$　18　7　34　5　　10　9　8　7　6
　　　　 V　 V　V
　　　　　V　 V
　　　　　　V
　　　　　[ ]

(65) $\times$　9　3　4　7　　24　28　32　36　40
　　　　 V　 V　V
　　　　　V　 V
　　　　　　V
　　　　　[ ]

(66) $-$　48　30　28　8　　1　2　3　4　5
　　　　 V　 V　V
　　　　　V　 V
　　　　　　V
　　　　　[ ]

(67) $+$　10　12　21　7　　10　9　8　7　6
　　　　 V　 V　V
　　　　　V　 V
　　　　　　V
　　　　　[ ]

(68) $+$　12　9　33　2　　11　10　9　8　7
　　　　 V　 V　V
　　　　　V　 V
　　　　　　V
　　　　　[ ]

(69) $+$　25　18　16　9　　13　14　15　16　17
　　　　 V　 V　V
　　　　　V　 V
　　　　　　V
　　　　　[ ]

(70) $-$　51　32　17　3　　1　2　3　4　5
　　　　 V　 V　V
　　　　　V　 V
　　　　　　V
　　　　　[ ]

国家（社会人）
適性試験

（手引）

	a	b	c	d
A	よ	ホ	は	べ
B	ト	ぬ	ポ	ば
C	か	エ	そ	キ

				1	2	3	4	5
(71)	C d	A b	B c	キはポ	キよポ	キホは	キホぬ	キホポ
(72)	A a	B b	C a	よぬか	よぬト	よトか	よホか	よエか
(73)	B a	C c	A d	トエべ	トポべ	トそは	トそべ	トそポ
(74)	C a	A c	B b	かはト	かはぬ	かはホ	かホぬ	かポぬ
(75)	A b	C a	B d	ホよば	ホトば	ホかポ	ホかべ	ホかば
(76)	C c	B c	A a	そポよ	そポト	そぬよ	そはよ	そはト
(77)	B d	A d	C b	ばべエ	ばべぬ	ばはエ	ばはぬ	ポべエ
(78)	A c	C d	B a	はそト	はばト	はキか	はキよ	はキト
(79)	C b	B d	A c	エばホ	エばは	エばポ	エべは	エポは
(80)	B c	A a	C d	ポよキ	ポよそ	ポよば	ポトキ	はよキ

― 原 文 ―

― 複 写 文 ―

	1	2	3	4	5

(81) 加藤さんがそう言って，岸野
さんもご存じなら，いずれなん
とか命令があるでしょう。

加藤さんがそう言って，岸野さんもご存じな
らば，いずれなんとか命令があるでしょう。

(82) この逆説を語る人は，自分の言っ
ていることが嘘であると明
言します。しかしほんとうに

この逆説を語る人は，自分の言っていること
が嘘であると言明します。しかしほんとうに

(83) 最初の朝の板木の音が，こんな
だったことはそれまでにまっ
たくないことだ。だれだろう，

最初の朝の板木の音が，こんなだったことは
それまでにまったくないことだ。だれろう，

(84) 沈み込み帯における海洋性島
弧の形成過程を沈み込みの初
期段階から現在進行中のもの

沈み込み帯における海洋性島弧の形成過程を
沈み込みの初期段階から現在進行中のものの

(85) 市場経済化が進むにともなっ
て環境問題も悪化し，災害や新
旧の感染症も著しく増えてい

市場経済化が進むにともなって環境問題も悪
化し，災害や新旧の感染病も著しく増えてい

(86) 「無理なプログラム」という
のは，伝統文化と経済成長をセッ
トにしようとするからである

「無理なプログラム」というのは，伝統文化
と経済成長をセットしようとするからである

(87) 人間の人生は一個の芸術作品
になりえないのでしょうか。な
ぜひとつのランプとか一軒の

人間の人生は一個の芸術作品になりえないの
でしょうか。なぜひとつのランプとか一件の

(88) ぐっと抑えつけるような人間の
場合，明らかに，はるかに偉大
なことをしたことになるのでは

ぐっと抑えるような人間の場合，明らかに，
はるかに偉大なことをしたことになるのでは

(89) 「家の近所にお城跡がありまし
て峻の散歩にはちょうど良いと
思います」姉が彼の母のもと

「家の近所にお城跡がありまして峻の散歩に
はちょうど良い思います」姉が彼の母のもと

(90) ロシアとウクライナの両スラ
ブ民族が共通の悲劇の大飢饉
で争う事態に耐えられなかった

ロシアとウクライラの両スラブ民族が共通の
悲劇の大飢饉で争う事態に耐えられなかった

― 67 ―

	1	2	3	4	5
	11	12	13	14	15

(91) $+$　4　10　12　14
　　　　ᵛ　ᵛ　ᵛ
　　　　　ᵛ　ᵛ
　　　　　　ᵛ
　　　　　[ ]

	1	2	3	4	5
	35	30	25	20	15

(92) $\times$　11　9　5　5
　　　　ᵛ　ᵛ　ᵛ
　　　　　ᵛ　ᵛ
　　　　　　ᵛ
　　　　　[ ]

	1	2	3	4	5
	1	2	3	4	5

(93) $\div$　84　14　7
　　　　ᵛ　ᵛ
　　　　　ᵛ
　　　　　[ ]

	1	2	3	4	5
	12	11	10	9	8

(94) $+$　6　19　30　25
　　　　ᵛ　ᵛ　ᵛ
　　　　　ᵛ　ᵛ
　　　　　　ᵛ
　　　　　[ ]

	1	2	3	4	5
	8	12	16	24	32

(95) $\times$　3　14　2　7
　　　　ᵛ　ᵛ　ᵛ
　　　　　ᵛ　ᵛ
　　　　　　ᵛ
　　　　　[ ]

	1	2	3	4	5
	14	13	12	11	10

(96) $+$　3　24　5　13
　　　　ᵛ　ᵛ　ᵛ
　　　　　ᵛ　ᵛ
　　　　　　ᵛ
　　　　　[ ]

	1	2	3	4	5
	15	16	17	18	19

(97) $+$　10　27　15　2
　　　　ᵛ　ᵛ　ᵛ
　　　　　ᵛ　ᵛ
　　　　　　ᵛ
　　　　　[ ]

	1	2	3	4	5
	-1	-2	-3	-4	-5

(98) $-$　54　36　20　9
　　　　ᵛ　ᵛ　ᵛ
　　　　　ᵛ　ᵛ
　　　　　　ᵛ
　　　　　[ ]

	1	2	3	4	5
	9	8	7	6	5

(99) $+$　15　22　24　6
　　　　ᵛ　ᵛ　ᵛ
　　　　　ᵛ　ᵛ
　　　　　　ᵛ
　　　　　[ ]

	1	2	3	4	5
	28	36	42	54	63

(100) $\times$　11　7　3　13
　　　　ᵛ　ᵛ　ᵛ
　　　　　ᵛ　ᵛ
　　　　　　ᵛ
　　　　　[ ]

国家（社会人）
適性試験

(手引)

	a	b	c	d
A	ネ	な	ラ	す
B	づ	ソ	ち	ガ
C	ミ	れ	ヤ	む

				1	2	3	4	5
(101)	C b	A a	B c	れなち	れネラ	れネソ	れネち	れなソ
(102)	B d	C d	A c	ガむラ	ガむな	ガヤラ	ガむち	むヤラ
(103)	A b	B a	C c	なれれ	なネヤ	なづち	なづれ	なづヤ
(104)	C a	A d	B b	ミすな	ミすづ	ミすソ	ミラソ	ミガソ
(105)	B c	C b	A a	ちれネ	ちミネ	ちれな	ちれづ	ちソネ
(106)	A c	B d	C a	ラガづ	ラガミ	ラちミ	ラすミ	なガミ
(107)	C d	A b	B a	むなづ	むなね	むなネ	むネづ	むづネ
(108)	B b	C c	A d	ソれす	ソちす	ソヤガ	ソヤラ	ソヤす
(109)	A a	B b	C a	ネソヤ	ネソむ	ネソガ	ネづむ	ネなむ
(110)	C b	A c	B d	れなち	れラす	れラち	れラガ	れなガ

— 原 文 —

(111) 助けてくれと云った。おれは食うために玉子は買ったが，打つけるために袂へ入れてる訳

(112) 俳句界は一般に一昨年の暮より昨年の前半に及びて勢を逞うし後半はいたく衰へたり。

(113) 現実の描写に依存しない自律的存在としての絵画のあり方を明確にし，抽象絵画成立への

(114) しぶきのはねる模様でも，滝の幅でも，眼まぐるしく変っているのがわかった。果ては，

(115) ホンの一二分程の間で，しかも低い憂鬱な鳴り方であったが，その音が偶然便所に起きた

(116) 実地研究を行い，それらを通じて，理性の統御を受けないオートマティックな思考の存在

(117) 作動流体である水の熱力学的な状態の変化の過程を利用して，熱の一部を力学的な仕事

(118) にせの自己は，実際には他人から期待されている役割を代表し，自己の名のもとにそれを

(119) 銀の殺菌効果を格段に高めることができる。保存容器や空気清浄機などに応用され始めた

(120) 記述は簡潔ながら意味深く緊迫した場面の連鎖をなすからであると思われる。古くは四つ

— 複 写 文 —

1	2	3	4	5
助けてく	れと云った。おれ	は食うた	めに玉子	を買った
が，打つ	けるために	袂へ入	れてる訳	
俳句界は	一般に一	昨年の暮	より昨年	の前半に
及びて勢	いを逞う	し後半は	いたく衰	へたり。
現実の描	写に依存	しない自	律的存在	としての
絵画の在	り方を明	確にし，	抽象絵画	成立への
しぶきの	はねる模	様でも，	滝の幅でも	，目ま
ぐるしく	変ってい	るのがわ	かった。	果ては，
ホンの一	二分程の	間で，し	かも低い	憂鬱な鳴
り方であ	ったが，	その音で	偶然便所	に起きた
実地研究	を行い，	それらを	通じて，	理性の制
御を受け	ないオー	トマティ	ックな思	考の存在
作動流体	である水	の熱力学	的な状態	の変化の
過程を利	用して，	熱の一部	を熱力学	的な仕事
にせの自	己は，実	際には他	人から期	待されて
いる役割	を代表し	，自分の	名のもと	にそれを
銀の殺菌	効果を格	段に高め	ることが	できる。
保存容器	や空気清	浄器など	に応用さ	れ始めた
記述は簡	素ながら	意味深く	緊迫した	場面の連
鎖をなす	からであ	ると思わ	れる。古	くは四つ

— 69 —

解答用紙（自習用）

注意事項
(1) 解答欄はＨＢの鉛筆でマークすること。
(2) 解答欄は次の良い例のとおりマークすること。

（良い例）　●　　（悪い例）　◑　 ⬭ ⬭ ⬭ ⬭
うすい

〈解　答　欄〉

☆　マークを修正する場合は、プラスチック製の消しゴムで消し跡が残らないように完全に消すこと。

解答用紙（自習用）

注意事項

(1) 解答欄はHBの鉛筆でマークすること。

(2) 解答欄は次の良い例のとおりマークすること。

（良い例）● （悪い例）◐ ◌ ⬮ ⬮ ▩
うすい

―――――――――〈解　答　欄〉―――――――――

	1	2	3	4	5		1	2	3	4	5
1	○	○	○	○	○	26	○	○	○	○	○
2	○	○	○	○	○	27	○	○	○	○	○
3	○	○	○	○	○	28	○	○	○	○	○
4	○	○	○	○	○	29	○	○	○	○	○
5	○	○	○	○	○	30	○	○	○	○	○
6	○	○	○	○	○	31	○	○	○	○	○
7	○	○	○	○	○	32	○	○	○	○	○
8	○	○	○	○	○	33	○	○	○	○	○
9	○	○	○	○	○	34	○	○	○	○	○
10	○	○	○	○	○	35	○	○	○	○	○
11	○	○	○	○	○	36	○	○	○	○	○
12	○	○	○	○	○	37	○	○	○	○	○
13	○	○	○	○	○	38	○	○	○	○	○
14	○	○	○	○	○	39	○	○	○	○	○
15	○	○	○	○	○	40	○	○	○	○	○
16	○	○	○	○	○	41	○	○	○	○	○
17	○	○	○	○	○	42	○	○	○	○	○
18	○	○	○	○	○	43	○	○	○	○	○
19	○	○	○	○	○	44	○	○	○	○	○
20	○	○	○	○	○	45	○	○	○	○	○
21	○	○	○	○	○						
22	○	○	○	○	○						
23	○	○	○	○	○						
24	○	○	○	○	○						
25	○	○	○	○	○						

☆ マークを修正する場合は、プラスチック製の消しゴムで消し跡が残らないように完全に消すこと。

適性試験用解答用紙（自習用）

適性試験用解答用紙（自習用）

適性試験（国家〈社会人〉）　正答

（1）	2	（31）	5	（61）	1	（91）	4
（2）	3	（32）	2	（62）	2	（92）	3
（3）	5	（33）	3	（63）	4	（93）	3
（4）	3	（34）	4	（64）	5	（94）	5
（5）	3	（35）	2	（65）	1	（95）	2
（6）	3	（36）	3	（66）	4	（96）	2
（7）	2	（37）	4	（67）	5	（97）	4
（8）	5	（38）	3	（68）	2	（98）	3
（9）	2	（39）	1	（69）	4	（99）	1
（10）	1	（40）	3	（70）	3	（100）	5
（11）	2	（41）	3	（71）	5	（101）	4
（12）	1	（42）	1	（72）	1	（102）	1
（13）	4	（43）	4	（73）	4	（103）	5
（14）	1	（44）	2	（74）	2	（104）	3
（15）	2	（45）	1	（75）	5	（105）	1
（16）	5	（46）	5	（76）	1	（106）	2
（17）	4	（47）	4	（77）	1	（107）	1
（18）	5	（48）	2	（78）	5	（108）	5
（19）	1	（49）	4	（79）	2	（109）	2
（20）	4	（50）	1	（80）	1	（110）	4
（21）	4	（51）	5	（81）	1	（111）	1
（22）	3	（52）	4	（82）	2	（112）	2
（23）	4	（53）	3	（83）	5	（113）	1
（24）	4	（54）	4	（84）	5	（114）	5
（25）	1	（55）	3	（85）	3	（115）	3
（26）	2	（56）	4	（86）	3	（116）	5
（27）	3	（57）	5	（87）	5	（117）	4
（28）	5	（58）	4	（88）	2	（118）	3
（29）	3	（59）	2	（89）	2	（119）	3
（30）	4	（60）	5	（90）	3	（120）	2

得点＝正答数 ☐ －誤答数 ☐ ＝ ☐ 点

45点以上の人▶初めてにしては上出来です。練習を積んで80〜100点をめざしてみましょう。

45点未満の人▶はじめはほとんどの人がこのレベルです。がっかりせずに練習で実力をつけていきましょう。